D1730190

RECHTSSCHUTZ IM STEUERRECHT UND STEUERSTRAFRECHT

BERATUNGSBÜCHER FÜR BERATER

2

STRECK · DIE AUSSENPRÜFUNG

DIE AUSSENPRÜFUNG

VON

DR. MICHAEL STRECK
RECHTSANWALT

VERLAG DR. OTTO SCHMIDT KG · KÖLN

CIP-Kurztitelaufnahme der Deutschen Bibliothek

Streck, Michael:
Die Außenprüfung / von Michael Streck. – Köln:
O. Schmidt, 1986.
(Rechtsschutz im Steuerrecht und Steuerstrafrecht; 2)
ISBN 3-504-62302-0
NE: GT

Gesamtherstellung: Bercker, Graphischer Betrieb GmbH, Kevelaer

Vorwort

Rechtsschutz im Steuerrecht und Steuerstrafrecht

Die Beratungsbücher dieser Reihe wenden sich an die steuerberatenden Berufe, vornehmlich also an Steuerberater, Rechtsanwälte und Wirtschaftsprüfer. Sie bezwecken die Stärkung des Rechtsschutzes im Steuerrecht und Steuerstrafrecht angesichts einer zunehmenden Macht und Effizienz der Finanzverwaltung.

Die Bücher sind folglich aus der Sicht der Steuerbürger und Steuerberater geschrieben. Diese Einseitigkeit steht dem sorgfältigen Bemühen um Objektivität nicht entgegen. Einseitig heißt, daß die Blickrichtung kompromißlos die des Bürgers und seines Rechtsschutzes ist. Dies umschließt die Notwendigkeit, auch nachteilige Positionen zu kennzeichnen, Verteidigungsansätze realistisch einzuschätzen, aber auch unausgewogene Fiskalansichten aufzudecken.

Liegen die Maßstäbe der systematischen Vollständigkeit und Geschlossenheit einerseits und des Praxisbezugs andererseits im Streit, gebe ich dem praktischen Beratungsbezug, gekennzeichnet durch das Rechteck des Schreibtischs, den Vorzug.

Die Auswahl der Rechtsprechung und Literatur verfolgt zwei Zwecke: Sie hat Belegcharakter, insoweit wird eine klassische Funktion erfüllt. Darüber hinaus werden gerade solche Urteile und Ansichten vorgestellt und analysiert, die zu den juristischen Instrumenten des Rechtsschutzes zu zählen und zu formen sind.

Die Beratungsbücher sollen in sich eigenständig sein. Dies führt zu Überschneidungen, die, auf das Notwendige beschränkt, Querverweisungen dort ersparen, wo sie in der Beratung lästig und zeitraubend wären.

Die Bücher vermitteln Wissen und versuchen, Beratungserfahrungen weiterzugeben. Sie sind auf Kritik, Anregung und Erfahrungsbereicherungen angewiesen. Für jede Zuschrift danke ich. Anschrift ist die des Verlags: Unter den Ulmen 96–98, 5000 Köln 51.

Die Außenprüfung

Die Beratung während der Betriebsprüfung ist – neben der Steuererklärungs- und Gestaltungsberatung – ein zentrales Feld der Steuerberatung. Steht die Steuerfahndungsprüfung sichtbar im Spannungsfeld der Auseinandersetzung, so wird die Betriebsprüfung regelmäßig von Einvernehmen und Kooperation beherrscht; die Einigung ist die Regel, der Streit die Ausnahme.

Die Betriebsprüfung bietet in ihrer Organisation und in ihrem Einsatz durch die Finanzverwaltung wenig Ansatzpunkte für gravierende Kritik. Das Niveau ist hoch, die Rechte und Interessen der Geprüften werden in der Regel gewahrt, das Verhalten ist flexibel. Bewußt trägt das einleitende Kapitel dieser Schrift die Überschrift: Die akzeptierte Betriebsprüfung.

Diese Besteuerungs- und Beratungssituation birgt Gefahren für den Rechtsschutz. Flexibilität, Einigungsbereitschaft, Entgegenkommen im Einzelfall sind die Rahmenbedingungen für Ruhe, Sorglosigkeit, Bequemlichkeit und Unsicherheit bei der Interessenwahrung. Der Blick für die Grenze zwischen sachnotwendiger Einigung und Einigung aus eigener Schwäche wird getrübt. Dem Kompromiß wird zugestimmt, weil man die Auseinandersetzung scheut, sich ihr nicht gewachsen fühlt, nicht, weil sie zugunsten des Mandanten optimal ist. Diese Gefahr ist gerade dort besonders groß, wo der eine Partner, hier die Finanzverwaltung, von vornherein aufgrund der gegebenen Hoheitsmacht ein gesetzlich bedingtes Übergewicht hat.

Folglich muß der Berater auch dort, wo die Steuerwelt hinnehmbar in Ordnung scheint, die Rechte des Mandanten und die Streitmittel, die Rechte durchzusetzen, nicht nur kennen, sondern beherrschen. Nur der ist ein gleichwertiger, ernstzunehmender Partner in der kooperativen Betriebsprüfung, der mit großer Sicherheit und Kompetenz dem Prüfer die Grenzen seiner Befugnisse zeigen kann. Insofern dient diese Schrift, auch soweit sie sich mit der streitigen Betriebsprüfung befaßt, der einvernehmlichen Erledigung der Prüfungslast.

Köln, im April 1986   MICHAEL STRECK

Inhaltsverzeichnis

Inhaltsverzeichnis

8

Inhaltsverzeichnis

Inhaltsverzeichnis

Inhaltsverzeichnis

Abkürzungen

aA	anderer Ansicht
aaO	am angegebenen Ort
abl.	ablehnend
ABlEG	Amtsblatt der Europäischen Gemeinschaften
Abs.	Absatz
Abschn.	Abschnitt
aE	am Ende
aF	alte Fassung
AfA	Absetzungen für Abnutzung
AG	Aktiengesellschaft; auch Die Aktiengesellschaft; auch Amtsgericht
AktG	Aktiengesetz
Anh.	Anhang
Anm.	Anmerkung(en)
AnwBl.	Anwaltsblatt
AO	Abgabenordnung
ArchSchwAbgR	Archiv für Schweizer Abgabenrecht
Art.	Artikel
AStG	Außensteuergesetz
Aufl.	Auflage
Az.	Aktenzeichen
BayObLG	Bayerisches Oberstes Landesgericht
BB	Betriebs-Berater
Bd.	Band
BdF	Bundesminister der Finanzen
Beil.	Beilage
BergPG	Bergmannsprämiengesetz
BerlinFG	Berlinförderungsgesetz
betr.	betreffend
BewDV	Durchführungsverordnung zum BewG
BewG	Bewertungsgesetz
BfF	Bundesamt für Finanzen
BFH	Bundesfinanzhof
BFHE	Entscheidungen des Bundesfinanzhofes
BFH NV	Sammlung amtlich nicht veröffentlichter Entscheidungen des BFH
BGB	Bürgerliches Gesetzbuch
BGBl.	Bundesgesetzblatt

Abkürzungen

BGH	Bundesgerichtshof
BGHSt.	Entscheidungen des Bundesgerichtshofes in Strafsachen
BGHZ	Entscheidungen des Bundesgerichtshofes in Zivilsachen
BMF	Bundesminister für Finanzen
Bp.	Betriebsprüfung
BpO	Betriebsprüfungsordnung
BRAGO	Bundesgebührenordnung für Rechtsanwälte
BR-Drucks.	Bundesrats-Drucksache
BRRG	Beamtenrechtsrahmengesetz
BStBl.	Bundessteuerblatt
BT-Drucks.	Bundestags-Drucksache
Buchst.	Buchstabe(n)
BuStraStelle	Bußgeld- und Strafsachenstelle
BVerfG	Bundesverfassungsgericht
BVerfGE	Entscheidungen des Bundesverfassungsgerichts
bzw.	beziehungsweise
Darst.	Darstellung
DB	Der Betrieb
DBA	Doppelbesteuerungsabkommen
ders.	derselbe
dh.	das heißt
Diss.	Dissertation
DM	Deutsche Mark
DNotZ	Deutsche Notar-Zeitschrift
DöV	Die öffentliche Verwaltung
DRiZ	Deutsche Richterzeitung
DStG	Deutsche Steuer-Gewerkschaft; Die Steuer-Gewerkschaft (Zeitschrift)
DStPr.	Deutsche Steuer-Praxis
DStR	Deutsches Steuerrecht
DStZ	Deutsche Steuer-Zeitung
DVR	Deutsche Verkehrsteuer-Rundschau
EE	Erlaßentwurf
EFG	Entscheidungen der Finanzgerichte
EG	Europäische Gemeinschaft
EGAO	Einführungsgesetz zur Abgabenordnung
EGGVG	Einführungsgesetz zum Gerichtsverfassungsgesetz
Einf.	Einführung

Einl.	Einleitung
ErbStG	Erbschaftsteuergesetz
Erl.	Erlaß
ESt.	Einkommensteuer
EStDV	Einkommensteuer-Durchführungsverordnung
EStG	Einkommensteuergesetz
EStR	Einkommensteuer-Richtlinien
evtl.	eventuell
EW	Einheitswert
f.	folgend(er)
FA	Finanzamt
ff.	fortfolgende
FG	Finanzgericht
FGO	Finanzgerichtsordnung
FinMin.	Finanzminister
FinVerw.	Finanzverwaltung
FN	Fußnote
FR	Finanz-Rundschau
FVG	Gesetz über die Finanzverwaltung
GbR	Gesellschaft des bürgerlichen Rechts
GewSt.	Gewerbesteuer
GewStG	Gewerbesteuergesetz
GewStR	Gewerbesteuer-Richtlinien
GG	Grundgesetz
ggf.	gegebenenfalls
glA	gleicher Ansicht
GmbH	Gesellschaft mit beschränkter Haftung
GmbHG	Gesetz betreffend die Gesellschaften mit beschränkter Haftung
GmbHR	GmbH-Rundschau
GrEStG	Grunderwerbsteuergesetz
GVR	Geldverkehrsrechnung
hA	herrschende Ansicht
HBP	Handbuch der steuerlichen Betriebsprüfung
HFR	Höchstrichterliche Finanzrechtsprechung
HGB	Handelsgesetzbuch
hM	herrschende Meinung
HwStR	Handwörterbuch des Steuerrechts
idR	in der Regel
IdW	Institut der Wirtschaftsprüfer

Abkürzungen

Inf.	Die Information über Steuer und Wirtschaft
InvZulG	Investitionszulagengesetz
iS	im Sinne
iVm.	in Verbindung mit
JbFfSt.	Jahrbuch der Fachanwälte für Steuerrecht
Jg.	Jahrgang
JurBüro	Das juristische Büro
JW	Juristische Wochenschrift
JZ	Juristenzeitung
KG	Kammergericht; auch Kommanditgesellschaft
KÖSDI	Kölner Steuerdialog
KöStI	Kölner Steuerinformation
KostO	Kostenordnung
KSt.	Körperschaftsteuer
KStG	Körperschaftsteuergesetz
KStR	Körperschaftsteuer-Richtlinien
LG	Landgericht
LSt.	Lohnsteuer
LStDV	Lohnsteuer-Durchführungsverordnung
LStR	Lohnsteuer-Richtlinien
MDR	Monatsschrift für Deutsches Recht
mE	meines Erachtens
Mio.	Million(en)
Mrozek-Kartei	Mrozek, Steuerrechtsprechung in Karteiform (RFH 1914–1944)
mwN	mit weiteren Nachweisen
NJW	Neue Juristische Wochenschrift
Nr.	Nummer(n)
nrkr.	nicht rechtskräftig
NSt.	Neues Steuerrecht von A bis Z
NStZ	Neue Zeitschrift für Strafrecht
NW	Nordrhein-Westfalen
NWB	Neue Wirtschafts-Briefe
OFD	Oberfinanzdirektion
OHG	offene Handelsgesellschaft
OLG	Oberlandesgericht
ÖStZ	Österreichische Steuerzeitung
p.a.	per anno

R.	Rechtspruch
RAO	Reichsabgabenordnung
rd.	rund
Rdn.	Randnummer(n)
RFH	Reichsfinanzhof
RFHE	Entscheidungen und Gutachten des Reichsfinanzhofes
RG	Reichsgericht
RGBl.	Reichsgesetzblatt
RGZ	Entscheidungen des Reichsgerichts in Zivilsachen
RiStBV	Richtlinien für das Strafverfahren und das Bußgeldverfahren
RIW/AWD	Recht der internationalen Wirtschaft, Außenwirtschaftsdienst
rkr.	rechtskräftig
Rpfl.	Der Deutsche Rechtspfleger
RStBl.	Reichssteuerblatt
RWP	Rechts- und Wirtschaftspraxis
s.	siehe
S.	Seite; Satz
SMBl. NW	Sammlung des bereinigten Ministerialblattes für das Land Nordrhein-Westfalen
sog.	sogenannt(er)
SparPG	Spar-Prämiengesetz
StA	Staatsanwaltschaft
StB	Steuerberater; Zeitschrift: Der Steuerberater
StBerG	Steuerberatungsgesetz
StBv.	Steuerbevollmächtigte(r)
Stbg.	Die Steuerberatung
StbJb.	Steuerberater-Jahrbuch
StbKongrRep.	Steuerberaterkongreß-Report (ab 1977)
StBp.	Die steuerliche Betriebsprüfung
StEK/StEK-Anm.	Steuererlasse in Karteiform bzw. Anmerkungen dazu
Steufa	Steuerfahndung
StGB	Strafgesetzbuch
StHG	Staatshaftungsgesetz
StKongrRep.	Steuerkongreß-Report (bis 1976)
Stpfl.	Steuerpflichtige(r)
StPO	Strafprozeßordnung
StrafVert.	Strafverteidiger (Zeitschrift)

Abkürzungen

StrEG	Gesetz über die Entschädigung für Strafverfolgungsmaßnahmen
StRK/StRK-Anm.	Steuerrechtsprechung in Karteiform bzw. Anmerkungen dazu
StuW	Steuer und Wirtschaft
StWa.	Die Steuerwarte
StWK	Steuer- und Wirtschaftskurzpost
Tz.	Textziffer(n)
ua.	unter anderem
uä.	und ähnliches
UR	Umsatzsteuer-Rundschau (ab 1985)
USt.	Umsatzsteuer
UStG	Umsatzsteuergesetz
UStR	Umsatzsteuer-Richtlinien; Umsatzsteuer-Rundschau (bis 1984)
usw.	und so weiter
uU	unter Umständen
VermBG	Gesetz zur Förderung der Vermögensbildung der Arbeitnehmer
Vfg.	Verfügung
vgl.	vergleiche
vH	von Hundert
vT	von Tausend
VSt.	Vermögensteuer
VStG	Vermögensteuergesetz
VStR	Vermögensteuer-Richtlinien
VZR	Vermögenszuwachsrechnung
WiKG	Gesetz zur Bekämpfung der Wirtschaftskriminalität
wistra	Zeitschrift für Wirtschaft, Steuer, Strafrecht
WM	Wertpapier-Mitteilungen
WoPG	Wohnungsbau-Prämiengesetz
Wpg.	Die Wirtschaftsprüfung
zB	zum Beispiel
ZG	Zollgesetz
Ziff.	Ziffer(n)
ZPO	Zivilprozeßordnung
ZRP	Zeitschrift für Rechtspolitik
zT	zum Teil
zZ	zur Zeit

Literaturverzeichnis

Das Verzeichnis gibt einen **Überblick** über die Literatur des Außenprüfungs-rechts; außerdem sind sonstige zitierte Lehrbücher und Kommentare angege-ben. **Spezialschrifttum** zu einzelnen Fragen ist darüber hinaus in den Fußnoten zu den einschlägigen Themen nachgewiesen.

Die Werke sind nur mit Namen, eventuell unter Anfügung eines Stichworts, die Aufsätze idR mit der Fundstelle **zitiert**.

Meine Anmerkungen sind höchst subjektive Ansichten.

BLUMERS/FRICK/KULLEN
Betriebsprüfung – Rechte, Pflichten und Argumente des Unternehmers (WEKA)

BOLK/BORROSCH/DEPPE/FISCHER/ZINT
Taschenbuch für Außenprüfer, Steuerberater und Steuerbevollmächtig-te 1985/86, 1985 (Kurzinformation quer durch das formelle und mate-rielle Steuerrecht)

BP-KARTEI
Betriebsprüfungskartei der Oberfinanzdirektionen Düsseldorf, Köln und Münster, Loseblattwerk (Fundgrube für die Prüfungspraxis)

BRENDLE
Das Finanzamt prüft, 1981

BRÜCKLMEIER
Schätzwerte in der steuerlichen Betriebsprüfung, 1985

DEWEIN
Betriebsprüfung, Loseblattwerk (formelles und materielles Steuerrecht der Betriebsprüfung)

ERHARD
Bilanzanalyse und steuerliche Betriebsprüfung, 1970

ERHARD/WENZIG
Steuerliche Betriebsprüfung, 5. Aufl., 1985
(Bp.-Buch des Ausbildungswerks der Deutschen Steuergewerkschaft. Ausführliche Darstellung von Prüfungsmethoden.)

ERNST
Indirekte Methoden der steuerlichen Betriebsprüfung, 1986 (wissen-schaftliche Arbeit über Prüfungsmethoden)

FELIX (HRSG.)
Steuerkontrolle Folge 1, 1982, mit Beiträgen von FELIX, KORN, RAINER, RÜPING und STRECK (Fundgrube für Know-how)

Literaturverzeichnis

FROTSCHER
Die steuerliche Außenprüfung, 2. Aufl., 1980 (Kurzgefaßter Klassiker, dem man die nächste Auflage wünscht)

GESCHWANDTNER
Keine Angst vor der Betriebsprüfung, 1980 (Instruktive Übersicht auch für den Steuerpflichtigen)

GIESBERTS
Steuerliche Betriebs- und Außenprüfung, 2. Aufl., 1981 (Anspruchsvolle, praxisnahe Schrift, die in 3. Aufl. erscheinen sollte.)

HBP
Handbuch der steuerlichen Betriebsprüfung, von SCHRÖDER/MUUSS, Loseblattwerk (umfangreiches Handbuch mit vielen Verfassern)

HÜBSCHMANN/HEPP/SPITALER
Kommentar zur Abgabenordnung und Finanzgerichtsordnung, 8. Aufl., Loseblattwerk (Großkommentar zur Abgabenordnung; bemerkenswerte, teilweise eigenwillige Kommentierung des Außenprüfungsrechts von SCHICK)

JAHNKE
Betriebsprüfung, 1941

KELLERBACH
Die Betriebsprüfung, 1981 (Formelles und materielles Recht. Verfasser war RegDir. Da umfassend, fällt die fehlende Aktualität im formellen Recht nur vereinzelt auf; bleibend: Prüfungstechniken.)

KLEIN/ORLOPP
Abgabenordnung, 2. Aufl., 1979

KOCH
Abgabenordnung (AO 1977), 2. Aufl., 1979

KÜNEMANN/WENDT
Betriebsprüfung in der Praxis, 1986 (Ich bedaure, daß ich diese soeben erschienene Schrift nicht mehr einarbeiten konnte. Sie ist aufgrund ihrer Gliederung, Übersichtlichkeit und Darstellung des Bp.-Rechts empfehlenswert, auch wenn sie aus Beamtenfedern stammt.)

KÜHN/KUTTER/HOFMANN
Abgabenordnung (AO 1977), 14. Aufl., 1983

LANGE
Der Buch- und Betriebsprüfungsdienst der Reichsfinanzverwaltung, 1935

MUTZE
StB-/StBv.-Handbuch, Die Praxis der gesamten Steuerberatung, Loseblattwerk

Literaturverzeichnis

RÜPING
Beweisverbote als Schranken der Aufklärung im Steuerrecht, 1981
Steuerfahndungsergebnisse und ihre Verwertbarkeit, 1981

SCHMÄCHE
Verhandlungstechnik bei steuerlichen Betriebsprüfungen, 2. Aufl., 1978 („Verhandeln im Dienste der Betriebsprüfung" [Untertitel]. Verfasser ist Obersteuerrat. Überschriften: „Blickkontakt", „Fitbleiben", „Stimme und Tonfall")

SCHRÖDER/MUUSS
s. HBP

SCHWARZ
Abgabenordnung, Kommentar, Loseblattwerk

SOMMER
Risiken und mögliche Abwehrmaßnahmen bei steuerlichen Außenprüfungen (Wissenschaftliche betriebswirtschaftliche Arbeit, die verschweigt, daß es sich – was ich vermute – um eine Dissertation handelt; anschaffenswerte Arbeit.)

STEUERFAHNDUNG
Streck, Die Steuerfahndung, 1986 (Band 1 der Reihe „Rechtsschutz im Steuerrecht und Steuerstrafrecht", in der auch dieses Außenprüfungsbuch erschienen ist)

STRECK
s. STEUERFAHNDUNG

STRECK (HRSG.)
Steuerkontrolle Folge 2, 1984, mit Beiträgen von FELIX, KORN, RAINER, RÜPING und STRECK (s. Felix, Hrsg.)

TIPKE
Steuerliche Betriebsprüfung im Rechtsstaat, 1968
Steuerrecht, 10. Aufl., 1985

TIPKE/KRUSE
Abgabenordnung/Finanzgerichtsordnung, 11. Aufl., Loseblattwerk

VOGT
Amtliche Betriebsprüfung, 2. Aufl., 1953

WENZIG
Die steuerliche Groß- und Konzernbetriebsprüfung, 1985 (WENZIG hat einen bekannten Namen. Er schreibt – deutlich – aus der Sicht der Finanzverwaltung.)

Erster Teil
Voraussetzungen der Außenprüfung

A. Die akzeptierte Betriebsprüfung

Die **Betriebsprüfung** ist für den Unternehmer so **notwendig** gegeben 1
wie die **Steuerpflicht.** Sie wird als Teil des Steuersystems hingenommen und nicht grundsätzlich in Frage gestellt.

Ebenso wie die Steuerpflicht nicht spontan und freudig akzeptiert wird, 2
ebenso wird die Betriebsprüfung eher den notwendigen Lasten des
Staates zugeordnet. Für sie gilt: Sie ist so **unmerklich wie möglich**
auszugestalten und durchzuführen. Jedes über das notwendige Maß
hinausgehende Mehr wird abgelehnt und ist abzulehnen.

Die Finanzverwaltung vermerkt (fast: vermarktet) die **Mehrergebnisse** 3
aus den Außenprüfungen. Sie werden wie Siegeszahlen verkündet, so
daß sich die Frage aufdrängt, ob nicht die Finanzverwaltung die erste wäre, die bedauerte, wenn die Mehrergebnisse sinken. Die festgestellten
und publizierten Mehrergebnisse sind bei der Frage nach der Steuermoral mit Vorsicht in die Beurteilung einzubeziehen. In ihnen verbergen
sich häufig Bilanzierungsänderungen, die nur zu Steuerverschiebungen
führen, oder Schätzungsergebnisse, deren entsprechende Steuerforderungen nie realisiert werden können. Die Möglichkeit, aufgrund der
Steuerveranlagung unter dem Vorbehalt der Nachprüfung (§ 164 AO) die
Überprüfungsarbeit vom finanzamtlichen Innendienst auf die Betriebsprüfung zu verschieben, „bläht (zusätzlich) die erzielten Mehrergebnisse
auf"[1]. Kennzeichnend für den „Geist" der Mehrergebnisse ist, daß die Finanzverwaltung Minderergebnisse nicht statistisch festhält.

Um die **Außenprüfung** tatsächlich richtig zu **gewichten,** hat STROBEL 4
den **Bericht** des **Bundesrechnungshofs** 1984 für 1982 und zusätzliche
Quellen ausgewertet[2]. Er kommt ua. zu folgenden Ergebnissen: Die

---

1 GROH, DStR 1985, 679.
2 Vgl. STROBEL, Die steuerliche Betriebsprüfung auf dem Prüfstand, BB Beilage
10/1985; DERS., Stbg. 1985, 231. Dazu ZWANK, BB 1985, 1119, 1125: „Für hiernach notwendige Personalverstärkungen sehe ich keine überzeugenden Gegenargumente." (Die **klassische Folgerung** der **Bürokratie.**) **Kritik** an STROBEL, soweit er die Steuererhebungseffizienz wertmäßig vor den allgemeinen
Gesetzesvollzug zu stellen scheint, von SCHICK, BB 1986, 137. Vgl. weiter
THIEL, StuW 1986, 1; HÜPPNER, JbFfSt. 1985/86, 81; RITTER, JbFfSt. 1985/86, 87.

Großbetriebe (zur Einteilung der Betriebe s. Tz. 19) werden voll geprüft; Mittelbetriebe liegen etwas unter der Halberfassung; für Kleinbetriebe gilt eine Fünftelerfassung; Kleinstbetriebe: unter Zehntelerfassung. 1983 gab es ca. 9 000 Prüfer; auf je 10 Prüfer entfiel ein Sachgebietsleiter (vgl. Tz. 37). Der Aufwand pro Prüfer und Arbeitstag betrug ca. DM 700. Die Prüfung von Klein- und Kleinstbetrieben führte 1983 zu einem durchschnittlichen Mehrergebnis von DM 8 000, die Prüfung von Mittelbetrieben zu einem Ergebnis von DM 19 000, von Großbetrieben von DM 160 000. Jeder Prüfer erzielte im Durchschnitt ein Jahresmehrergebnis von DM 870 000, was einer „Tagesleistung" von DM 3 868 gleichkommt. Diese Tagesleistung verteilt sich unterschiedlich auf die Betriebe; Großbetriebe: DM 3 300 und mehr; Mittelbetriebe: DM 2 100; Klein- und Kleinstbetriebe: DM 1 600 pro Tag. Trotz Intensivierung der Prüfungsdienste lag der Mehrergebnisanteil am Aufkommen sämtlicher Steuerarten 1960 bei 1,95 %, 1983 bei 2,07 %. STROBEL: „Die Betriebsprüfung sucht eine nachlassende Steuerquelle zu höherer Ergiebigkeit zu bringen, ohne jedoch sonderlich viel auszurichten"[3]. STROBEL kommt zu dem Ergebnis: Die „Prüfungsausdehnung des letzten Jahrzehnts erweist sich ... als ineffizient, da dem zusätzlichen Mehrergebnis ein etwa gleich hoher Gesamtaufwand gegenübersteht"[4].

5　Ob eine **Intensivierung** oder **Vervielfältigung** der Prüfungen, eine anzustrebende **lückenlose Prüfung** tatsächlich über das Mehrergebnis hinaus ein Mehr an Steuergerechtigkeit bringen, ist fraglich[5]. Sie vervollständigen den alles überwachenden Staat und die Durchbürokratisierung des sozialen Lebens. Ob dies ein anzustrebendes Ziel ist, bezweifle ich. Die Totalprüfung kann als summum ius summa iniuria werden. Maschinell sicheres Recht, dem keiner entkommt, wird zum per-

---

3　AaO (FN 2), BB Beilage, 9.
4　AaO (FN 2), BB Beilage, 22.
5　Zur Diskussion EULER/KRÜGER, Ursachen und Wirkungen vermehrter steuerlicher Betriebsprüfungen: Mehr Steuergerechtigkeit oder mehr Steuern?, BB 1983, 585; WENZIG, Die Betriebsprüfung – ein Irrweg steuerlicher Gerechtigkeit?, BB 1984, 485; LONGIN, Betriebsprüfung kritisch gesehen, StbKongrRep. 1984, 77; THIEL, StuW 1986, 1; SCHICK, BB 1986, 137; HÖPPNER, JbFfSt. 1985/86, 81; RITTER, JbFfSt. 1985/86, 87; TIPKE, BB 1986, 601; GROH, DStR 1985, 679, mit dem zutreffenden Hinweis, daß bei der Diskussion um die Ausdehnung des Prüfungsdienstes von den Belangen des Steuerpflichtigen kaum die Rede sei, und S. 683, daß eine lückenlose Prüfung die Steuermoral eher gefährde als fördere. Zu der häufig damit verbundenen Forderung nach einer personellen Verstärkung des Prüfungsdienstes (vgl. zB Entschließung des Bundeshauptvorstandes der Steuergewerkschaft vom 17. 5. 1985, DStG 1985, 98) s. JONAS, DStR 1983, 321. S. auch FN 47.

sönlichkeitsverachtenden Unrecht. Eine Verbesserung des Prüfungsdienstes und eine gerechte Betriebsprüfung sind richtige Ziele. Sie gehören jedoch eingebettet in alle Werte unseres Staates. Führt die Achtung vor der menschlichen Persönlichkeit zu der Folgerung, die staatliche Totalüberwachung abzulehnen, so kann dies auch richtig sein, wenn der Preis ein merklicher Steuerausfall ist.

Muß man das notwendige Übel hinnehmen, vermag man auch **positive** **6** **Seiten** zu würdigen. Die Betriebsprüfung ist ein unentgeltlicher Prüfungsdienst für das eigene betriebliche Rechnungswesen, der dem Unternehmen anderweitige Prüfungen erspart. Die Möglichkeit der Steuerprüfung stärkt das Vertrauen von Gesellschaftern untereinander; denn die Untreue gegenüber dem Mitgesellschafter ist in der Regel auch ein Steuerdelikt gegenüber dem Staat. Die fortlaufend durchgeführte Betriebsprüfung garantiert eine bestimmte gleichförmige Ordnungsmäßigkeit und ein gleichförmiges Niveau des Rechnungswesens.

B. Die rechtlichen Rahmenbedingungen

I. Die Begriffe Außenprüfung – Betriebsprüfung

Die **Begriffe** Außenprüfung und Betriebsprüfung stehen **nebeneinan-** **7** **der.** Man mag darüber streiten, ob eine Begriffsanalyse und -festlegung für die Beratung bedeutsam ist. Wird jedoch ein Beratungsbuch über diese Prüfung geschrieben, ist der Name und Begriff der Prüfung sicher das erste, was zu nennen und klären ist.

Die **Abgabenordnung** spricht in den §§ 193 ff. AO (Anlage 1) von der **8** **Außenprüfung,** die **Praxis** von der **Betriebsprüfung;** die Finanzverwaltung nennt die Richtlinien zur Abgabenordnung, soweit die Außenprüfung betroffen ist, „Betriebsprüfungsordnung" (s. Tz. 15)[6]. Theoretisch kann die Außenprüfung als Oberbegriff, die Betriebsprüfung als Unterbegriff, nämlich als besondere Form der Außenprüfung, begriffen werden[7]; so auch § 1 BpO, wonach die Betriebsprüfungsordnung für allgemeine Außenprüfungen des Betriebsprüfungsdienstes (Betriebsprüfungen) gilt[8], während sie für besondere Außenprüfungen (zB Umsatzsteuersonderprüfung, Lohnsteuer-Außenprüfung usw.) nicht anwend-

---

6 Zur Begriffsverwirrung TIPKE/KRUSE, Vor § 193 Anm. 7 (Nov. 1985).

7 TIPKE/KRUSE, Vor § 193 Anm. 7 (Nov. 1985).

8 Betriebsprüfung = Außenprüfung iSd. § 193 Abs. 1 AO; so GROH, DStR 1985, 679.

bar ist. In der Praxis wird die allgemeine turnusmäßige Außenprüfung Betriebsprüfung, die Sonderprüfungen mit ihren besonderen Namen genannt. Der Oberbegriff (Außenprüfung) hat sich noch nicht fest etabliert.

9 Dieses Buch trägt als Titel den allgemeinen Begriff „Außenprüfung". Der Praxis folgend, werde ich jedoch auch die Begriffe Außenprüfung und Betriebsprüfung **synonym** verwenden. Eine anerkannte Erheblichkeit der Begriffsunterschiede existiert noch nicht.

II. Zweck der Außenprüfung

10 Die Außenprüfung ist Teil des Steuerverfahrens. Sie bezweckt die **systematische Überprüfung** und **Ermittlung** der **Besteuerungsgrundlagen.** Zu unterscheiden ist sie von dem Veranlagungsverfahren, in dem erstmalig oder durch eine geänderte Veranlagung die Steuerschuld bescheidmäßig bestimmt wird. Letztlich entschieden wird über die Steuerschuld erst bei der bescheidmäßigen Steuerfestsetzung; insoweit hat die den Sachverhalt prüfende und ermittelnde Außenprüfung keine hoheitlich entscheidende Funktion.

11 Im Einführungserlaß zur BpO (vgl. Tz. 15) formuliert die **Finanzverwaltung** den Zweck der Prüfung[9]: „Zweck der Betriebsprüfung ist die richtige Ermittlung und Würdigung der steuerlich bedeutsamen Sachverhalte, nicht die Erzielung von Mehrsteuern. Die tatsächlichen und rechtlichen Verhältnisse sind zugunsten wie zuungunsten des Steuerpflichtigen zu prüfen. Diesem Grundsatz müssen alle Weisungen zur Betriebsprüfung entsprechen. Es ist alles zu vermeiden, was auch nur den Anschein erwecken könnte, daß ein Angehöriger des Betriebsprüfungsdienstes nicht mit der erforderlichen Objektivität vorgeht. Diesem Grundsatz muß auch die Ermessensausübung bei der Anordnung und Durchführung von Prüfungsmaßnahmen entsprechen. Die Grundsätze der Verhältnismäßigkeit des Mittels und des geringstmöglichen Eingriffs sind zu beachten. Mehr- oder Minderergebnisse sind lediglich Folgewirkungen der Betriebsprüfung. Bei der Beurteilung der Betriebsprüfer bleiben sie außer Betracht."

---

9 S. FinMin. NRW, Erlaß vom 17. 5. 1978 – S 1401 – 5 – V A 1, DB 1978, 1254 (= StEK AO 1977 § 193 Nr. 3; s. Anlage 3), Tz. 1. Der Leser möge Satz für Satz dieser Anweisung an den eigenen **Erfahrungen messen.** Die Lektüre dieses Absatzes vor Unternehmern ruft immer eine gewisse Heiterkeit hervor. Entsprechende Erlasse Baden-Württemberg vom 16. 11. 1979, StEK AO 1977 § 193 Nr. 6, und Bremen vom 12. 12. 1978, HBP 0321, 1.

Steuerprüfung und **Steuerfestsetzung** können sich **überschneiden.** 12
Auch die festsetzende Dienststelle kann prüfen; die „veranlagende Betriebsprüfung" (Tz. 573) entscheidet durch Verfügungen der Auswertungsbescheide über die Steuerfolgen.

Die Außenprüfung ist von gezielten **Einzelermittlungen** des Finanz- 13
amts, zB die Einsicht in bestimmte Unterlagen, zu unterscheiden[10]. Die
Außenprüfung ist keine Einzelfall- oder Einzelfrageprüfung; bei ihr
geht es um die systematische Überprüfung eines steuerlichen Sachzu-
sammenhangs. Die Unterscheidung zwischen Einzelermittlungen und
Außenprüfungen ist für die Rechtsfolgen entscheidend, die gerade an
eine Außenprüfung anknüpfen (Verjährung, Selbstanzeige usw.). Zu
Einzelermittlungen neben einer Außenprüfung s. Tz. 679 ff.

III. Rechtsgrundlagen

Die Außenprüfung ist in der Abgabenordnung im wesentlichen in den 14
§§ 193–203 AO (Anlage 1) geregelt. Ergänzend greifen weitere Vorschriften der Steuergesetze ein.

Die wichtigste **Verwaltungsanweisung** für die Außenprüfung ist die 15
Betriebsprüfungsordnung (BpO [St])[11]. Die BpO ist formuliert und auf-
gemacht wie ein Gesetz[12], hat aber nur den Charakter einer Steuer-
richtlinie. Es wäre richtiger gewesen, wenn das falsche Etikett eines
Gesetzes vermieden worden wäre. Die BpO ist eine Verwaltungsanweisung im Sinne des Art. 108 Abs. 7 GG, die der Zustimmung des
Bundesrats bedurfte[13]. Sie hat den gleichen Charakter wie die Einkom-
men-, Lohnsteuerrichtlinien usw.

Der Steuerpflichtige kann aus der **BpO** unmittelbar **Rechte** nicht her- 16
leiten. Er hat jedoch einen durch Art. 3 GG (Gleichheitsgrundsatz) be-

---

10 Vgl. BFH VII R 46/72 vom 3. 6. 1975, BStBl. 1975 II, 786.
11 S. die „Allgemeine Verwaltungsvorschrift für die Betriebsprüfung – Betriebsprüfungsordnung (Steuer) – BpO (St) –" vom 27. 4. 1978, BStBl. 1978 I, 195;
   Anlage 2. **Reformvorhaben:** Unter dem 15. 6. 1983 wurde eine neugefaßte
   BpO im Entwurf vorgelegt. Bedeutsame Neuerungen liest man nicht. Angesichts der sich entwickelnden und ausbreitenden Rechtsprechung zur Außenprüfung ist fraglich, ob eine Neufassung jetzt zum richtigen Zeitpunkt
   käme.
12 So ist zB die Gliederung der „Richtlinie" nach Paragraphen ungewöhnlich.
   Auch daß es einen „Einführungserlaß" (vgl. FN 9) gibt, scheint für ein Gesetz
   zu sprechen.
13 BFH VIII R 197/84 vom 23. 7. 1985, BStBl. 1986 II, 36.

gründbaren Anspruch gegen die Verwaltung, daß er als Geprüfter gleich allen anderen Steuerpflichtigen nach der BpO behandelt werde. Umgekehrt hat die Verwaltung durch die BpO ihr Ermessen dahingehend eingeschränkt und gebunden, daß sie die geprüften Steuerpflichtigen gleichmäßig nach der BpO behandeln werde[14]. Soweit in § 4 BpO der Prüfungszeitraum geregelt ist, kann also der Steuerpflichtige über das Gebot der Gleichmäßigkeit der Rechtsanwendung verlangen, daß auch bei ihm nur der in § 4 BpO begrenzte Zeitraum geprüft wird; s. Tz. 103 ff.

17 Neben die BpO treten **weitere Erlasse** der Finanzverwaltung, die in dieser Schrift verarbeitet sind.

IV. Die verschiedenen Außenprüfungen

1. Der allgemeine Betriebsprüfungsdienst

18 Die **Betriebsprüfung** ist der allgemeine Außenprüfungsdienst, der sich grundsätzlich mit den Besteuerungsgrundlagen aller Steuerarten befassen kann.

19 Sie ist funktional **aufgespalten** nach der **Größe** der zu prüfenden **Betriebe**. Die Gewerbetreibenden, Land- und Forstwirte sowie die Selbständigen sind von der Finanzverwaltung in Größenklassen eingeteilt. § 3 BpO kennt **Großbetriebe (G), Mittelbetriebe (M), Kleinbetriebe (K)** und **Kleinstbetriebe (Kst)**. Die Merkmale für die Einordnung werden durch Erlaß festgelegt. Zur Einordnung ab 1. 1. 1985 s. Anlage 5[15]. Der allgemeine Prüfungsdienst ist diesen Größenklassen zugeordnet. Er verteilt sich – in den Ländern unterschiedlich – auf folgende Prüfungsstellen:

20 **Amts-Bp. (Amtsbetriebsprüfung)** ist der geläufige Begriff für die Betriebsprüfungsstelle der Finanzämter. Die Amts-Bp. prüft idR Mittel-, Klein- und Kleinstbetriebe.

21 **Groß-Bp. (Großbetriebsprüfung)** ist der Begriff für die besondere Dienststelle, die Großbetriebe prüft.

---

14 Vgl. TIPKE/KRUSE, Vor § 193 Anm. 4 (Nov. 1985); SCHICK in Hübschmann/Hepp/Spitaler, Vor § 193 Anm. 126 ff. (Aug. 1985).

15 Kritisch die Deutsche Steuergewerkschaft (DStG 1985, 10, und DStG 1986, 45), die bemängelt, daß die Merkmale der Kapazität und nicht (kennzeichnend für die Gewerkschaft) die Kapazität der Prüfungsnotwendigkeit angepaßt werde.

Die **Konzernbetriebsprüfung,** die in der BpO eigens geregelt ist (vgl. 22
§§ 13–19 BpO), prüft Konzerne. S. hierzu Tz. 895 ff.

Zu dem allgemeinen Betriebsprüfungsdienst zählt auch die **landwirt-** 23
schaftliche Bp., die in einigen Ländern eine besondere Zuständigkeit
zur Prüfung der Betriebe der Land- und Forstwirtschaft hat.

Die **BpO** gilt nach § 1 Abs. 1 BpO nur für diese allgemeinen Prüfungs- 24
dienste; zur Ausdehnung auf andere Außenprüfungen s. Tz. 35.

2. Die besonderen Außenprüfungen

Neben die allgemeinen Betriebsprüfungsdienste treten **besondere Au-** 25
ßenprüfungen, die auch organisatorisch hervorgehoben sind.

Umsatzsteuersonderprüfung. Sie prüft die Besteuerungsgrundlagen 26
der Umsatzsteuer. Rechtsgrundlage ist § 193 AO[16]. Dazu Tz. 900 ff.

Lohnsteueraußenprüfung. Rechtsgrundlage: § 42 f EStG und § 193 27
AO. Geprüft wird die Lohnsteuererhebung beim Arbeitgeber. Dazu Tz.
908 ff.

Prüfung des **Steuerabzugs** nach § 50 a EStG. Rechtsgrundlage: § 193 28
AO; § 73 d Abs. 2 EStDV. Dazu Tz. 926 ff.

Prüfung der körperschaftsteuerlichen **Anrechnungsberechtigung.** 29
Rechtsgrundlage ist § 50 b EStG. Dazu Tz. 935 ff.

Kapitalverkehrsteuerprüfung. Geprüft werden Gesellschaft- und Bör- 30
senumsatzsteuer. Dazu Tz. 929 ff.

Prüfung der **Versicherung-** und **Feuerschutzsteuer.** Dazu Tz. 932 ff. 31

Die **Steuerfahndung** ist keine Außenprüfung iS der §§ 193 ff. AO; al- 32
lerdings kann die Steuerfahndung mit einer Außenprüfung beauftragt
werden (s. § 208 Abs. 2 AO). S. zur Steuerfahndung die Schrift Die
Steuerfahndung.

Zu den **Haftungs-, Liquiditäts-** und **Richtsatzprüfungen** s. Tz. 941 ff. 33

Auf die **Zollprüfungen** gehe ich hier nicht weiter ein. 34

Die **BpO** gilt nicht für die besonderen Prüfungsdienste (§ 1 Abs. 2 35
BpO), es sei denn, die Finanzverwaltung hat dies ausdrücklich ange-

---

16 AA – Umsatzsteuersonderprüfung als Einzelermittlungsmaßnahme – Nott-
    hoff, DB 1985, 1500; s. auch Tz. 900 ff.

ordnet. Letzteres ist in dem Einführungserlaß zur BpO hinsichtlich der §§ 5–12 BpO geschehen, die generell in Sonderprüfungen anwendbar sind[17].

V. Organisation der Landesfinanzverwaltung

36 Die Außenprüfung ist in den **Bundesländern unterschiedlich** organisiert. In der Regel ist der Prüfungsdienst Teil eines Finanzamts, evtl. mit einer Zuständigkeit für mehrere Finanzämter. Die Betriebsprüfung kann auch einer Oberfinanzdirektion zugeordnet oder in einem eigenen Prüfungsfinanzamt organisiert sein[18].

37 Innerhalb des Prüfungsdienstes liegt die Prüfung selbst in der Hand der **„Betriebsprüfer"**, in der Regel Beamte des gehobenen Dienstes. Mehrere Prüfer sind in einem **Sachgebiet** zusammengefaßt, das durch einen **Sachgebietsleiter** geführt wird. Dem Sachgebietsleiter ist der Leiter der Dienststelle oder der Behörde übergeordnet.

38 Für die **Praxis** der Prüfung gilt: Die Bedeutung der Prüfungsbeamten für den Steuerpflichtigen ist umgekehrt proportional zu ihrer Funktionskompetenz. Der Prüfer ist der entscheidende Gesprächspartner. Mit dieser „Arbeitshypothese" sollte man in der Außenprüfung arbeiten. Sie schließt nicht aus, daß man im Einzelfall auch die starke, prägende Hand des Sachgebietsleiters spürt.

VI. Bundesamt für Finanzen

39 Das Bundesamt für Finanzen darf an Außenprüfungen der Landesfinanzverwaltung **mitwirken** (§§ 5 Abs. 1 Nr. 1, 19 FVG)[19]. Es darf gegenüber den zuständigen Finanzbehörden verlangen, daß bestimmte

---

17 Vgl. Einführungserlaß NRW vom 17. 5. 1978 (FN 9), Tz. 2.

18 Die Zuständigkeit eines Finanzamts für **mehrere Finanzamtsbezirke** oder eines **Zentralfinanzamts** für Prüfungsdienste kann nach § 17 Abs. 2 S. 3 FVG begründet werden (vgl. TIPKE/KRUSE, § 195 Anm. 1 (Nov. 1985); aA SCHICK in Hübschmann/Hepp/Spitaler, § 195 Anm. 15 ff., 68 ff., 115 ff. (Nov. 1985), als Mindermeinung). Bedenken gegen die Prüfungsstellen der **Oberfinanzdirektion** (idR Groß-Bp.- und Konzern-Bp.-Stellen) bei TIPKE/KRUSE, § 195 Anm. 4 (Nov. 1985), SCHICK, aaO, Anm. 80 ff. (Nov. 1985); für die Möglichkeit einer Antragsprüfung durch die OFD FG Köln II A 312/85 vom 16. 12. 1985, EFG 1986, 161. Zur Zulässigkeit der Groß-Bp.-Stellen in **Niedersachsen** s. BFH I R 269/81 vom 4. 4. 1984, BStBl. 1984 II, 563.

19 Vgl. hierzu kritisch und eingrenzend SCHICK in Hübschmann/Hepp/Spitaler, § 195 Anm. 86 ff. (Nov. 1985).

Betriebe zu einem bestimmten Zeitpunkt geprüft werden. Das Bundesamt für Finanzen kann auch im Auftrag der Landesfinanzverwaltung selbständig Außenprüfungen durchführen. Einzelheiten regeln die §§ 20–24 BpO. Einschaltungsfälle sind zB Prüfungsfälle mit Auslandsbezug.

Das Bundesamt für Finanzen kann nicht in eigener Zuständigkeit **Ent-** 40 **scheidungen** im Besteuerungsverfahren fällen. Hier bleibt das Finanzamt zuständig.

VII. Zuständigkeit

Sachlich und **örtlich zuständig** für Außenprüfungen sind die jeweils für 41 die Besteuerung zuständigen Finanzämter (§ 195 S. 1 AO). Wer die maßgebenden Steuerbescheide verfügt, ist mithin auch für die Außenprüfung zuständig. Die Regelzuständigkeit für Außenprüfungen liegt damit bei den Betriebsprüfungsstellen, den Lohnsteueraußenprüfungsstellen usw. der Finanzämter. Sonderzuständigkeiten – wie zB nach § 18 AStG – ziehen eine Sonderzuständigkeit für entsprechende Prüfungen nach sich.

Maßgebend für die Zuständigkeit ist der **Zeitpunkt** der Bekanntgabe 42 der Prüfungsanordnung[20].

Die Finanzämter sind berechtigt, andere Finanzbehörden mit Außen- 43 prüfungen zu **beauftragen;** die beauftragte Finanzbehörde kann sogar im Namen der zuständigen Finanzbehörde die Steuerfestsetzung vornehmen und verbindliche Zusagen erteilen (§ 195 S. 2 AO). § 5 Abs. 1 BpO ergänzt: Auch die Anordnung der Betriebsprüfung kann der beauftragten Finanzbehörde übertragen werden. § 195 AO ist – neben § 17 Abs. 2 FVG – die Rechtsgrundlage, um Prüfungsdienste, die bei anderen Finanzbehörden angesiedelt sind, mit der Prüfung zu betrauen[21].

Auch in den Fällen der Beauftragung bleibt das **zuständige Finanzamt** 44 **Herr** für die letzte Entscheidung zur Steuerfestsetzung. Dies gilt insbesondere auch in den Rechtsbehelfsverfahren (vgl. §§ 367 Abs. 3, 368 Abs. 1 S. 2 AO).

20 Vgl. FG Berlin III 263/82 vom 16. 7. 1982, EFG 1983, 268.
21 S. dazu auch FN 18. Kritisch SCHICK in Hübschmann/Hepp/Spitaler, § 195 Anm. 115 ff. (Nov. 1985). Die **Beauftragung** nach § 195 S. 2 AO muß **Steuerpflichtigen** und **Prüfungsgegenstand bezeichnen;** sie muß vor der Prüfungsanordnung vorliegen; sie umfaßt nicht – ohne besondere Beauftragung – diejenige für den Ehegatten; vgl. FG Schleswig-Holstein V 199/83 vom 23. 9. 1983, EFG 1984, 214.

Zulässigkeit der Prüfung

45 In der **Praxis** führt die Zuständigkeitsfrage selten zu Problemen.

46 Allerdings ist festzuhalten, daß Prüfungsmaßnahmen, die wegen **Unzuständigkeit fehlerhaft** sind, mit Erfolg anfechtbar sind. Zwar bestimmt § 127 AO, daß die Aufhebung eines Verwaltungsakts nicht allein deshalb beansprucht werden kann, weil er unter Verletzung von Vorschriften über die Zuständigkeit zustande gekommen ist. Diese Vorschrift gilt für Ermessensentscheidungen gerade nicht; Prüfungsmaßnahmen beruhen jedoch regelmäßig auf Ermessensentscheidungen[22].

C. Zulässigkeit, Umfang und Ort der Außenprüfung

I. Zulässigkeit

1. Zulässigkeitsvoraussetzungen

47 Die **Zulässigkeit** der Außenprüfung (wann darf eine Prüfung durchgeführt werden?) ist in § 193 AO, ihr sachlicher **Umfang** (was darf der Prüfer prüfen?) in § 194 AO geregelt. Die Regelungsinhalte der Vorschriften überschneiden sich.

48 Nach § 193 Abs. 1 AO ist die Prüfung bei Steuerpflichtigen möglich, die einen gewerblichen oder land- und forstwirtschaftlichen **Betrieb** unterhalten oder freiberuflich tätig sind. Ohne weitere Voraussetzungen ist mithin eine Prüfung bei Steuerpflichtigen mit Gewinneinkünften zulässig. Auf die Höhe des betrieblichen Gewinns, auf das Vorliegen von Buchführung und Aufzeichnungen kommt es nicht an[23].

49 Die Zulässigkeit bleibt bestehen, wenn der Betrieb **veräußert, aufgegeben, umgewandelt**[24] wird oder in **Konkurs** geht.

50 Soweit eine inländische Steuerpflicht mit Gewinneinkünften gegeben ist, unterliegen auch **ausländische** Steuerpflichtige der Außenprüfung.

51 Ob das Finanzamt von der Prüfungsmöglichkeit nach § 193 Abs. 1 AO Gebrauch macht, steht grundsätzlich in seinem **Ermessen** (s. auch Tz. 72)[25]. Die Ermessenserwägung zu § 193 Abs. 1 AO muß sich im Rah-

---

22 Vgl. FG Berlin III 263/82, aaO (FN 20), und FG Schleswig-Holstein V 199/83, aaO (FN 21), betr. Prüfungsanordnung; allgemein: Einführungserlaß zur AO, StEK AO 1977 Vor § 1 Nr. 1 zu § 127 (1976); TIPKE/KRUSE, § 127 Anm. 6 (Nov. 1984).
23 BFH IV R 179/79 vom 5. 11. 1981, BStBl. 1982 II, 208.
24 FG Bremen II 79/82 K vom 18. 1. 1983, EFG 1983, 394.
25 Vgl. BFH IV R 232/82 vom 24. 1. 1985, BStBl. 1985 II, 568; IV R 255/82 vom 28. 4. 1983, BStBl. 1983 II, 621.

men dieser Vorschrift bewegen, muß also betriebliche Notwendigkeiten einer Prüfung berücksichtigen[26]; eine Prüfung kann nicht allein wegen eines Aufklärungsbedürfnisses im privaten Bereich angeordnet werden[27]. Ermessensgerecht muß auch die Anordnung gerade einer Außenprüfung sein; reichen Einzelermittlungen aus, ist die Außenprüfung unverhältnismäßig[28].

Die **Rechtsschwellen** zur **Zulässigkeit** der Prüfung nach § 193 Abs. 1 AO sind folglich äußerst **gering**. 52

Der Bundesfinanzhof hat in einem Punkt die Zügel angezogen[29]: Das 53
Finanzamt kann eine Betriebsprüfung nicht auf § 193 Abs. 1 AO mit der Begründung stützen, es sei zu ermitteln, **ob Gewinneinkünfte erzielt** wurden. Für das Finanzamt muß feststehen, daß solche Gewinneinkünfte erzielt wurden; erst daraus resultiert die Rechtfertigung der Prüfung nach § 193 Abs. 1 AO.

Außenprüfungen sind außerdem bei Steuerpflichtigen zulässig, soweit 54
sie die Verpflichtung dieser Steuerpflichtigen betrifft, für **Rechnung** eines **anderen Steuern** zu **entrichten** oder Steuern einzubehalten und **abzuführen (§ 193 Abs. 2 Nr. 1 AO)**.

Mit dieser Vorschrift ist die Zulässigkeit der **Lohnsteuer-, Kapitaler-** 55
tragsteuer- und anderer Prüfungen, deren Gegenstand die Abzugsteuer ist, gerechtfertigt[30].

Die Zulässigkeit ist auch dann gegeben, wenn der Steuerpflichtige 56
nicht gewerblich oder unternehmerisch tätig ist. Eine Lohnsteuer-Außenprüfung kann bei einer Lehrerin stattfinden, die eine Kinderfrau beschäftigt (s. jedoch Tz. 915).

Schließlich sind Außenprüfungen zulässig, „wenn die für die Besteue- 57
rung erheblichen Verhältnisse der **Aufklärung** bedürfen und eine Prüfung an **Amtsstelle** nach Art und Umfang des zu prüfenden Sachverhaltes **nicht zweckmäßig ist" (§ 193 Abs. 2 Nr. 2 AO)**. Damit ist dem Finanzamt praktisch im Wege einer Generalklausel die Möglichkeit

---

26 BFH IV R 232/82 vom 24. 1. 1985, BStBl. 1985 II, 568.
27 BFH IV R 232/82, aaO (FN 26); Groh, DStR 1985, 681.
28 BFH IV R 232/82, aaO (FN 26); IV R 6/85 vom 7. 11. 1985, DB 1986, 414; Groh, DStR 1985, 680.
29 BFH IV R 179/79, aaO (FN 23).
30 BFH I R 53/81 vom 23. 1. 1985, BStBl. 1985 II, 567, setzt in Zweifel, ob hiernach eine Prüfung angeordnet werden kann mit dem Ziel zu ermitteln, **ob** die Voraussetzung des § 193 Abs. 2 Nr. 1 AO vorliege.

eröffnet, eine Prüfung immer dann anzuordnen, wenn es dies für zweckmäßig hält. Nach der Rechtsprechung des Bundesfinanzhofs[31] besteht ein Aufklärungsbedürfnis iSv. § 193 Abs. 2 Nr. 2 AO dann, wenn Anhaltspunkte vorliegen, die es nach den Erfahrungen der Finanzverwaltung als möglich erscheinen lassen, daß die Steuererklärung nicht vollständig oder unrichtig abgegeben ist. Deutlicher kann man das hier herrschende weit ausgedehnte Prüfungsrecht der Finanzverwaltung nicht ausdrücken[32]. Zwar ist der Rahmen rechtlicher Voraussetzungen nicht ganz aufgehoben; er ist jedoch so weit gesteckt, daß häufig das Bestreiten des Vorliegens der Voraussetzungen des § 193 Abs. 2 Nr. 2 AO wenig erfolgversprechend ist, wenn die Einkünfte einen gewissen Umfang angenommen haben. Allerdings – dies ist Tatbestandsbedingung – darf eine Prüfung an Amtsstelle nicht zweckmäßig sein; sind Einzelermittlungen vom Amt aus denkbar, scheidet eine Außenprüfung aus (Tz. 51).

58 Da jedoch die Voraussetzungen des § 193 Abs. 2 Nr. 2 AO enger sind als die des § 193 Abs. 1 AO (dazu Tz. 48 ff.), ist auf jeden Fall zu verlangen, daß das Finanzamt eine Prüfung nach § 193 Abs. 2 Nr. 2 AO **begründet**, um dem Steuerpflichtigen eine Prüfung der Voraussetzungen der angeordneten Betriebsprüfung zu ermöglichen[33].

59 Für eine Prüfung nach § 193 Abs. 2 Nr. 2 AO kommen insbesondere Steuerpflichtige mit Einkünften aus **Vermietung** und **Verpachtung** oder **Kapitalvermögen** in Frage. Allein der Hinweis auf den **Vorbehalt** der Veranlagung nach **§ 164 AO** reicht für die Zulässigkeit der Betriebsprüfung nach dieser Vorschrift nicht aus.

60 Zur Prüfung des **Ehepartners** eines Steuerpflichtigen, der nach § 193 Abs. 1 AO geprüft wird (Tz. 48 ff.), unter Berufung auf § 193 Abs. 2 Nr. 2 AO s. Tz. 67.

61 **§ 194 Abs. 2 AO** erlaubt, in die bei einer Gesellschaft durchzuführende Außenprüfung die Prüfung der steuerlichen Verhältnisse von **Gesellschaftern** und **Mitgliedern** sowie von Mitgliedern der Überwachungsorgane einzubeziehen, wenn dies im Einzelfall zweckmäßig ist.

---

31 BFH IV R 179/79 vom 5. 11. 1981, BStBl. 1982 II, 208; IV R 6/85 vom 7. 11. 1985, DB 1986, 414.

32 Vgl. auch FG Hamburg I 176/78 vom 25. 6. 1979, EFG 1980, 3, mit der lapidaren Formulierung: „Eine Ap. nach § 193 Abs. 2 Nr. 2 AO ... kann ohne konkreten Anlaß angeordnet werden."

33 S. hierzu auch Tz. 202; aA allerdings FG Hamburg, aaO (FN 32).

Damit kann bei der Prüfung von Personen- und Kapitalgesellschaften 62
ebenfalls die Prüfung der **Gesellschafter, Mitunternehmer, Anteils-
eigner, Genossen, Mitglieder, Beirats-** und **Aufsichtsratsmitglieder**
angeordnet werden.

Die Rechtfertigung der Prüfung nach § 194 Abs. 2 AO steht selbständig 63
neben den Möglichkeiten nach § 193 AO[34]. Die Prüfung kann sich auf
alle steuerlichen Verhältnisse erstrecken; § 194 Abs. 2 AO enthält insoweit keine Einschränkung. Es ist nicht ermessensfehlerhaft, wenn
die Prüfung beim Hauptgesellschafter einer Personengesellschaft sich
auf den gleichen Prüfungszeitraum erstreckt wie bei der Gesellschaft[35].

Da die Außenprüfung nach § 194 Abs. 2 AO eine **selbständige Prü-** 64
fung darstellt, gelten alle gesetzlichen Vorschriften für die Außenprüfung auch für diese Prüfung[36].

Ist die Betriebsprüfung bei einer Gesellschaft **beendet,** können die 65
steuerlichen Verhältnisse des Gesellschafters nicht mehr nach § 194
Abs. 2 AO in die Prüfung „einbezogen" werden[37].

Werden **Ehepaare** geprüft, müssen die Zulässigkeitsvoraussetzungen 66
bei jedem Ehegatten gesondert geprüft und bejaht werden; das gilt
auch im Fall der Zusammenveranlagung[38]. Eine „Prüfung" der Ehefrau
anläßlich der Prüfung bei dem Ehemann ist idR eine Außenprüfung
und bedarf folglich einer eigenen Prüfungsrechtfertigung und Prüfungsanordnung[39].

Ausgehend von dieser Notwendigkeit gehen die Finanzämter in den 67
Prüfungsfällen des § 193 Abs. 1 AO (Gewinnermittler) zunehmend dazu
über[40], ohne weitere **Begründung formularmäßig** bei dem **Ehepartner** ohne Gewinneinkünfte die Bedingungen des **§ 193 Abs. 2 Nr. 2
AO** (Tz. 57 ff.) **anzunehmen,** selbst wenn der Ehepartner zB nur ein
Sparbuch oder nur Einkünfte aus einem Arbeitsverhältnis hat. Dies ist
mit § 193 Abs. 2 Nr. 2 AO nicht vereinbar, und zwar selbst dann nicht,

---

34 Zu § 194 Abs. 2 AO als Zulässigkeitsvorschrift s. PAPPERITZ, StBp. 1982, 127.
35 FG Nürnberg V 235/82 vom 8. 12. 1982, EFG 1983, 334.
36 Vgl. PAPPERITZ, StBp. 1982, 127 ff.
37 Vgl. FG Düsseldorf II 31/80 vom 4. 12. 1980, EFG 1981, 382; PAPPERITZ, StBp.
   1982, 131; zweifelnd OFFERHAUS, StBp. 1981, 238.
38 BFH VII R 59/75 vom 25. 5. 1976, BStBl. 1977 II, 18; IV R 179/79 vom 5. 11.
   1981, BStBl. 1982 II, 208; IV R 6/85 vom 7. 11. 1985, DB 1986, 414.
39 OFD Düsseldorf vom 22. 1. 1980, DB 1980, 283 (= StEK AO 1977 § 193 Nr. 7).
40 Vgl. die Anweisung OFD München vom 5. 3. 1984, StEK AO 1977 § 196
   Nr. 5.

wenn man die im Hinblick auf die Finanzverwaltung großzügige Rechtsprechung anwendet (Tz. 57)[41].

68 Von der bei jedem Ehepartner gesondert zu prüfenden Berechtigung einer Außenprüfung zu unterscheiden ist die Frage, ob bei einem **Ehepartner gemeinschaftliche Einkünfte** oder sonstige gemeinschaftliche Besteuerungsgrundlagen geprüft werden dürfen. Dies ist zu bejahen[42]. Nach der Rechtsprechung des BFH (vgl. Tz. 161 ff.) wird man auch annehmen müssen, daß die Erkenntnisse aus dieser Prüfung auch dem **anderen Ehepartner** gegenüber **ausgewertet** werden dürfen.

69 Die Pflicht, eine Prüfung hinzunehmen, geht auf **Gesamtrechtsnachfolger** über. Erben müssen eine Außenprüfung auch insoweit dulden, als die Besteuerungsgrundlagen des Erblassers geprüft werden[43].

70 Geht ein Betrieb im Wege der **Einzelrechtsnachfolge** über (zB Kauf), muß der Nachfolger keine Prüfung für die Vorjahre hinnehmen; die Prüfung für die Jahre bis zum Übergang erfolgt bei dem früheren Eigentümer[44].

71 Soweit die Prüfung im **Gesetz keine Stütze** findet, ist sie unzulässig. Das gilt zB für sog. **Bestandsaufnameprüfungen,** durch die der Zustand der laufenden Buchführung geprüft wird[45]. S. zu derartigen besonderen Prüfungen auch Tz. 941 ff.

72 **Auswahl** des geprüften Steuerpflichtigen: Das Finanzamt wählt die Prüffälle innerhalb des gesetzlichen Rahmens aufgrund einer **Ermessensentscheidung** aus[46]. Da die Grenzen des § 193 AO außerordentlich weit sind, werden in der Praxis Ermessensverletzungen selten sein[47]. Sind die Grenzen überschritten, ist die Außenprüfung rechtswidrig.

---

41 Kritisch auch GROH, DStR 1985, 681.

42 GROH, DStR 1985, 681, unter Hinweis auf ein nicht veröffentlichtes BFH-Urteil IV B 65/83 vom 19. 12. 1983.

43 BFH VII R 96/75 vom 9. 5. 1978, BStBl. 1978 II, 501; OFD München vom 5. 3. 1984 (FN 40).

44 OFD München vom 5. 3. 1984, aaO (FN 40).

45 BFH IV R 10/85 vom 26. 4. 1985, BStBl. 1985 II, 702.

46 BFH IV R 179/79 vom 5. 11. 1981, BStBl. 1982 II, 208; I R 53/81 vom 23. 1. 1985, BStBl. 1985 II, 566.

47 Mit der **Ermessensentscheidung** zur Außenprüfung befaßt sich grundsätzlich WENZIG, StuW 1982, 321. Das Ermessen kennt nach WENZIG nur einen wesentlichen Maßstab: Nach Möglichkeit ist das Ziel einer lückenlosen Prüfung aller Steuerpflichtigen anzustreben; hiernach dürfte es Ermessensgrenzen kaum geben; kritisch GROH, DStR 1985, 682; s. auch Tz. 5.

Finanzgerichtlich kann bei der Entscheidung über die Auswahl des zu   73
prüfenden Steuerpflichtigen nur diese Grenzverletzung gerügt werden.
Das Finanzgericht kann nicht sein Ermessen an die Stelle des Finanzamts setzen.

Eine Außenprüfung kann zB nicht deshalb abgelehnt werden, weil in   74
dem Berufszweig des Steuerpflichtigen **andere weniger geprüft** werden[48]. Ebenfalls kann eine Prüfungsberechtigung nicht deshalb bestritten werden, weil die Betriebe in einem Bundesland im Durchschnitt
häufiger geprüft werden als die entsprechenden in einem anderen
Bundesland[49]. Die Außenprüfung bei einem Steuerpflichtigen aufgrund
einer **Verärgerung** gegenüber diesem Steuerpflichtigen kann ermessensfehlerhaft sein[50].

2. Besondere Unzulässigkeiten

Die **Zulässigkeit** kann durch andere Vorschriften oder durch bestimm-   75
te Veranlagungsformen eingeschränkt sein.

Von Schick wird die Ansicht vertreten, daß eine Außenprüfung nicht   76
mehr zulässig sei, wenn und soweit Steuerbescheide **ohne Vorbehalt
der Nachprüfung** (§ 164 AO) ergehen[51]. Mit den vorbehaltlosen Veranlagungen gebe das Finanzamt zu erkennen, daß der Fall abschließend geprüft sei; dies schließe eine Außenprüfung aus. Der Ansicht ist
zuzustimmen. Die bisher vorliegenden finanzgerichtlichen Entscheidungen zu diesem Problemfeld zeigen allerdings, daß sich die Steuer-
gerichte dieser Auslegung nicht anschließen werden[52]. Der Bundesfi-

---

48 FG Bremen II 50/81 K vom 21. 1. 1982, EFG 1982, 394, betreffend einen
Rechtsanwalt.
49 FG Düsseldorf XIII 167/82 vom 15. 11. 1983, EFG 1984, 329; dazu Offerhaus,
StBp. 1984, 215: „Es gibt **keinen Anspruch** auf **Gleichbehandlung** innerhalb
einer **mangelhaften Verwaltungspraxis.**"
50 BFH IV R 232/82 vom 24. 1. 1985, BStBl. 1985 II, 568.
51 Vgl. Schick in Hübschmann/Hepp/Spitaler, § 194 Anm. 10 ff. (Aug. 1985);
ebenso Schick, DStR 1980, 277; glA Kammann/Rödel, DStR 1982, 641;
Kungl, StbKongrRep. 1982, 143.
52 **Ablehnend** FG Köln V 369/80 vom 19. 3. 1981, EFG 1982, 2; FG Nürnberg V
135/81 vom 29. 7. 1981, EFG 1982, 55, und II 106/82 vom 26. 4. 1983, EFG 1984, 7;
FG Berlin VIII 311/83 vom 25. 6. 1984, EFG 1985, 157; **aA auch** Wenzig, StBp.
1981, 197; Zint in HBP, 3110, 5 f. (1982); Offerhaus, StBp. 1981, 47; Ebert, StBp.
1981, 25; Giesberts, Anm. 45; Künemann, DB 1984, 1374; Notthoff, StBp. 1984,
159; Tipke/Kruse, § 193 Anm. 3 (Nov. 1985). Nach der Entscheidung des Nieder-
sächsischen Finanzgerichts XI 126/82 vom 15. 4. 1983, EFG 1985, 5, ist bei **vorbe-
haltloser Festsetzung** die Prüfung nicht grundsätzlich ausgeschlossen; sie bedarf jedoch einer **besonderen Rechtfertigung.**

nanzhof ist der Ablehnung der erstinstanzlichen Gerichte gefolgt[53]. Die Finanzverwaltung prüft unabhängig davon, ob Vorbehaltsveranlagungen vorliegen oder nicht.

77 Die Zulässigkeit einer Prüfung hängt nicht davon ab, daß **Steuererklärungen abgegeben** und/oder **Veranlagungen durchgeführt** worden sind[54].

78 Ist die Steuerforderung **verjährt,** so ist eine Prüfung nicht mehr zulässig[55].

79 **Steuerbefreite Steuersubjekte** können geprüft werden, da eine Steuerschuld möglich ist[56].

80 Durch ein **steuerliches Streitverfahren** – Einspruchs- oder Klageverfahren – wird die Zulässigkeit einer Außenprüfung nicht berührt; die Verfahren laufen nebeneinander nach den jeweils für sie geltenden Regeln[57]. Wiederholen sich umstrittene Fragen in der nachfolgenden Außenprüfung, werden sie von den Prüfern in der Regel ausgeklammert, bis der Rechtsstreit über die vorangegangene Prüfung abgeschlossen ist.

81 Können Folgerungen aufgrund einer Prüfung für einen Veranlagungszeitraum nur gezogen werden, wenn eine **vorsätzliche** oder **leichtfertige Steuerverkürzung** (§§ 370, 378 AO) vorliegt, so ist zweifelhaft, ob eine Außenprüfung zulässig ist. Das Problem stellt sich, wenn die Steuerforderung ohne Vorliegen einer Steuerhinterziehung oder leichtfertigen Steuerverkürzung verjährt wäre (§ 169 AO) oder wenn eine bestandskräftige Veranlagung ohne das Vorliegen dieser Voraussetzungen nicht mehr geändert werden könnte (§ 173 Abs. 2 AO)[58]. Eine Prüfung dieser Zeiträume muß grundsätzlich möglich sein. Denn

---

53 BFH IV R 224/83 vom 28. 3. 1985, BStBl. 1985 II, 700; VIII R 197/84 vom 23. 7. 1985, BStBl. 1986 II, 36.
54 TIPKE/KRUSE, § 193 Anm. 2 (Nov. 1985).
55 FG Nürnberg IV 416/83 vom 12. 7. 1984, EFG 1984, 592; GIESBERTS, Anm. 39; TIPKE/KRUSE, § 139 Anm. 1 (Nov. 1985). **AA BFH** VIII R 48/85 vom 23. 7. 1985, DB 1986, 416. Die Unzulässigkeit ist dann gegeben, wenn die Steuern nach gesicherter Erkenntnis verjährt sind; selbst in diesem Fall ist nach Ansicht des BFH die Prüfung noch zulässig.
56 TIPKE/KRUSE, § 193 Anm. 6 (Nov. 1985); gegen SCHICK in Hübschmann/Hepp/Spitaler, § 193 Anm. 22, 23 (Aug. 1985), der die Prüfung an Aufzeichnungspflichten knüpft.
57 Vgl. KLAUSER in HBP 8030, 2 (1984).
58 Zur Einschränkung der Prüfungsmöglichkeit durch § 173 Abs. 2 AO s. Tz. 82 ff.

wenn es Tatbestände gibt, die Steuerfolgen ermöglichen, muß auch die Prüfung dieser Tatbestände durchgeführt werden können. Dem Grunde nach ist die Prüfung zulässig. Allerdings ist fraglich, ob die **Dienststellen** der **Außenprüfung** hierzu berufen sind. Es ist Aufgabe der Steuerfahndung, die Tatbestände der Steuerhinterziehung und leichtfertigen Steuerverkürzung zu prüfen. Den regulären Prüfungsdiensten ist mE der Weg dort verschlossen, wo erst das Vorliegen einer Steuerhinterziehung oder leichtfertigen Steuerverkürzung die Möglichkeit eröffnet, die Prüfungsfeststellungen in Steuerbescheide umzusetzen[59]. Die **Praxis** der **Außenprüfung** sieht anders aus. Hier prüft die Betriebsprüfung auch Zeiträume, die richtigerweise die Steuerfahndung prüfen müßte. Der Steuerpflichtige nimmt dies – häufig gerne – hin, weil er die Betriebsprüfung der Steuerfahndung vorzieht.

3. Insbesondere: Prüfung nach Prüfung

Die **Außenprüfung** nach **abgeschlossener Außenprüfung** ist unzulässig, es sei denn, es liegen die Voraussetzungen des **§ 173 Abs. 2 AO** vor. Die Finanzverwaltung hat durch die Außenprüfung die einmalige Möglichkeit der vollständigen Überprüfung; sie kann diese Möglichkeit nicht beliebig wiederholen. § 173 Abs. 2 AO zeigt, daß nach einer Außenprüfung ein gesteigerter Bestandsschutz eingreifen soll. Dies bestimmt unmittelbar die Zulässigkeit der Außenprüfung. Sie ist unzulässig, wenn ihre Ergebnisse nicht mehr verwertet werden können[60].   82

Die anderslautende Rechtsprechung zur **Reichsabgabenordnung,** die die **wiederholende Prüfung gestattete,** ist mE unter der Geltung der Abgabenordnung nicht mehr anwendbar[61].   83

---

59 **Für ausschließliche Zuständigkeit** der **Steuerfahndung** FG Nürnberg IV 416/83 vom 12. 7. 1984, EFG 1984, 592 (mit einer ausführlichen Begründung und einer Auseinandersetzung mit der Frage, ob § 4 Abs. 2 BpO – Ausdehnung einer Prüfung bei dem Verdacht einer Steuerstraftat [vgl. Tz. 130] – entgegenstehe; letzteres wird verneint, da die Ausdehnung nach Ansicht des FG Nürnberg auch in diesem Fall nur dann möglich sei, wenn die Veranlagungen nach allgemeinen Regeln noch offen seien); dasselbe Gericht IV 166/83 vom 7. 2. 1985, EFG 1985, 323; SAUER, StBp. 1985, 7, u. FR 1985, 652; TIPKE/KRUSE, § 193 Anm. 4 (Nov. 1985); LEINEWEBER, DStR 1985, 309. **Folge:** Unzulässigkeit der Bp.-Prüfungsanordnung (LEINEWEBER, DStR 1985, 309). **Für die Möglichkeit der Außenprüfung** in diesem Fall jetzt **BFH** VIII R 48/85 vom 23. 7. 1985, DB 1986, 416; WAGNER, StBp. 1986, 91.

60 GlA SCHICK in Hübschmann/Hepp/Spitaler, § 194 Anm. 20 f. (Aug. 1985); ZINT in HBP, 3110, 8 (1982); TIPKE/KRUSE, § 193 Anm. 1 (Nov. 1985).

61 Vgl. zB BFH I R 123/74 vom 31. 3. 1976, BStBl. 1976 II, 510, 512; aA WENZIG, StBp. 1981, 198.

84 Die Frage der Zulässigkeit der Außenprüfung hängt in diesen Fällen jedoch nicht ausschließlich von der Verwertbarkeit ab. In § 173 Abs. 2 AO findet im Bescheid-Änderungsrecht der **Grundsatz** Ausdruck, daß eine **Außenprüfung nicht wiederholbar** ist. Folglich ist „die Prüfung nach der Prüfung" auch dann unzulässig, wenn im Einzelfall eine Änderung noch möglich sein sollte[62].

85 Die **Finanzverwaltung** macht sich nur zögernd diese Erkenntnisse zu eigen. In der Regel, zB bei einer allgemeinen Außenprüfung nach einer Sonderprüfung, nimmt sie die Zulässigkeit der „Prüfung nach Prüfung" an.

86 Soweit die Änderungsmöglichkeit nach § 173 Abs. 2 AO eröffnet ist, ist eine Prüfung zwar grundsätzlich zulässig, jedoch keine Außenprüfung iSv. §§ 193 ff. AO. Zuständig ist die **Steuerfahndung** (Tz. 81); in der **Praxis** prüft jedoch häufig die Betriebsprüfung (Tz. 81).

87 Die Unzulässigkeit einer „Prüfung nach Prüfung" betrifft auch die **Umsatzsteuer-, Lohnsteuer-Außenprüfung** und andere **Sonderprüfungen**. Auch solche Prüfungen richten sich nach den §§ 193 ff. AO. Sie unterscheiden sich nicht qualitativ von einer normalen Betriebsprüfung. Prüft eine Umsatzsteuersonderprüfung die Vorsteuern, können sie später nicht mehr von der normalen Betriebsprüfung geprüft werden, und zwar auch dann nicht, wenn die Umsatzsteuerveranlagungen noch geändert werden könnten[63].

88 Als unzulässig abzulehnen ist folglich auch der in der Praxis anzutreffende **Vorbehalt** einer Umsatzsteuersonderprüfung, die Feststellungen gelten nur vorbehaltlich einer allgemeinen Außenprüfung.

89 **Unzulässig** sind folglich, vorbehaltlich der Voraussetzungen des § 173 Abs. 2 AO:

– Betriebsprüfung nach Betriebsprüfung;

– Umsatzsteuersonderprüfung nach Betriebsprüfung;

– Lohnsteuer-Außenprüfung nach Betriebsprüfung, sofern die Betriebsprüfung die Lohnsteuer mit geprüft hat;

– Steuerfahndung nach Betriebsprüfung, sofern die Steuerfahndung eine Betriebsprüfung durchführt;

– Betriebsprüfung nach Umsatzsteuersonderprüfung, soweit letztere geprüft hat;

---

62 GlA Schick, aaO, Zint, aaO (beide FN 60).
63 GlA Zint, aaO (FN 60); aA betr. Lohnsteuerprüfung FR 1983, 142.

– Umsatzsteuersonderprüfung nach Umsatzsteuersonderprüfung, soweit letztere geprüft hat;

– Umsatzsteuersonderprüfung nach Lohnsteuer-Außenprüfung, soweit letztere geprüft hat[64];

– Lohnsteuer-Außenprüfung nach Lohnsteuer-Außenprüfung[65];

– Steuerfahndung nach Steuerfahndung.

Die vorstehende Einschränkung („soweit letztere geprüft hat") bezieht sich auf den abstrakten Prüfungsgegenstand, nicht auf die konkrete Prüfungstätigkeit des Vorprüfers.

Fallbeispiel: Die Lohnsteuerprüfung prüft ein Ehegattenarbeitsverhältnis. Es wird anerkannt. Später wird das Arbeitsverhältnis erneut durch die reguläre Betriebsprüfung überprüft. Im Rahmen der Lohnsteuer-Außenprüfung wurde das Arbeitsverhältnis als solches abschließend geprüft. Damit scheidet es aus dem Prüfungsfeld der Betriebsprüfung aus, die jedoch noch die Betriebsbedingtheit im Hinblick auf den Betriebsausgabenabzug prüfen kann. 90

Prüfungen mit **unterschiedlichem Prüfungsgegenstand** können **nebeneinander** und nacheinander erfolgen, zB Umsatzsteuersonderprüfung neben oder nach Lohnsteuersonderprüfung[66]. 91

Von der vorbehandelten Problematik zu unterscheiden ist die Frage, ob nach einer Prüfung mit nur beschränktem Gegenstand der **Vorbehalt** der **Nachprüfung aufgehoben** werden muß[67]. 92

Der „Prüfung nach Prüfung" können auch andere Hinderungsgründe entgegenstehen. Eine Berichtigung aufgrund neuer Tatsachen kann gegen **Treu und Glauben** verstoßen, wenn dem Finanzamt Ermittlungsfehler vorzuwerfen sind oder wenn das Finanzamt bei der ersten Prü- 93

64 Werden nach dem BdF Schreiben 1982, StEK AO 1977 § 193 Nr. 12, im Rahmen einer **Lohnsteuer-Außenprüfung umsatzsteuerliche** Sachverhalte mitgeprüft, können diese Sachverhalte später nicht nochmals geprüft werden.
65 Gegen eine **Lohnsteuerprüfung** nach **Lohnsteuerprüfung** Nds. FG XI (VI) 171/80 vom 31. 8. 1981, EFG 1982, 280, weil die Ergebnisse nicht verwertbar seien. AA – § 173 Abs. 2 AO gilt nicht für Lohnsteuerprüfungen – NOTTHOFF, DB 1985, 1500. Vgl. hierzu auch Tz. 922 ff.
66 ZWANK, BB 1982, 982.
67 Dagegen SCHICK in Hübschmann/Hepp/Spitaler, § 194 Anm. 23 ff. (Aug. 1985), der bereits aus diesem Grund alle Sonderprüfungen für zweifelhaft hält; gegen SCHICK TIPKE/KRUSE, § 194 Anm. 3 (Nov. 1985); GIESBERTS, Anm. 417; ZWANK, BB 1982, 984.

fung zu erkennen gegeben hat, mit der Sach- und Rechtsbehandlung sei der Komplex endgültig erledigt, insbesondere, wenn auf weitere Ermittlungen und Prüfungen verzichtet wurde[68]. Ein die spätere Berichtigung ausschließender Ermittlungsverzicht liegt auch dann vor, wenn ein Sachverhalt **schätzungsweise** festgestellt wird und damit gerade auch die **Unsicherheit** und die **Fehlerquellen** erfaßt werden sollen, die in einer späteren Prüfung konkret ermittelt werden könnten[69]. Verstößt hiernach die Berichtigung gegen Treu und Glauben, ist die Prüfung **unzulässig**.

4. Pflicht zur Prüfung; Recht auf Prüfung

94 Der Steuerpflichtige hat **keinen** unmittelbaren **Rechtsanspruch** darauf, daß bei ihm eine Prüfung vorgenommen wird[70].

95 Gleichwohl ist das Finanzamt verpflichtet, den **Antrag** auf **Vornahme** einer **Außenprüfung** durch eine pflichtgemäße Ermessensentscheidung zu bescheiden. Willkürliche Ablehnung wäre rechtswidrig[71].

96 Bei einer **Betriebsaufgabe**, einer **Betriebsveräußerung** oder bei einem **Gesellschafterwechsel** in einer Personengesellschaft muß das Finanzamt besondere Gründe geltend machen, um eine zeitnahe Prüfung nicht durchzuführen[72]. Das gleiche gilt, wenn die endgültige Feststellung von Steuerforderungen für **zivilrechtliche Auseinandersetzungen** und Abwicklungen zwischen den Steuerpflichtigen von Bedeutung

---

68 Vgl. im einzelnen: BFH VI R 58/72 vom 15. 11. 1974, BStBl. 1975 II, 369; I R 123/67 vom 28. 1. 1970, BStBl. 1970 II, 296; VI 328/65 vom 5. 10. 1966, BStBl. 1967 III, 231; IV 143/56 U vom 10. 7. 1958, BStBl. 1958 III, 365; III 383/57 U vom 23. 5. 1958, BStBl. 1958 III, 326; III 139/52 S vom 10. 7. 1953, BStBl. 1953 III, 240; FG Baden-Württemberg III 245/79 vom 30. 6. 1983, EFG 1984, 101; III 332/80 vom 30. 6. 1983, EFG 1984, 102; FG Nürnberg II 206/82 vom 26. 4. 1983, EFG 1984, 7; VON WALLIS in Hübschmann/Hepp/Spitaler, § 173 Anm. 31 f. (Nov. 1982); KLEIN/ORLOPP, § 173 Anm. 7; FÖRSTER in Koch, § 173 Anm. 12; TIPKE/KRUSE, § 173 Anm. 28 (Mai 1983).
69 Vgl. BFH IV 143/56 U (Fn. 68); IV R 236/69 vom 20. 9. 1973, BStBl. 1974 II, 74; RFH I A 313/32 vom 15. 5. 1934, RStBl. 1934, 677; ENNO BECKER, StuW 1935, 1321; TIPKE/KRUSE, § 173 Anm. 28 (Mai 1983).
70 BFH V R 56/67 vom 13. 8. 1970, BStBl. 1970 II, 767; VIII R 8/69 vom 24. 10. 1973, BStBl. 1973 II, 275. Diese Rechtsprechung gilt unter der AO 1977 fort: TIPKE/KRUSE, § 193 Anm. 8 (Nov. 1985); Einf. Erlaß AO, StEK AO 1977 Vor § 1 Nr. 1 Zu § 193 (1976).
71 Zu zurückhaltend Einf.Erlaß, aaO (FN 70).
72 Vgl. GIESBERTS, Anm. 51.

ist. **Schätzungslandwirte,** die keine Bücher führen, können keine Außenprüfung beanspruchen, wenn sie vortragen, die Schätzung sei unzutreffend[73].

Im Einzelfall kann das Ermessen des Finanzamts auf eine **einzige mögliche Entscheidung** zusammenschrumpfen. Lehnt das Finanzamt zB eine nach § 4 Abs. 1 BpO gebotene Anschlußprüfung ab, so ist diese Ablehnung rechtswidrig. Durch die BpO hat die Verwaltung ihr Ermessen gebunden; sie muß sich auch im Einzelfall daran halten. 97

Rechtsbehelf gegen die Ablehnung des Antrags auf eine Außenprüfung ist die Beschwerde. Siehe hierzu im einzelnen Tz. 630 ff. 98

II. Umfang

1. Gegenstand der Prüfung

Zum **sachlichen Umfang** einer Außenprüfung bestimmt § 194 Abs. 1 AO allgemein, daß sie „der Ermittlung der **steuerlichen Verhältnisse** des Steuerpflichtigen" diene, und insbesondere, 99

– daß sie sich auf eine oder mehrere Steuerarten,

– einen oder mehrere Besteuerungszeiträume erstrecken

– oder sich auf bestimmte Sachverhalte beschränken könne.

Die Bestimmung des Gegenstands der Prüfung liegt im Ermessen des Finanzamts.

Bei einer **Personengesellschaft** umfassen die steuerlichen Verhältnisse der Personengesellschaft stets die steuerlichen Verhältnisse der Gesellschafter, soweit sie für die steuerlichen Verhältnisse der Gesellschaft von Bedeutung sind (§ 194 Abs. 1 Satz 3 AO). Erfolgt nach § 194 Abs. 2 AO eine Erstreckung der Prüfung auf die Gesellschafter, entfällt diese Einschränkung (Tz. 61 ff.). 100

Die steuerlichen Verhältnisse **anderer Personen** können geprüft werden, soweit der geprüfte Steuerpflichtige verpflichtet ist, für Rechnung dieser anderen Personen Steuern zu entrichten oder einzubehalten (§ 194 Abs. 1 Satz 4 AO). 101

Ist bei einem Steuerpflichtigen eine Außenprüfung nach § 193 Abs. 1 AO zulässig, weil **Gewinneinkünfte** gegeben sind (Tz. 48 ff.), so ist 102

---

73 BFH IV R 33/82 vom 8. 11. 1984, BStBl. 1985 II, 352.

dem Prüfer damit nach Ansicht der Finanzverwaltung eine Prüfung **aller Besteuerungsgrundlagen** – auch zB der Überschußeinkünfte,
der Sonderausgaben usw. – gestattet. Die Verwaltung stützt sich auf
§ 194 AO, der, sich mit dem sachlichen Umfang der Prüfung befas-
send, eine Einschränkung nicht kenne. **Kritik:** Diese Ansicht ist
nicht gerechtfertigt, wenn man den Umfang der Prüfung bei einem Einzelunternehmer mit demjenigen bei dem Gesellschafter einer Personengesellschaft vergleicht. Bei dem letzteren werden in aller Regel nur
die gewerblichen Einkünfte und nicht die sonstigen Besteuerungsgrundlagen geprüft (vgl. die besondere Vorschrift des § 194 Abs. 2 AO,
Tz. 61 ff.). Der Personengesellschafter steht also grundsätzlich – nach
Ansicht der Finanzverwaltung – unter einer geringeren Prüfungslast
als der Einzelunternehmer. Um insoweit eine Gleichbehandlung herbeizuführen, sollte aus §§ 193 Abs. 1, 194 AO hergeleitet werden, daß
bei einem Einzelunternehmer nur die Gewinneinkünfte zu prüfen sind.
Weitere Besteuerungsgrundlagen können einbezogen werden, wenn
dies im Einzelfall zweckmäßig ist (vgl. § 194 Abs. 2 AO)[74].

2. Insbesondere: Prüfungszeitraum

a. Die allgemeinen Regeln

103 **Prüfungszeiträume** sind die Besteuerungszeiträume, die geprüft werden sollen und die in der Prüfungsanordnung bestimmt werden. Die
Abgabenordnung legt den Prüfungszeitraum nicht fest. Er steht im **Ermessen** der Finanzverwaltung[75]. Die Finanzverwaltung hat hierzu in
§ 4 BpO Regelungen getroffen, auf die sich der Steuerpflichtige berufen kann[76]. Der Steuerpflichtige hat einen Anspruch gegen das Finanzamt, daß dieses die Steuerpflichtigen gleich, dh. hier nach § 4 BpO, behandelt (s. Tz. 16).

104 Allenfalls in **außerordentlichen** Fallkonstellationen darf das Finanzamt von § 4 BpO abweichen[77].

---

74 TIPKE/KRUSE, § 193 Anm. 5 (Nov. 1985), **verbinden** die Zulässigkeitsbedingungen des **§ 193 Abs. 1 AO** und des **§ 193 Abs. 2 Nr. 2 AO**; vgl. auch TIPKE,
 Lehrbuch, 579. Umgekehrt fordert APP, DStZ 1984, 559, daß die Gesellschafter nach § 194 Abs. 2 AO mitgeprüft werden. **Für umfassendes Prüfungsrecht BFH** IV R 323/84 vom 28. 11. 1985, BB 1986, 587, in Bestätigung von
 BFH IV R 179/79 vom 5. 11. 1981, BStBl. 1982 II, 208.
75 BFH I R 111/80 vom 20. 6. 1984, BStBl. 1984 II, 815.
76 Dazu BFH I R 111/80, aaO (FN 75); PAPPERITZ, Inf. 1983, 341.
77 Vgl. OFFERHAUS, StBp. 1984, 286, mit Kritik an BFH I R 111/80, aaO (FN 75);
 der BFH habe dem Finanzamt einen zu großen Freiheitsraum gegeben.

§ 4 BpO betrifft nur die Prüfung nach § 193 Abs. 1 AO, die Prüfung der 105
Gewinnermittler; die Vorschrift findet auf Außenprüfungen nach **§ 193
Abs. 2 AO** keine Anwendung. Der Prüfungszeitraum nach dieser Vor-
schrift bestimmt sich ausschließlich danach, für welche Zeiträume die
Bedingungen des § 193 Abs. 2 AO vorliegen[78].

Großbetriebe: Hier soll der Prüfungszeitraum an den vorhergehenden 106
Prüfungszeitraum anschließen (§ 4 Abs. 1 Satz 1 BpO). Dies ist das Prin-
zip der sogenannten **Anschlußprüfung.** Es werden fortlaufend alle Besteuerungszeiträume geprüft[79].

Die BpO legt nicht fest, **wieviele Jahre** jeweils zu prüfen sind. Regel- 107
mäßig werden drei Jahre zusammengefaßt. Häufig finden sich jedoch
auch Prüfungen, die sich auf 4 bis 5 Jahre erstrecken. Die Betriebsprüfung kann sich maximal auf den gesamten Zeitraum erstrecken, der
noch nicht verjährt ist.

Wird ein Großbetrieb zum **ersten Mal** geprüft, so bestimmt das Finanz- 108
amt den Zeitraum nach pflichtgemäßem Ermessen, auf den sich die
Prüfung zu erstrecken hat (§ 4 Abs. 1 Satz 2 BpO). Häufig wird die Prüfung bis zur Gründung ausgedehnt; dies gilt insbesondere dann, wenn
die Betriebseröffnung mit einer Veräußerung oder Umwandlung oder
Umgestaltung zusammenhängt.

Die BpO regelt nicht den Fall, in dem ein Betrieb vorher Klein- oder 109
Mittelbetrieb war und sodann zum ersten Mal als Großbetrieb geprüft
werden soll. Die Frage des Prüfungszeitraums bei einer solchen **Änderung** der **Größenklasse** ist von der Verwaltung erlaßmäßig geregelt[80].
Außerdem hat sich die Rechtsprechung mit Übergangsproblemen befaßt[81].

---

78 NOTTHOFF, StBp. 1984, 210.
79 Verfassungsgemäß: FG Nürnberg V 235/82 vom 8. 12. 1982, EFG 1983, 334.
80 Vgl. zB OFD München vom 10. 2. 1984, StEK AO 1977 § 194 Nr. 5.
81 Nach BFH VIII R 197/84 vom 23. 7. 1985, DB 1985, 2183, ist es nicht ermessensfehlerhaft, wenn das Finanzamt die zur Zeit der Prüfungsanordnung bestehende Größe zugrunde legt, auch wenn diese von der Größe abweicht, die
   der Betrieb im Zeitpunkt des Prüfungszeitraums hatte. BFH VIII R 197/84
   entschied darüber hinaus, daß ein betreffend dieser Frage abweichender Erlaß eines Landes keine Bindungswirkung bzgl. eines anderen Landes habe.
   Das Niedersächsische Finanzgericht XI 409/82 vom 19. 5. 1983, EFG 1984,
   531, hält es hingegen für ermessensfehlerhaft, daß in Niedersachsen bei ehe-
   maligen Großbetrieben, die bei Ergehen der Prüfungsanordnung Mittelbetriebe geworden sind, abweichend von der Handhabung in Nordrhein-Westfalen Anschlußprüfungen durchgeführt werden. Im Urteilsfall war der Betrieb

Prüfungszeitraum bei Mittelbetrieben

110 Bei **Mittel-, Klein- und Kleinstbetrieben** „soll der Prüfungszeitraum nicht über die letzten **drei Besteuerungszeiträume**, für die vor Bekanntgabe der Prüfungsanordnung Steuererklärungen für die Ertragsteuern abgegeben wurden, zurückreichen." Mit dieser Vorschrift des § 4 Abs. 2 BpO ist der Prüfungszeitraum für die Betriebe festgelegt, die keine Großbetriebe darstellen. Die Finanzverwaltung verzichtet auf eine Anschlußprüfung, dh. auf eine fortlaufende Prüfung aller Besteuerungszeiträume.

111 § 4 Abs. 2 BpO enthält **zwei Regelungen:** Einmal die Bestimmung der **Steuerpflichtigen,** bei denen drei Besteuerungszeiträume geprüft werden, sodann die Festlegung dieser drei **Besteuerungszeiträume**[82].

112 Der **Prüfungszeitraum** ist hiernach wie folgt bestimmt[83]: Maßgebend ist die Bekanntgabe der Prüfungsanordnung. Ihr Zugang bei dem Steuerpflichtigen ist erforderlich. Unerheblich ist, ob der geprüfte Unternehmer vorher bereits erfahren hat, daß bei ihm eine Prüfung ansteht. Selbst wenn der Betriebsprüfer ihn telefonisch über den Prüfungsbeginn verständigt, ist dies noch keine bekanntgegebene Prüfungsanordnung. Es handelt sich um die Ankündigung der Prüfung und um die Ankündigung einer Prüfungsanordnung. Nach dem Bekanntwerden der Prüfung und vor dem Zugang der Prüfungsanordnung kann folglich der Steuerpflichtige durch Abgabe von Steuererklärungen noch den Prüfungszeitraum verlagern[84]. Nachdem der Zeitpunkt der Bekanntgabe der Prüfungsanordnung feststeht, ist festzustellen, für welche Zeiträume Steuererklärungen für die Ertragsteuern abgegeben worden sind. Maßgebend sind folglich die Einkommen-, Feststellungs- und Gewerbesteuererklärungen. Die Abgabe von Umsatzsteuererklärungen beeinflußt nicht den Prüfungszeitraum. Sodann sind die letzten drei Jahre zu ermitteln, für die diese Erklärungen abgegeben sind.

1975 bis 1981 Großbetrieb und ab 1982 Mittelbetrieb. Die Prüfungsanordnung erging im Jahr 1982 für die Zeit ab 1975, während der Steuerpflichtige nur die drei letzten Jahre geprüft wissen wollte; damit hatte er beim Finanzgericht Erfolg. Ähnlich: Ein Ermessensfehler liegt vor, wenn die Einteilung in Mittel- und Großbetriebe nicht eingehalten oder wegen nicht fortgeschriebener Betriebskartei des Finanzamts bei einem Mittelbetrieb im Anschluß geprüft wird (vgl. Hess. FG 3 K 14/83 vom 25. 10. 1984, EFG 1985, 161).

82 BFH I R 111/80 vom 20. 6. 1984, BStBl. 1984 II, 815.

83 Vgl. ausführlich PAPPERITZ, Die Bedeutung und Problematik des eingeschränkten Prüfungszeitraums bei der Prüfung von Mittel-, Klein- und Kleinstbetrieben, FR 1979, 573, 593. Einzelfälle bei MEERMANN, StBp. 1984, 132.

84 Vgl. GIESBERTS, Anm. 356.

Beispiel: Die Prüfungsanordnung geht am 24. Dezember 1984 zu. Zu   113
diesem Zeitpunkt sind die Steuererklärungen bis zum Jahr 1982 abgegeben. Geprüft werden die Jahre 1980, 1981 und 1982.

Steuererklärungen, die **nach** der Bekanntgabe der Prüfungsanord-   114
nung abgegeben werden, beeinflussen den Prüfungszeitraum grundsätzlich nicht mehr[85].

Die Bindung nach § 4 Abs. 2 BpO, die Einschränkung des Prüfungszeit-   115
raums, führt zu einer Schranke in die Vergangenheit hinein. **Jüngere
Jahre** kann die Verwaltung nach pflichtgemäßem Ermessen einbezie-
hen. Werden also Steuererklärungen nach Bekanntgabe der Prüfungsanordnung abgegeben, können diese Zeiträume als viertes oder fünftes
Jahr mitgeprüft werden[86].

Weitere **Einzelfragen** zum **Prüfungszeitraum: Betriebsgründung:**   116
Die Finanzverwaltung bestimmt nach ihrem Ermessen die erste Prüfung. Der Prüfungszeitraum darf die Grenze des § 4 Abs. 2 BpO nicht
überschreiten[87]. **Betriebsaufgabe:** Auch hier gilt die allgemeine Regelung des § 4 Abs. 2 BpO. Fraglich ist, ob sich der dreijährige Turnus auf
die Jahre erstreckt, für die Steuererklärungen mit den Einkünften des
aufgegebenen Betriebs abgegeben wurden, oder ob auf die Abgabe der
Steuererklärungen abzustellen ist, ohne Rücksicht auf die Einkünfte.
ME gilt auch hier § 4 Abs. 2 BpO[88]. Der BFH entscheidet sich für ein
freies Ermessen der Finanzverwaltung; sie kann auch die erste Alternative wählen[89]. Für die **Betriebsveräußerung** gilt das gleiche wie für die
Betriebsaufgabe. Prüfung der **Einheitswerte:** In der Prüfungsanordnung muß angegeben werden, für welche Stichtage die Überprüfung
der Einheitswerte erfolgt; andernfalls ist die Prüfung rechtswidrig[90]. In
der Praxis wird die Prüfung für die Stichtage vom Beginn des Prüfungszeitraums der Ertragsteuern (sofern dieser Stichtag nicht bereits geprüft ist) bis zum ersten Stichtag nach dem Prüfungszeitraum der Ertragsteuern angeordnet[91]. Beispiel: Wenn 1980–1984 geprüft wird, wird

---

85 OFD München vom 10. 2. 1984, StEK AO 1977 § 194 Nr. 5.
86 Allerdings besteht **kein Anspruch** auf die Einbeziehung der **jüngeren Jahre** (PAPPERITZ, FR 1979, 575, und Inf. 1983, 342). Eine Erweiterung in das vier-
   te Jahr kommt zB dann in Betracht, wenn in diesem Jahr der **Betrieb aufgegeben** oder **veräußert** wird (PAPPERITZ, FR 1979, 576, und Inf. 1983, 342).
87 GIESBERTS, Anm. 363.
88 Vgl. OFFERHAUS, StBp. 1984, 286, mit Kritik an BFH I R 111/80 (FN 89).
89 BFH I R 111/80 vom 20. 6. 1984, BStBl. 1984 II, 815.
90 GIESBERTS, Anm. 367.
91 OFD München vom 10. 2. 1984, StEK AO 1977 § 194 Nr. 5.

die Prüfung der Einheitswerte für die Stichtage 1. 1. 1980–1. 1. 1985 angeordnet.

b. Ausdehnung des Prüfungszeitraums

117 Nach § 4 Abs. 2 BpO kann bei Mittel-, Klein- und Kleinstbetrieben der Prüfungszeitraum in die **Vergangenheit ausgedehnt** werden, „wenn die Besteuerungsgrundlagen nicht ohne Erweiterung des Prüfungszeitraums festgestellt werden können oder mit nicht unerheblichen Steuernachforderungen oder nicht unerheblichen Steuererstattungen oder -vergütungen zu rechnen ist oder der Verdacht einer Steuerstraftat oder einer Steuerordnungswidrigkeit besteht".

118 Für die Ausdehnung einer Außenprüfung hat die Finanzverwaltung den **Ermessensrahmen** weiter **eingeengt**[92]. Fraglich ist, ob die hier formulierte **Selbstbindung** so weit geht, daß andere Gründe für eine Ausdehnung überhaupt ausscheiden. Grundsätzlich bestimmt die Finanzverwaltung den zu prüfenden Steuerpflichtigen und den Prüfungsgegenstand im Rahmen ihres Ermessens. Grundsätzlich können mithin auch andere Gründe eine Ausdehnung rechtfertigen. Aus der Selbstbindung in § 4 Abs. 2 BpO folgt jedoch, daß für solche anderen Gründe außerordentlich enge Grenzen zu ziehen sind[93].

119 § 4 Abs. 2 BpO gilt nicht für die spätere Ausdehnung, sondern auch dann, **wenn von Beginn** an eine **erweiterte Prüfung** angeordnet wird.

120 Ausgedehnt werden kann, „wenn die **Besteuerungsgrundlagen nicht ohne Erweiterung** des Prüfungszeitraums **festgestellt** werden können". Voraussetzung ist, daß die Prüfung hinsichtlich des angeordneten Prüfungszeitraums erfordert, daß Vorjahre systematisch durch eine Prüfung überprüft werden. Eine Ausdehnung ist nicht gerechtfertigt, wenn es nur um Einzelermittlungen geht[94]. Häufig sind zB die Anschaffungs- und Herstellungskosten außerhalb des Prüfungszeitraums zu ermitteln. Hierfür ist eine Ausdehnung nicht erforderlich. Der Ausdehnungsgrund ist in der Praxis nicht häufig. Erwähnt wurde die Vor-

---

92 Vgl. BFH I R 111/80 vom 20. 6. 1984, BStBl. 1984 II, 815; I R 138/80 vom 1. 8. 1984, BStBl. 1985 II, 350; VIII R 197/84 vom 23. 7. 1985, BStBl. 1986 II, 36.

93 PAPPERITZ, Inf. 1983, 342; GIESBERTS, Anm. 372; zu weitgehend FG Hamburg III 31/81 vom 1. 6. 1982, EFG 1983, 102 (zustimmend SCHUHMANN, StBp. 1984, 176; kritisch PAPPERITZ, aaO).

94 Vgl. zB PAPPERITZ, FR 1979, 576: Keine Ausdehnung ist erforderlich, wenn **vor** dem **Prüfungszeitraum abgeschlossene Verträge** vorgelegt werden sollen (glA OFD München vom 10. 2. 1984, StEK AO 1977 § 194 Nr. 5).

aussetzung des § 10 d EStG aF, wonach ein abzugsfähiger Verlust aufgrund ordnungsmäßiger Buchführung ermittelt sein mußte. Die Ordnungsmäßigkeit richtete sich nach dem Jahr der Entstehung des Verlustes. Gegebenenfalls mußte dieses mitgeprüft werden[95]. Die Verlustvortragsmöglichkeit kann auch dann eine Ausdehnung rechtfertigen, wenn die Höhe des abzugsfähigen Verlustes überpüft werden muß[96].

Die Finanzverwaltung ermöglicht auch dann die Ausdehnung, wenn 121
mit **nicht unerheblichen Steuernachforderungen** oder **nicht unerheblichen Steuererstattungen** oder -vergütungen zu rechnen ist.

In der **Praxis** wird zumeist dieser Ausdehnungsgrund angegeben, oh- 122
ne daß dies zu klaren und kalkulierbaren Grenzen geführt hätte.

Für die Praxis kann hingegen die Möglichkeit einer Ausdehnung we- 123
gen zu erwartender **Steuererstattungen** vernachlässigt werden (dazu
jedoch noch unten Tz. 127). Im Mittelpunkt steht die Frage, wann ausgedehnt werden kann, wenn mit einer Nachforderung zu rechnen ist.

Mit nicht unerheblichen **Steuernachforderungen** ist zu **rechnen,** 124
wenn sie **wahrscheinlich** sind[97]. Aus Tatsachen muß ableitbar sein,
daß mehr Umstände für die Annahme von Steuernachforderungen
sprechen als dagegen. Vage Vermutungen reichen nicht aus. Angesichts des Ausnahmecharakters des § 4 Abs. 2 BpO muß hierbei auch
berücksichtigt werden, daß die Finanzverwaltung nur in besonderen
Fällen die Prüfung ausdehnen darf. Mit nicht unerheblichen Steuernachforderungen ist zB zu rechnen, wenn bereits die Prüfung des eingeschränkten Zeitraums nicht unerhebliche Steuernachforderungen ergeben hat und nach dem Gesamtbild der Verhältnisse zu erwarten ist,
daß sich ähnliche Nachforderungen auch für die davorliegenden Betriebsprüfungen einstellen werden.

Wo die **Grenze konkretisiert** wird, ist sie **schnell erreicht.** Nach Tip- 125
ke/Kruse[98] reichen auf jeden Fall Mehrsteuern in Höhe von DM 1 000
pro Steuerart und Veranlagungszeitraum für eine Ausdehnung. Da-

---

95 Vgl. Giesberts, Anm. 379; Papperitz, FR 1979, 576.
96 Vgl. Giesberts, Anm. 379; OFD München, aaO (FN 94).
97 Vgl. hierzu und den nachfolgenden Grundsätzen BFH I R 138/80 vom 1. 8. 1984, BStBl. 1985 II, 350, mit Anm. von Offerhaus, StBp. 1985, 69.
98 Tipke/Kruse, § 194 Anm. 7 (Nov. 1985), im Anschluß an FG Schleswig-Holstein II 9/67 vom 10. 7. 1968, EFG 1968, 543, wobei Tipke/Kruse, aaO, den Betrag für Kleinbetriebe noch als zu hoch ansehen.

neben gilt in der Praxis die Grenze von DM 3000 für alle Steuerarten pro Veranlagungszeitraum[99].

126 Eine solche **quantifizierende Grenzziehung** ist **problematisch**[100]. Die Möglichkeit der Ausdehnung nimmt hiernach mit der Größe eines Betriebes progressiv zu. Je größer ein Betrieb, um so eher ist mit einer Nachforderung in einer festgeschriebenen Höhe – seien es nun DM 1000 pro Jahr und Steuerart oder DM 3000 für alle Steuern pro Jahr – zu rechnen. Bei einem Mittelbetrieb dürfte eine Nachforderung von ca. DM 3000 pro Jahr nahezu sicher sein, so daß hier stets ausgedehnt werden könnte (s. die in Tz. 4 wiedergegebenen Durchschnittswerte). ME ist die Grenze beträchtlich höher anzusetzen, etwa bei DM 10000 pro Jahr[101].

127 Ähnliche **Grenzen** sollen gelten, wenn es um eine Ausdehnung **zugunsten** des Steuerpflichtigen geht[102]. Dies ist unzutreffend. § 4 Abs. 2 BpO formuliert eine Selbstbeschränkung der Finanzverwaltung. Diese kann zu Lasten des Fiskus enger sein als zu Lasten der Steuerpflichtigen.

128 Die Ausdehnung ist nur zulässig, wenn mit einer **Nachforderung** (oder **Erstattung**) zu **rechnen** ist. Es müssen Tatsachen vorliegen, die diese Vermutung rechtfertigen. Der Betrag der „nicht unerheblichen" Nachforderung oder Erstattung bemißt sich nach einer Vermutung, nicht nach den späteren tatsächlichen Feststellungen. Eine Wahrscheinlichkeitsbetrachtung ist anzustellen. Rechnet der Prüfer mit einer Nachforderung von DM 900, so ist die Ausdehnung auch dann unzulässig, wenn er tatsächlich später eine Nachforderung von DM 20000 fest-

---

99 Im Anschluß an FG Düsseldorf XV (X, IV) 7/75 vom 21. 6. 1977, Bp.-Kartei, OFD Düsseldorf, Köln und Münster, Teil IV, AO (Außenprüfung), § 194 AO S. 8 (1980); s. auch PAPPERITZ, Inf. 1983, 341. Vgl. auch: Ergibt sich nach den Feststellungen des Prüfers für das erste Jahr des Prüfungszeitraums eine Einkommensteuernachforderung von DM 3300, so kann die Annahme berechtigt sein, daß sich für die drei vorhergehenden Jahre ebenfalls nicht unbeträchtliche Mehrsteuern ergeben; vgl. FG Bremen II 85/81 vom 15. 2. 1983, EFG 1983, 395; ähnlich auch FG Hamburg III 31/81 vom 1. 6. 1982, EFG 1983, 102.
100 Auch BFH I R 138/80, aaO (FN 97), fixiert keine festen Grenzen.
101 Die **Finanzverwaltung verzichtet** weitgehend auf eine **zahlenmäßige Fixierung,** um alle Besonderheiten des Einzelfalls berücksichtigen zu können (PAPPERITZ, FR 1979, 578); allerdings übernimmt die OFD München in einem Erlaß vom 10. 2. 1984, StEK AO 1977 § 194 Nr. 5, die in Tz. 125 erwähnten Grenzen.
102 GIESBERTS, Anm. 382.

stellt. Ist eine Nachforderung von DM 20000 wahrscheinlich, kann er ausdehnen, auch wenn später nur ein Mehrergebnis von DM 900 erzielt wird.

Gerade weil es hier auf eine **Vermutungsrechnung** ankommt, ist es wichtig, im Fall der streitigen Ausdehnung der Prüfung den Prüfer unbedingt an einer **tatsächlichen Ausdehnung** der Prüfung zu **hindern.** Hat er die früheren Prüfungszeiträume, auf die ausgedehnt werden soll, tatsächlich geprüft und bestimmte Mehrergebnisse festgestellt, wird es für einen Beamten oder Richter äußerst schwierig zu prüfen, mit welchem Betrag der Prüfer hätte rechnen können. Eine Wahrscheinlichkeitsberechnung in Kenntnis des tatsächlichen Sachverhalts setzt eine intellektuelle Differenzierung voraus, die bei realistischer Einschätzung des steuerlichen Tagesgeschäfts kaum zu erwarten ist. Die Anfechtung der ausdehnenden Prüfungsanordnung muß gerade daher sofort mit dem Antrag auf Aussetzung der Vollziehung verbunden sein (Tz. 140). In der Praxis wird die Notwendigkeit von seiten der Betriebsprüfung anerkannt; die Aussetzung der Vollziehung ist die Regel[103]. **129**

Die Prüfung kann nach § 4 Abs. 2 BpO letztlich ausgedehnt werden, wenn der **Verdacht** einer **Steuerstraftat** oder einer **Steuerordnungswidrigkeit** besteht. Die Einleitung eines Strafverfahrens oder des Verfahrens einer Ordnungswidrigkeit ist grundsätzlich nicht Ausdehnungsvoraussetzung[104]. Allerdings greifen die §§ 9, 10 BpO in diesem Fall ein; die Prüfung darf sodann erst dann fortgesetzt werden, wenn dem Steuerpflichtigen gleichzeitig die Einleitung eines Steuerstrafverfahrens bekanntgegeben wird und die entsprechenden Belehrungen erfolgt sind. **130**

Zu dem Komplex „**Außenprüfung** und **Steuerstrafverfahren**" s. Tz. 715 ff. **131**

Zur **Zulässigkeit** der Prüfung nach §§ 193 ff. AO in diesen Fällen s. Tz. 81; sie ist zweifelhaft, wenn die Steuerhinterziehung oder Ordnungswidrigkeit zugleich Bedingung geänderter Steuerfestsetzungen ist. **132**

Liegen die Ausdehnungsvoraussetzungen des § 4 Abs. 2 BpO vor, so **133**

---

103 Nur auf diese Weise wird garantiert, daß es nicht nur unzulässig ist, sondern auch als unzulässig anerkannt wird, sich erst **durch** die **Prüfung** den **Grund** für die **Ausdehnung** einer Prüfung zu **besorgen** (PAPPERITZ, FR 1979, 594).

104 Vgl. SCHUHMANN, StBp. 1984, 178.

muß eine Ausdehnung nicht erfolgen. Ob das Finanzamt von der **Möglichkeit** des § 4 Abs. 2 BpO **Gebrauch** macht, ist **Ermessenssache.** Das Finanzamt kann auf eine Ausdehnung verzichten oder eine Ausdehnung nur auf bestimmte Jahre erstrecken[105].

134 Das Finanzamt hat die Frage der **Ausdehnung** für **jeden einzelnen Veranlagungszeitraum** zu prüfen[106]. Dies gilt sowohl hinsichtlich der Tatbestandsbedingungen des § 4 Abs. 2 BpO als auch bezüglich der Ermessensfrage, ob von der Möglichkeit des § 4 Abs. 2 BpO Gebrauch gemacht werden soll.

135 Die **Ausdehnung** des Prüfungszeitraums wird in der Regel während der Außenprüfung durch eine besondere **eigenständige Prüfungsanordnung** verfügt[107]. Sie kann auch bereits in der ersten Prüfungsanordnung enthalten sein; hier handelt es sich nicht um eine Ausdehnung, vielmehr erstreckt sich die Prüfungsanordnung bereits einheitlich auf den Regel- und den Ausnahmezeitraum. Für letzteren gilt auch in diesem Fall § 4 Abs. 2 BpO (Tz. 117 ff.). Die Ausdehnung kann schließlich auch angeordnet werden, wenn die Prüfung des Regelzeitraums bereits abgeschlossen ist.

136 Auch für die ausdehnende Prüfungsanordnung gilt die Pflicht, sie **angemessene Zeit** vor der Prüfung bekannt zu geben (§ 197 Abs. 1 AO; Tz. 225). Ob diese Frist kürzer sein kann als die bei der Normalprüfung anzuordnende Frist (Tz. 225)[108], kann bezweifelt werden[109]. Die Ausdehnung der Außenprüfung ist in der Regel ein Streitpunkt. Der Steuerpflichtige muß ausreichende Zeit haben, um sich gegen sie zur Wehr zu setzen, um sie zu prüfen, um Beschwerde einlegen und Aussetzung der Vollziehung beantragen zu können. Gerade diese Streitanfälligkeit rechtfertigt eher eine Ausdehnung als eine Verkürzung der regelmäßig angemessenen Frist.

137 Die **Rechtswidrigkeit** der **Ausdehnung** muß durch die **Anfechtung** der ausdehnenden Prüfungsanordnung geltend gemacht werden. Nach der Rechtsprechung des BFH ist es nicht ausreichend, wenn die

---

105 PAPPERITZ, FR 1979, 576.

106 FG Hamburg III 31/81 vom 1. 6. 1982, EFG 1983, 102. Bei **Ehegatten** muß der **Ausdehnungsgrund für jeden Ehegatten** vorliegen (BFH IV R 6/85 vom 7. 11. 1985, DB 1986, 414).

107 Es handelt sich nicht um eine Änderung der Regel-Prüfungsanordnung; vgl. GIESBERTS, Anm. 109.

108 So PAPPERITZ, FR 1979, 594, und Inf. 1983, 343; GIESBERTS, Anm. 375.

109 Für **unverkürzte Anwendung** SCHUHMANN, StBp. 1984, 176.

Rechtswidrigkeit erst später bei den Auswertungsbescheiden behauptet wird. Vgl. hierzu Tz. 150 ff.

Wird die ausdehnende Prüfungsanordnung durch die Verwaltung oder die Finanzgerichte **aufgehoben,** so dürfen die Erkenntnisse, die durch eine bereits begonnene oder durchgeführte Prüfung erzielt wurden, **nicht verwertet** werden. Vgl. Tz. 154 f.   138

Rechtsbehelf gegen die ausdehnende Prüfungsanordnung ist die **Beschwerde;** siehe dazu Tz. 227 ff.   139

Die Beschwerde gegen die ausdehnende Prüfungsanordnung steht der **Vollziehung,** dh. der Durchführung der ausdehnenden Prüfung, nicht entgegen. Sie kann nur dadurch gehindert werden, daß die Finanzverwaltung **Aussetzung** der Vollziehung der ausdehnenden Prüfungsanordnung verfügt. Folglich sollte dies beantragt werden. Vgl. hierzu Tz. 223 ff., 246 ff. Dem Antrag auf Aussetzung der Vollziehung sollte in der Regel entsprochen werden; dies ist auch Praxis; vgl. Tz. 250. Vergißt der Steuerpflichtige den Antrag auf Aussetzung der Vollziehung, obwohl er Beschwerde einlegt, ist mE die Aussetzung **von Amts wegen** zu verfügen.   140

Ist die **Anfechtung** der **Ausdehnung** der Betriebsprüfung **zweckmäßig?** § 4 Abs. 2 BpO räumt der Finanzverwaltung einen größeren Spielraum ein, als die erste Lektüre der Formulierungen vermuten läßt. Insbesondere die Möglichkeit einer nicht unerheblichen Steuernachforderung ist für die Verwaltung ein bequem zu beschreitender Weg, da Kommentarliteratur und Rechtsprechung bisher kaum geneigt waren, § 4 Abs. 2 BpO als echtes Hindernis zu begreifen (vgl. Tz. 121 ff.). Gleichwohl sollte dies den Steuerpflichtigen oder Berater nicht veranlassen, auf die Anfechtung der Ausdehnung zu verzichten. Die Erfolgsaussichten der Beschwerde sind im Verwaltungsbereich größer, als dies Literatur und Rechtsprechung vermuten lassen, damit auch größer als bei Gericht. Steuerpflichtige und Verwaltung ziehen hier an einem Strick. Auch die Finanzverwaltung hat – aus der höheren Sicht der OFD – an einer Häufung von Bp.-Ausdehnungen kein Interesse[110]. Die Beschränkung der Prüfung auf drei Jahre unterhalb der Ebene der Großbetriebe wurde geschaffen, um möglichst viele Steuerpflichtige prüfen zu können. Dem steht die Verliebtheit oder Verbohrtheit eines Prüfers in gerade seinen Fall entgegen. Die Beschwerde erlaubt, die Prüfer zurückzurufen.   141

---

110 Hierzu PAPPERITZ, FR 1979, 576, 578.

142 Daraus folgt: Die **Ausdehnung** einer Prüfung wird **in der Regel ange-fochten.** Die **Aussetzung** der **Vollziehung** wird **beantragt.**

III. Ort der Prüfung

143 Nach § 200 Abs. 2 S. 1 AO findet die Außenprüfung in der Regel in den **Geschäftsräumen,** dh. in den Räumen des Betriebs, statt. Ist ein zur Durchführung der Außenprüfung geeigneter Geschäftsraum nicht vorhanden, so findet die Prüfung in den **Wohnräumen** oder an **Amtsstelle (Finanzamt)** statt.

144 Das **Finanzgericht Rheinland-Pfalz** hat die Diskussion um den Ort der Außenprüfung belebt[111]. Nach Ansicht des V. Senats dieses Gerichts hat der Steuerpflichtige das **Wahlrecht,** ob die Prüfung in seinen Geschäfts-, Wohnräumen oder an Amtsstelle durchzuführen sei. Über das Wahlrecht ist er zu belehren. Eine Prüfung in den Geschäftsräumen komme im Hinblick auf Art. 13 GG zwingend nur dann in Betracht, wenn es nicht zumutbar sei, die Buchführungsunterlagen zum Finanzamt zu bringen. In Rechtsprechung und Literatur hat sich diese Ansicht des Gerichts bis heute nicht durchgesetzt[112]. In der **Praxis** muß davon ausgegangen werden, daß die Betriebsprüfung in den Geschäftsräumen stattfindet.

145 Hat der Steuerpflichtige **keinen geeigneten Geschäftsraum** zur Verfügung, so kann er in der Tat **wählen,** ob die Prüfung in seiner Wohnung oder im Finanzamt stattfindet[113].

146 Weitgehend unstreitig ist, daß eine Außenprüfung in den **privaten Wohnräumen** nur mit **Zustimmung** des Steuerpflichtigen erfolgen kann[114].

---

111 Vgl. FG Rheinland-Pfalz V 136/79 vom 30. 8. 1979, EFG 1980, 11, und V 439/78 vom 19. 5. 1980, EFG 1981, 5; glA RÖSSLER, StBp. 1979, 241; DERS., StBp. 1980, 90, und BB 1980, 1634.

112 Dagegen PAPPERITZ, BB 1980, 674; DERS., DStR 1981, 548; ZUTAVERN, StBp. 1980, 89; WENZIG, StBp. 1980, 145; KALMES, StBp. 1980, 148; GIESBERTS, Anm. 180; SCHICK in Hübschmann/Hepp/Spitaler, § 200 Anm. 487 ff. (April 1980); DERS., DStR 1980, 278; TIPKE/KRUSE, § 200 Anm. 9 (Nov. 1985). Nach FG Schleswig-Holstein I 429/75 vom 16. 12. 1981, EFG 1982, 389, bestand jedenfalls **vor dem Inkrafttreten der AO 1977** eine ausreichende Grundlage für die Prüfung in den Betrieben.

113 TIPKE/KRUSE, § 200 Anm. 9 (Nov. 1985).

114 FG Düsseldorf II 31/80 vom 4. 12. 1980, EFG 1981, 382; GIESBERTS, Anm. 190; TIPKE/KRUSE, § 200 Anm. 9 (Nov. 1985); SCHICK in Hübschmann/Hepp/Spitaler, § 200 Anm. 466 (April 1980); DERS., DStR 1980, 278.

Die Prüfung beim **steuerlichen Berater** setzt das Einverständnis von 147
Steuerpflichtigem und Berater sowie die ermessensgerechte Zustimmung der Betriebsprüfung voraus[115].

Aus dieser Situation ergibt sich eine **Merkwürdigkeit:** Ist die Prüfung 148
nach **§ 193 Abs. 2 Nr. 2 AO** angeordnet, weil die Prüfung an Amtsstelle nicht zweckmäßig ist, stehen anderweitige Betriebsräume nicht zur
Verfügung, hängt – wegen des Prüfungsorts – die Durchführung der
Prüfung praktisch von der Zustimmung des Steuerpflichtigen ab; denn
er muß die Prüfung in seiner Wohnung nicht gestatten. Über die Irrun-
gen und Wirrungen einer solchen schließlich gescheiterten Prüfung
hat LANGHEIN berichtet[116]. Er kommt zu dem Ergebnis: „Um derartige
Zwänge auszuschließen, sollte die Finanzverwaltung grundsätzlich auf
alle Außenprüfungen verzichten, welche nur in einer Wohnung möglich sind."

Die reguläre **Prüfungsanordnung** legt noch **nicht** den **Ort** der Prüfung 149
fest. Soweit im Einzelfall das Finanzamt einen bestimmten Ort im Ver-
fügungsweg anordnet, kann dies mit der Beschwerde angefochten werden[117].

D. Prüfungsanordnung

I. Zweck und Rechtsfolge

Die Prüfungsanordnung **konkretisiert** für den Steuerpflichtigen die 150
Pflicht, eine Außenprüfung hinzunehmen (Duldungspflicht)[118]. Sie bestimmt den Umfang der Außenprüfung (§ 196 AO) und gibt als Verwaltungsakt der Außenprüfung das Gerüst der rechtlichen Zulässigkeit.

Alle Handlungen und Verwaltungsakte während und aufgrund der Au- 151
ßenprüfung sind – insofern sie Teil der Prüfungstätigkeit sind – nur
rechtmäßig, wenn sie durch die **Prüfungsanordnung gedeckt** sind.

Wer **Zulässigkeit, Umfang** und **Gegenstand** der Prüfung **angreifen** 152

---

115 FG Düsseldorf I 389/78 vom 5. 6. 1979, EFG 1980, 162; FG Münster III 3881/84
    vom 15. 8. 1985, EFG, 1986, 183; GIESBERTS, Anm. 190; WATZ, StBp. 1985, 286.
    Zurückhaltender aus der Sicht der Finanzverwaltung WENZIG, StBp. 1979,
    173.
116 LANGHEIN, DB 1984, 1119.
117 BFH IV R 179/79 vom 5. 11. 1981, BStBl. 1981 II, 208; dazu Anm. in Stbg.
    1982, 95.
118 BFH I R 214/82 vom 17. 7. 1985, BStBl. 1986 II, 21.

will, wer eine Außenprüfung nicht für zulässig hält, muß folglich die Prüfungsanordnung anfechten. Gegen die späteren Auswertungsbescheide kann nicht mehr eingewandt werden, die Außenprüfung sei rechtswidrig, wenn die Prüfungsanordnung hingenommen oder im Verwaltungs- und Gerichtsverfahren bestätigt wurde. Dies ist inzwischen die mE zutreffende, **mehrfach bestätigte Rechtsprechung** des **Bundesfinanzhofs**[119].

153 Liegt **keine** rechtmäßige **Prüfungsanordnung** vor, können **Außenprüfungsergebnisse nicht verwertet** werden; die Nichtverwertbarkeit wird **unmittelbar** gegenüber den auswertenden **Steuerbescheiden** im **Einspruchsverfahren** geltend gemacht[120].

154 Wird die Prüfungsanordnung vor dem **Finanzgericht erfolgreich angefochten,** dürfen die Außenprüfungsergebnisse ebenfalls nicht verwertet werden.

155 Wird die Prüfungsanordnung bereits im **Verwaltungsverfahren zurückgenommen** oder **geändert,** so gelten die vorstehenden Regeln entsprechend; Feststellungen, die gleichwohl getroffen werden, dürfen nicht verwertet werden, zB für eine Änderung nach § 173 AO[121].

156 Die Außenprüfung muß aufgrund einer **rechtzeitigen** Prüfungsanord-

---

119 Vgl. BFH IV B 3/82 vom 24. 6. 1982, BStBl. 1982 II, 659; I R 210/79 vom 27. 7. 1983, BStBl. 1984 II, 285, mit krit. Anm. von RÖSSLER, DStZ 1984, 380; I R 214/82, aaO (FN 118); weitere Nachweise der BFH-Rechtsprechung in diesen Urteilen; zust. WENZIG, DStZ 1983, 255; SCHUHMANN, StBp. 1984, 121; TIPKE/KRUSE, § 196 Anm. 7 (Nov. 1985), mit Differenzierungen; aA – **unmittelbare Anfechtung** der **Auswertungsbescheide** möglich – FG Rheinland-Pfalz (V. Senat), V 439/78 vom 19. 5. 1980, EFG 1981, 5; V 293/79 vom 11. 5. 1981, EFG 1981, 546; V 27/79 vom 5. 10. 1981, EFG 1982, 333; FG Münster VI 2356/79 vom 30. 3. 1982, EFG 1982, 601; auch nicht auf der Linie des BFH FG Hamburg I 125/83 vom 11. 5. 1984, EFG 1985, 28, mit krit. Anm. von SAUER, FR 1985, 598; andere Senate des FG Rheinland-Pfalz folgen dem BFH: vgl. zB 2 K 64/81 vom 25. 5. 1981, EFG 1981, 603. Aus dem Schrifttum gegen die BFH-Rechtsprechung zB SÖHN in Hübschmann/ Hepp/Spitaler, § 88 Anm. 111 ff., 123 (Okt. 1983).
120 FG Rheinland-Pfalz V 27/79, aaO (FN 119); FG Münster VI 2356/79, aaO (FN 119); Nds. FG IX 125/80 vom 6. 12. 1984, EFG 1985, 266; TIPKE/KRUSE, aaO (FN 119). Zur Geltendmachung der Nichtverwertbarkeit im Einspruchsverfahren s. BFH I 188/82 vom 14. 8. 1985, BStBl. 1986 II, 2.
121 Vgl. BFH IV R 172/83 vom 9. 5. 1985, BStBl. 1985 II, 579; FG Nürnberg II 118/83 vom 27. 3. 1984, EFG 1984, 480; Einf.Erlaß zur AO, StEK AO 1977 Vor § 1 Nr. 1 Zu § 196 und § 196 Nr. 2 (1976); OFD Bremen vom 12. 7. 1978, StEK AO 1977 § 196 Nr. 2.

nung durchgeführt werden. Die Prüfungsanordnung kann nicht nach
der Prüfung nachgeholt werden. Eine erst nach der Außenprüfung er-
teilte Prüfungsanordnung ist rechtswidrig[122].

Das hiernach eingreifende Verwertungsverbot ist **absolut** und hat   157
Fernwirkung (vgl. zu letzterem Tz. 769 ff.). Die Prüfungsergebnisse
dürfen in keiner Weise gegenüber dem Adressaten der Prüfungsanordnung verwertet werden. Zur Frage einer Verwertung Dritten gegenüber s. Tz. 161 ff. Bei einem Verstoß gegen Verfahrensfehler kann jedoch aufgrund einer rechtmäßigen Prüfungsanordnung die **Prüfung
wiederholt** werden[123].

Nicht nur die Prüfung selbst, sondern auch ihre **Ausdehnung** und ihre   158
Einschränkung bedürfen der Prüfungsanordnung. Die Ausdehnung
der Prüfung erfolgt aufgrund einer neuen, weiteren Prüfungsanordnung. Es wird nicht die erste Anordnung geändert, vielmehr wird eine
weitere verfügt.

Ehegatten werden in einer Außenprüfung nicht (ähnlich einer Zusam-   159
menveranlagung) „zusammengeprüft". Für beide Ehepartner ist ggf. eine eigene Prüfungsanordnung erforderlich; mit der Prüfungsanordnung
gegenüber dem Ehemann kann nicht bei der Ehefrau geprüft werden
und umgekehrt[124]. Allerdings kann die Prüfungsanordnung gegen beide Ehegatten in einer Verfügung zusammengefaßt werden[125]. Zur
wechselseitigen Verwertung von Prüfungsfeststellungen s. Tz. 68.

---

122 FG München VIII 182/81 vom 27. 11. 1981, EFG 1982, 335; nach FG Rhein-
    land-Pfalz 2 K 29/83 vom 18. 10. 1983, EFG 1984, 380, ist eine solche Prü-
    fungsanordnung sogar **nichtig**. FG Berlin VII 150/83 vom 11. 9. 1984, EFG
    1985, 380: Prüfungsanordnung ist gegenstandslos; der Rechtsschein kann
    durch eine Anfechtungsklage beseitigt werden; das FG Berlin ist – mE un-
    zutreffend – der Ansicht, daß damit über die Verwertung der Ergebnisse
    der durchgeführten Prüfung noch nichts gesagt sei; darüber sei im Rechts-
    behelfsverfahren gegen die Auswertungsbescheide zu entscheiden.
123 Vgl. zur **Fernwirkung** Nds. FG IX 125/80 vom 6. 12. 1984, EFG 1985, 266
    (auch Verbot einer Wiederholungsprüfung); Wenzig, DStZ 1984, 174. Zur
    Wiederholbarkeit BFH IV R 6/85 vom 7. 11. 1985, DB 1986, 414; Thiel,
    StuW 1986, 1, 6; dazu auch Tipke/Kruse, § 196 Anm. 7 (Nov. 1985) und – mit
    eigenständiger, differenzierender Lösung FG Saarland I 9/85 vom 25. 10.
    1985, EFG 1986, 58.
124 Vgl. BFH IV R 179/79 vom 5. 11. 1981, BStBl. 1982 II, 208. Zur Frage, ob die
    Beauftragung nach § 195 S. 2 AO ohne weiteres die Beauftragung bzgl. der
    Prüfung des Ehepartners umfaßt, s. FN 21.
125 BFH IV R 179/79 vom 5. 11. 1981, aaO (FN 124); IV R 6/85 vom 7. 11. 1985,
    DB 1986, 414. Allerdings muß auch bei der einheitlichen Prüfungsanord-
    nung der **Prüfungsgegenstand** der **Ehegatten deutlich** werden. Aus die-

Drittwirkung der Prüfungsanordnung

160 Wird eine Prüfungsanordnung nicht angefochten (Tz. 227 ff.), wird sie **bestandskräftig**[126]; sie ist sodann nur nach den §§ 130 f. AO zu ändern.

161 Gelangt die Außenprüfung bei einem Einzelunternehmen zu dem Ergebnis, ein **weiterer Steuerpflichtiger** sei **Mitunternehmer** dieses Einzelunternehmens, so kann das Ergebnis der Prüfung auch dem neuerkannten Mitunternehmer gegenüber ausgewertet werden, wenn die Prüfungsanordnung gegenüber dem Einzelunternehmer bestandskräftig ist[127]. Diese BFH-Entscheidung vom 23. 2. 1984 zur **Drittwirkung** von Prüferfeststellungen ist problematisch, da sie die Prüfungsanordnung als rechtliches Rückgrat der Außenprüfung entwertet (s. Tz. 150 ff.). Sicher ist, daß die an den Einzelunternehmer gerichtete Prüfungsanordnung gegenüber dem neuen Mitunternehmer keine Bestandskraftwirkung hat. Er kann sich unmittelbar gegenüber den Auswertungsbescheiden mit dem Argument wehren, die Außenprüfung sei rechtswidrig. Gerade dies soll aber durch das vorgeschaltete Verfahren der Prüfungsanordnung vermieden werden. Im übrigen führt die Entscheidung dazu, daß nicht nur Einzelfeststellungen, sondern Außenprüfungsergebnisse insgesamt gegenüber Dritten verwertet werden können, ohne daß dieser Dritte den in der Außenprüfung gegebenen rechtlichen Schutz hat. Soweit der BFH auf § 194 Abs. 3 AO (Kontrollmitteilung) verweist, überzeugt dies nicht, da es hier um die Übermittlung einer Einzelinformation geht und zu § 194 Abs. 3 AO unstreitig ist, daß die Kontrollmitteilung nicht ein Prüfungsersatz gegenüber dem Dritten sein darf (Tz. 460). Wenn Prüfungsergebnisse ohne weiteres Dritten gegenüber verwertet werden dürften, hätte es auch der Vorschrift des § 197 Abs. 1 Satz 3 AO nicht bedurft, wonach in den Fällen des § 194 Abs. 2 AO eigene Prüfungsanordnungen gegenüber den Gesellschaftern und Mitgliedern zu erlassen sind (s. Tz. 61 ff.)[128].

---

sem Grund hat das FG Düsseldorf II 274/83 vom 19. 1. 1984, EFG 1984, 534, eine Prüfungsanordnung für nichtig angesehen; im Urteilsfall hatte das Finanzamt die Prüfungsanordnung an „Herrn und Frau X" gerichtet und in der Anrede auch beide angesprochen; die Ehefrau hatte einen Betrieb, in dem der Ehemann als Arbeitnehmer tätig war. Zur **formularmäßigen Rechtfertigung** der Prüfung bei Ehegatten nach § 193 Abs. 1 AO und § 193 Abs. 2 Nr. 2 AO s. Tz. 67.

126 Vgl. BFH I R 214/82 vom 17. 7. 1985, BStBl. 1986 II, 21.
127 BFH IV R 154/82 vom 23. 2. 1984, BStBl. 1984 II, 512.
128 Zur **Kritik** an der BFH-Rechtsprechung RÖSSLER, FR 1984, 516; aA FG Rheinland-Pfalz V 293/79 vom 11. 5. 1981, EFG 1981, 546; FG Münster VI 2356/79 vom 30. 3. 1982, EFG 1982, 601.

Rechtsfolgen der Prüfungsanordnung

Die Rechtsprechung hat darüber hinaus die **Drittwirkung** von **Prü-** 162
fungsmaßnahmen ausgedehnt: Wird gegen die Anordnung einer
Lohnsteuer-Außenprüfung mit Erfolg von dem Arbeitgeber, an den
sich die Prüfungsanordnung richtete, angegangen, können die Ergebnisse der Lohnsteuer-Außenprüfung in der Veranlagung des Arbeit-
nehmers verwertet werden[129]. Auch diese Rechtsprechung ist abzulehnen, da sie die Verwertung rechtswidrig erlangter Kenntnisse erlaubt[130].

Vergleicht man die in Tz. 161 und Tz. 162 vorgestellte Rechtsprechung, 163
zeigt sich eine **bemerkenswerte Schutzlosigkeit Dritter** gegen Prüfungsfeststellungen. Gleichgültig, ob die Prüfungsanordnung dem Geprüften gegenüber Bestand hat oder nicht, ob sie rechtmäßig ist oder
rechtswidrig, in allen Fällen scheint eine Auswertung der Ergebnisse
Dritten gegenüber möglich. ME folgt aus dem Zweck der Prüfungsanordnung (Tz. 150 ff.), daß **Prüfungsfeststellungen Dritten** gegenüber
nur ausgewertet werden können, wenn sie durch eine an den Dritten
gerichtete **Prüfungsanordnung gerechtfertigt** sind.

Zur Frage der wechselseitigen Verwertung von Prüfungsergebnissen 164
unter **Ehepartnern** s. Tz. 68.

Die rechtmäßige Prüfungsanordnung hat – neben der Rechtfertigung 165
der Außenprüfung – bestimmte **Rechtsfolgen** innerhalb und außerhalb
des Außenprüfungsverfahrens:

Der **Nachprüfungsvorbehalt** (§ 164 AO) wird nach einer Außenprü- 166
fung im Umfang der Prüfung aufgehoben.

Mit dem Beginn der Außenprüfung vor Ablauf der **Festsetzungsfrist** 167
wird dieser **Ablauf gehemmt** (§ 171 Abs. 4 S. 1 AO), und zwar im Umfang der Außenprüfung, der wiederum durch die Prüfungsanordnung
bestimmt wird. Wird der Beginn der Prüfung auf Antrag des Steuerpflichtigen hinausgeschoben (§ 197 Abs. 2 AO), so erstreckt sich die
Ablaufhemmung (§ 171 Abs. 4 S. 1 AO) auf den angeordneten Prüfungsumfang.

Der **Bestandsschutz** für Steuerbescheide nach **§ 173 Abs. 2 AO** nach 168
erfolgter Außenprüfung erstreckt sich auf den in der Prüfungsanordnung bestimmten Umfang der Außenprüfung.

---

129 BFH VI R 157/83 vom 9. 11. 1984, BStBl. 1985 II, 191, mit Anm. von OFFER-
HAUS, StBp. 1985, 70; glA Nds. FG VII 316/81 vom 28. 6. 1983, EFG 1984, 56;
aA Nds. FG XI (VI) 171/80 vom 31. 8. 1981, EFG 1982, 280.
130 Ablehnend GROH, DStR 1985, 681.

Inhalt der Prüfungsanordnung

169 Nur im Bereich der angeordneten Außenprüfung kann die in der Außenprüfung **gesteigerte Mitwirkungspflicht** realisiert werden (Tz. 345 ff.).

170 Die Prüfungsanordnung legt fest, inwieweit bei dem Erscheinen des Prüfers die **Selbstanzeige** ausgeschlossen ist. Dazu STEUERFAHNDUNG, Tz. 221 ff.

171 Die Prüfungsanordnung legt den Umfang der der Verwaltung regelmäßig **nur einmal gegebenen Möglichkeit** der **Prüfung** fest (Tz. 82 ff.).

172 Da die Prüfungsanordnung den rechtlichen Rahmen der Prüfung bestimmt, den Streitgegenstand für die Auseinandersetzung um diesen rechtlichen Rahmen darstellt und die vorstehend aufgezählten Rechtsfolgen nach sich zieht, muß ihr **von Rechts wegen,** aber auch in der **Praxis, ein hoher Rang** zukommen. Die Praxis läßt diesen rechtlichen Rang oft vermissen. Prüfungsanordnungen sollten im Hinblick auf diesen Rang

– präzise formuliert sein;

– rechtzeitig – im Hinblick auf die Rechtsbehelfsfrist vier Wochen vorher – zugestellt werden;

– mit einer Rechtsbehelfsbelehrung versehen sein (dazu Tz. 231).

Die Finanzverwaltung sollte diesen rechtlichen Wert akzeptieren, weil er ihr – ist die Prüfungsanordnung bestandskräftig – den notwendigen Prüfungsschutz gewährt.

173 Fraglich ist, wie **lange** eine **Prüfungsanordnung wirkt,** wie lange sie Rechtsgrundlage für die Prüfungstätigkeit sein kann. ME ist die Wirksamkeit der Prüfungsanordnung beendet, wenn die Finanzverwaltung durch endgültige Auswertungsbescheide zu erkennen gibt, daß sie die Prüfungstätigkeit für beendet ansieht. Entscheidend ist die Bekanntgabe der Auswertungsbescheide.

II. Inhalt

174 Durch die Prüfungsanordnung wird der **Umfang** der Außenprüfung festgelegt. Dazu gehört nach § 196 AO, ergänzt durch § 197 AO:

175 **Zu prüfende Steuerarten.** Die Prüfungsanordnung legt fest, welche Steuern (Einkommensteuer, Körperschaftsteuer, Umsatzsteuer, Gewerbesteuer, Lohnsteuer usw.), welche gesondert festzustellenden Besteuerungsgrundlagen (zB Einkünfte aus Gewerbebetrieb, aus Vermie-

tung und Verpachtung etc.) oder welche Steuervergütungen geprüft werden.

Gegebenenfalls: **Zu prüfende besondere Sachverhalte** (so § 5 Abs. 2 BpO). **176**

Sind (nur) Steuerart und Veranlagungszeitraum angegeben sowie innerhalb dieser Steuern und dieses Zeitraums besonders zu prüfende Sachverhalte, so zeigt das Finanzamt **Prüfungsschwerpunkte** an. Es ist auf diese Schwerpunkte nicht festgelegt. Die Betriebsprüfung kann während der Prüfung den Schwerpunkt verlassen und ändern, ohne die Prüfungsanordnung förmlich zu erweitern, solange die Prüfungshandlungen durch die Angaben der zu prüfenden Steuern und des zu prüfenden Zeitraums gedeckt bleiben. **177**

Hat das Finanzamt hingegen **nur** einen **besonderen Sachverhalt** angegeben, so bedarf es zur Prüfung weiterer Sachverhalte einer besonderen Prüfungsanordnung bzw. einer Erweiterung der Prüfungsanordnung. **178**

Prüfungszeitraum. Dies ist der Zeitraum, auf den sich die Prüfung erstreckt. S. dazu Tz. 103 ff. **179**

Termin des **voraussichtlichen Prüfungsbeginns** (§ 197 AO). Die Prüfungsanordnung enthält die Terminierung der Außenprüfung. Sie ist Teil des anfechtbaren Verwaltungsakts „Prüfungsanordnung". **180**

In der **Praxis** werden häufig vor dem Erlaß der Prüfungsanordnung bereits **Terminabsprachen** getroffen. Hierbei handelt es sich nicht um Verwaltungsakte; derartige Absprachen dienen der einvernehmlichen Vorbereitung der Prüfung. **181**

Der Steuerpflichtige kann **beantragen,** daß der in der Prüfungsanordnung festgelegte **Beginn** auf einen anderen Termin **verlegt** wird, wenn dafür wichtige Gründe glaubhaft gemacht werden (§ 197 Abs. 2 AO)[131]. Wichtige Gründe sind[132]: Betriebsstörungen; geplanter Urlaub des Beraters, des Steuerpflichtigen, aber auch des Buchhalters; Krankheit dieser Personen[133] usw. Werden wichtige Gründe vorgetragen, so muß **182**

---

131 Vgl. hierzu PAPPERITZ, Verlegung einer Außenprüfung auf Antrag des Steuerpflichtigen – § 197 Abs. 2 AO, StBp. 1984, 193.

132 Vgl. Einf.Erlaß AO 1977, StEK AO 1977 Vor § 1 Nr. 1 Zu § 197 (1976); GIESBERTS, Anm. 103.

133 Wegen **Krankheit** kann nicht auf die Dauer die Prüfung hinausgeschoben werden; evtl. ist ein Vertreter zu bestellen (vgl. FG Nürnberg V 71/85 vom 17. 4. 1985, EFG 1985, 478).

das Finanzamt die Prüfung verlegen. Wenn das Gesetz in § 197 Abs. 2 AO von „soll" spricht, so ist dies für das Finanzamt ein „muß".

183 Die **Ablehnung** der **Verlegung** wird mit der **Beschwerde** angefochten. Antrag auf Aussetzung der Vollziehung ist hier nicht möglich, da der Verwaltungsakt, der vollzogen werden könnte, noch fehlt; anders, wenn die Prüfungsanordnung selbst angefochten wird (s. Tz. 227 ff.).

184 In der **Praxis** ist das **Einvernehmen** über den Termin der Prüfung **selten ein Problem.** Im Einzelfall kann jedoch der Termin streitig werden. Hier hat der Steuerpflichtige sodann folgende Möglichkeiten:

185 Er kann den **Termin** der Prüfungsanordnung mit der Beschwerde **anfechten;** gleichzeitig beantragt er Aussetzung der Vollziehung.

186 Anschließend oder gleichzeitig kann er nach § 197 Abs. 2 AO eine **Verschiebung** des festgesetzten Termins **beantragen.** Die Ablehnung ficht er mit der Beschwerde an.

187 **Name des Prüfers** und evtl. des Betriebsprüfungshelfers. Der Steuerpflichtige wird über die Person der Prüfer unterrichtet. Die Auswahl des Prüfers liegt im Ermessen der Verwaltung. Der Steuerpflichtige hat keinen Anspruch auf einen bestimmten Prüfer. Befürchtet er die Befangenheit des Prüfers, kann er einen Befangenheitsantrag stellen (s. Tz. 665 ff.). Zu dem Problem des Prüfers, dessen Ehepartner Finanzbeamter ist, s. Tz. 274.

188 Nehmen besondere **Auslandsprüfer,** Prüfer des Bundesamtes für Finanzen oder **Gewerbesteuerprüfer** der Gemeinden teil, ist auch deren Name in die Prüfungsanordnung aufzunehmen[134].

189 **Rechtsgrundlage der Prüfung.** Diese zusätzliche Bestimmung für den Inhalt der Prüfungsanordnung enthält § 5 Abs. 2 BpO. Ausreichend ist die Angabe der einschlägigen Paragraphen. Die Nichtangabe oder fehlerhafte Angabe des Rechtsgrundes beeinträchtigt nicht die Rechtswirksamkeit der Prüfungsanordnung, sofern tatsächlich eine ausreichende Rechtsgrundlage vorliegt. Zur weiteren Begründung s. Tz. 195 ff.

190 Schließlich sollen in der Prüfungsanordnung die **wesentlichen Rechte** und **Pflichten** des **Steuerpflichtigen** dargestellt werden (§ 5 Abs. 2 BpO). Wird dies unterlassen, ist die Anordnung nicht deshalb rechtswidrig. S. hierzu auch die Anlage 4.

---

134 OFD München vom 5. 3. 1984, StEK AO 1977 § 196 Nr. 5.

Nebenbestimmungen zur Prüfungsanordnung. Die Prüfungsanord- 191
nung kann weitere Bestimmungen enthalten. Der Steuerpflichtige
kann aufgefordert werden, Auskunftspersonen zu benennen (Tz.
277 ff.), Urkunden oder Beweismittel vorzulegen, Lesegeräte für Daten-
verarbeitungssysteme bereitzustellen (Tz. 345 ff.), usw. Soweit der
Steuerpflichtige mit derartigen Nebenbestimmungen zu einem Tun,
Handeln oder Unterlassen aufgefordert wird, handelt es sich um selbständige, mit der Beschwerde anfechtbare Verwaltungsakte; sie sind
von der Prüfungsanordnung selbst zu trennen, auch wenn sie mit ihr in
einem Schreiben verbunden sind.

Mit der Prüfungsanordnung kann auch der **Ort** der **Prüfung** festgelegt 192
werden (dazu Tz. 143 ff.); es handelt sich um einen eigenständigen Verwaltungsakt, der mit der Beschwerde anfechtbar ist (Tz. 630 ff.).

III. Form und Verfahren

Die Prüfungsanordnung ist **schriftlich** zu erteilen (§ 196 AO). 193

Zweifelhaft ist die Qualifizierung eines **tatsächlichen Prüfungshan-** 194
delns, das nicht durch eine Prüfungsanordnung gedeckt ist. In der Praxis tritt dies zumeist als „**faktische Ausdehnung"** der Betriebsprüfung
in Jahre auf, die von der Prüfungsanordnung nicht erwähnt sind. Eine
Prüfung ohne rechtsgültige Prüfungsanordnung ist rechtswidrig (Tz.
150 ff.). Ein solcher Mangel liegt jedoch dann nicht vor, wenn die tatsächliche Prüfung selbst als Verwaltungsakt zu werten ist, der rechts-
gültig wird, wenn der Mangel der Schriftform nicht durch Beschwerde
gerügt wird. Nach richtiger Auffassung ist die faktische Prüfung nicht
als Prüfungsanordnung zu werten. Wenn § 196 AO die Schriftlichkeit
der Prüfungsanordnung regelt, so soll damit die Rechtsgrundlage der
Prüfung klar dokumentiert werden. Der Steuerpflichtige soll wissen,
woran er ist. Diesem Gesetzeszweck würde es widersprechen, wenn
auch aus faktischen Prüfungshandlungen eine Prüfungsanordnung her-
ausgelesen werden könnte. Hinzu kommt, daß sich kaum abgrenzbare
Schwierigkeiten ergeben. Jeder Prüfer wird bei einer Prüfung auch einen Blick in die Jahre außerhalb des Prüfungszeitraums werfen. Es ist
nicht klar eingrenzbar, wann aus dieser flüchtigen Berührung ein Verwaltungsakt wird, der, ohne daß der geprüfte Steuerpflichtige dies erkennt, in Bestandskraft erwächst. Schließlich: Verwaltungsakte ohne
Schriftform sind nach einem Monat bestandskräftig (vgl. Tz. 637 f.).
Weder kann bei diesem faktischen Verwaltungsakt der Monatsbeginn

exakt festgestellt werden, noch ist ein Monat ausreichend, um dem Steuerpflichtigen die sichere Klarheit zu verschaffen, daß der Prüfer eine Ausdehnung angeordnet hat[135]. S. hierzu auch Tz. 687 ff. zu Einzelermittlungen außerhalb des Prüfungszeitraums.

195 Ein Verwaltungsakt – auch die Prüfungsanordnung – ist zu **begründen,** „soweit dies zu seinem Verständnis erforderlich ist" (§ 121 AO). Das Erfordernis der Begründung war streitig, konnte jedoch inzwischen einer gewissen Klärung zugeführt werden.

196 Zu unterscheiden ist zwischen **Inhalt** der Prüfungsanordnung **(Regelungsgegenstand)** und ihrer **Begründung.** Die Nennung der zu prüfenden Steuerarten gehört zum Inhalt der Prüfungsanordnung, nicht zu ihrer Begründung.

197 Die Anordnung einer Außenprüfung nach § 193 Abs. 1 AO bei Steuerpflichtigen mit **Gewinneinkünften (Regelprüfung)** ist hinreichend durch die Angabe der Rechtsgrundlage begründet, wenn es sich um die normale Außenprüfung handelt[136].

198 Zeichnet sich die Anordnung der Prüfung nach § 193 Abs. 1 AO durch eine auffallende **Besonderheit** aus, so ist sie zu begründen. Ebenfalls sind Prüfungsanordnungen in anderen Fällen hinreichend zu begründen. Begründungspflicht besteht insbesondere in folgenden Fällen:

199 Jede **Ausdehnung** des regulären Prüfungszeitraums muß das Finanzamt begründen[137].

200 **Abweichungen** von der **Verwaltungsanordnung** des § 4 BpO erfordern eine Begründung[138].

---

135 GlA BFH I R 188/82 vom 14. 8. 1985, BStBl. 1986 II, 2. AA scheint die OFD Düsseldorf in einer Verfügung vom 22. 1. 1980, DB 1980, 283 (= StEK AO 1977 § 193 Nr. 7), zu sein, wenn hier gestattet wird, die Ergebnisse einer faktischen Außenprüfung zu verwerten, wenn diese Prüfung (!) nicht mit der Beschwerde angefochten wird. **AA auch** GIESBERTS, Anm. 100.
136 BFH IV R 255/82 vom 28. 4. 1983, BStBl. 1983 II, 621 (auch die Auswahl des geprüften Steuerpflichtigen ist nicht zu begründen); FG Köln IX 110/82 vom 23. 11. 1982, EFG 1983, 436; FG Rheinland-Pfalz 2 K 187/81 vom 16. 2. 1982, EFG 1982, 334; FG Rheinland-Pfalz 1 K 292/82 vom 16. 3. 1983, EFG 1984, 9, mit zustimmender Anmerkung von OFFERHAUS, StBp. 1984, 71; aA (auch die Regelprüfungen sind zu begründen) FG Rheinland-Pfalz V 493/78 vom 19. 5. 1980, EFG 1981, 5; FG Berlin III 41/82 vom 16. 7. 1982, EFG 1982, 603; FG Berlin III 374/82 vom 3. 9. 1982, EFG 1983, 435; GROH, DStR 1985, 681.
137 BFH IV R 104/79 vom 10. 2. 1983, BStBl. 1983 II, 286; PAPPERITZ, Inf. 1983, 343.
138 BFH I R 111/80 vom 20. 6. 1984, BStBl. 1984 II, 815; FinVerw. Bayern, StEK AO 1977 § 193 Nr. 11 (1981); PAPPERITZ, aaO (FN 137), und DStR 1983, 564.

Anschlußprüfungen bei **Kleinstbetrieben** sind so auffallend, daß eine 201
Begründung erforderlich ist[139].

Die Anordnung einer Prüfung nach § 193 Abs. 2 Nr. 2 AO ist zu be- 202
gründen[140].

Die Begründungspflicht ist für **jeden Gegenstand** der Prüfungsanord- 203
nung zu prüfen[141].

Soweit eine Begründung erforderlich ist, kann diese auch **mündlich** er- 204
folgen[142]. Bleibt jedoch im Fortgang des streitigen Verfahrens die Frage der Begründung streitig, ist die Verwaltung spätestens in der Beschwerdeentscheidung gezwungen, die Begründung **schriftlich** nieder-
zulegen, da nur auf diese Weise eine gerichtliche Überprüfung erfolgen kann (s. nachfolgend).

Fehlt die Begründung in der Prüfungsanordnung, so kann dieser Man- 205
gel bis zum Abschluß des außergerichtlichen Rechtsbehelfsverfahrens,
spätestens durch die Beschwerdeentscheidung, **nachgeholt** werden
(§ 126 Abs. 1 Nr. 2, Abs. 2 AO)[143]. Allerdings kann in der Beschwerdeentscheidung nach § 121 Abs. 2 Nr. 2 AO auf die Begründung verzichtet werden, wenn dies nicht Gegenstand der Beschwerde war[144].

Fazit: Eine Begründungspflicht besteht nur bei besonderem Anlaß. In 206
diesem Fall kann die Begründung spätestens in der Beschwerdeentscheidung der Oberfinanzdirektion nachgereicht werden.

Zuständig für den Erlaß der Prüfungsanordnung ist das für die Be- 207
steuerung sachlich und örtlich zuständige Finanzamt (§ 195 AO). Allerdings gilt auch hier, daß das Finanzamt die Prüfungsstelle selbst, sofern
sie Teil einer anderen Behörde ist, mit dem Erlaß der Prüfungsanordnung beauftragen kann (s. Tz. 43).

Innerhalb der zuständigen Finanzbehörde kann jeder mit der Betriebs- 208

---

139 PAPPERITZ, aaO (FN 138).
140 BFH IV R 6/85 vom 7. 11. 1985, DB 1986, 414; PAPPERITZ, aaO (FN 138); Tz.
    58 f.
141 Vgl. PAPPERITZ, DStR 1983, 564. S. auch oben Tz. 134.
142 BFH IV R 255/82 vom 28. 4. 1983, BStBl. 1983 II, 621; IV R 232/82 vom 24. 1.
    1985, BStBl. 1985 II, 568.
143 BFH IV R 255/82, aaO (FN 142); I R 111/80 vom 20. 6. 1984, BStBl. 1984 II,
    815; I R 53/81 vom 23. 1. 1985, BStBl. 1985 II, 566; FG Köln VIII R 268/84
    vom 20. 12. 1984, EFG 1985, 477.
144 BFH IV R 255/82 und I R 111/80, aaO (FN 143).

prüfung beauftragte Beamte **zeichnen,** auch der Sachgebietsleiter der Außenprüfung[145].

209 Die Prüfungsanordnung muß dem Steuerpflichtigen **bekanntgegeben** werden (§ 197 Abs. 1 AO). Eine förmliche Zustellung ist nicht erforderlich.

210 Die Bekanntgabe erfolgt grundsätzlich an den zu **prüfenden Steuerpflichtigen.** Als **Regel** kann gelten, daß die Zustellung der Prüfungsanordnung so erfolgt **wie** die Zustellung der **Steuerbescheide** über die zu prüfenden Steuern.

211 Werden **Ehepartner** geprüft, ist beiden Ehepartnern eine Prüfungsanordnung zuzustellen[146]. Entsprechend den Steuerbescheiden können beide Anordnungen in einem Formular zusammengefaßt[147] und – bei entsprechender Bevollmächtigung – einem Ehepartner zugestellt werden[148].

212 Prüfungsanordnungen gegen **Handelsgesellschaften** (OHG, KG) sind unter Angabe der Firma der Gesellschaft zuzustellen[149].

213 Bei Prüfungsanordnungen gegen **nicht rechtsfähige Personenvereinigungen** müssen alle Beteiligten in der Prüfungsanordnung genannt werden. Die Zustellung erfolgt an den Empfangsbevollmächtigten. § 183 AO findet Anwendung. Dies gilt auch für Bauherrengemeinschaften.

214 Die Regeln für die Personengesellschaft oder die Gemeinschaft gelten auch im **Liquidationsfall,** solange die Liquidation noch andauert.

215 Befindet sich eine Gesellschaft in **Konkurs,** ist die Prüfungsanordnung

---

145 Dies war **umstritten.** Gegen das Zeichnungsrecht FG Rheinland-Pfalz V 493/78 vom 19. 5. 1980, EFG 1981, 5. Inzwischen geklärt durch BFH IV R 211/82 vom 12. 1. 1983, BStBl. 1983 II, 360; wie BFH auch FG Rheinland-Pfalz 2 K 109/81 vom 1. 12. 1981, EFG 1982, 335; FG Berlin III 41/82 vom 16. 7. 1982, EFG 1982, 603; FG Köln IX 110/82 S vom 23. 11. 1982, EFG 1983, 436.
146 So BFH IV R 179/79 vom 5. 11. 1981, BStBl. 1982 II, 208; OFD Düsseldorf vom 22. 1. 1980, DB 1980, 283 (StEK AO 1977 § 193 Nr. 7).
147 BFH IV R 179/79, aaO (FN 146).
148 BFH IV R 179/79, aaO (FN 146).
149 Die hier und in den Tz. 213–219 wiedergegebenen Rechtsregeln sind auch zusammengefaßt in der Verfügung OFD München vom 6. 2. 1984, StEK AO 1977 § 197 Nr. 1. Vgl. auch FG Rheinland-Pfalz 6 K 5/83 vom 25. 7. 1984, EFG 1985, 160. Tz. 219 wird bestätigt durch BFH VIII R 5/84 vom 13. 11. 1984, BFH NV 1985, 61.

für die Gesellschaft an den Konkursverwalter zu richten. Wird der Gesellschafter von der Prüfung selbst betroffen, ohne daß auch über sein Vermögen das Konkursverfahren eröffnet ist, ist auch ihm eine Prüfungsanordnung bekanntzugeben.

Existiert eine **Gesellschaft nicht mehr,** so ist die Prüfungsanordnung   216
an alle früheren Beteiligten zu richten, die von der Prüfungsanordnung betroffen werden.

Soweit aufgrund einer **Umwandlung** eine Gesellschaft im Wege der   217
Gesamtrechtsnachfolge auf ein anderes Unternehmen umgewandelt ist, ist die Prüfungsanordnung für die Zeit vor der Umwandlung an die Gesellschaft zu richten, auf die umgewandelt wurde.

Ist ein **Gesellschafter** aus einer Personengesellschaft oder einer Ge-   218
meinschaft **ausgeschieden,** so ist auch dem ausgeschiedenen Beteiligten eine Prüfungsanordnung zuzusenden, soweit er von der Prüfung betroffen ist.

Besteht **Unklarheit** über das Vorliegen einer Gesellschaft oder Ge-   219
meinschaft, ist jedem an dem unklaren Verhältnis Beteiligten die Prüfungsanordnung zuzustellen.

Bei **Einzelrechtsnachfolge** (Beispiel: Kauf eines Unternehmens) ist   220
entscheidend, ob der Zeitraum vor dem Übergang oder nach diesem geprüft wird. Für die Zeit vor dem Übergang ist noch der veräußernde Steuerpflichtige der richtige Adressat.

Werden **Mitglieder, Gesellschafter** usw. nach § 194 Abs. 2 AO mitge-   221
prüft, wird ihnen die entsprechende Prüfungsanordnung bekanntgegeben (vgl. § 197 Abs. 1 AO).

Die Prüfungsanordnung kann dem **Bevollmächtigten** bekanntgegeben   222
werden[150].

Die Prüfungsanordnung muß „**angemessene Zeit"** vor der Prüfung be-   223
kanntgegeben werden (§ 197 Abs. 1 AO).

Die von der **Verwaltung** für richtig gehaltene Frist von **14 Tagen** ist zu   224
kurz[151]. Die Prüfungsanordnung sollte **vier Wochen** vorher zugehen.

---

150 Vgl. FG Rheinland-Pfalz 2 K 109/81 vom 1. 12. 1981, EFG 1982, 355; FG Berlin III 515/84 vom 8. 2. 1985, EFG 1985, 540, betr. eine „Duldungsvollmacht". Liegt eine Zustellungsvollmacht vor, Regelzustellung an den Berater: FG Berlin II 33/84 vom 26. 6. 1985, EFG 1986, 162.

151 Vgl. Einf.Erlaß AO 1977, StEK AO 1977 Vor § 1 Nr. 1 Zu § 197 (1976), u. Einf.Erlaß BpO NRW (FN 9); nicht jedoch Baden-Württemberg (FN 9). Demgegenüber soll nach PAPPERITZ, HBP 3115, 9 (1983), sogar noch eine kürzere Frist angemessen sein.

225 Auf die **vorherige Bekanntgabe** in angemessener Zeit kann **verzichtet** werden (§ 197 Abs. 1 Satz 2 AO)[152]. Außerdem bedarf es ihrer nicht, wenn der Prüfungszweck dadurch gefährdet wird (vgl. § 197 Abs. 1 Satz 1 AO). Insbesondere der Verzicht spielt in der Prüfungspraxis eine nicht unerhebliche Rolle. Der Prüfer ruft Donnerstag an, ob er am kommenden Montag mit der Prüfung beginnen könne; eine andere Prüfung sei ausgefallen; er werde die Prüfungsanordnung mitbringen. Der Steuerpflichtige erklärt sein Einverständnis und verzichtet damit auf die Einhaltung der „angemessenen" Frist. ME ist diese Praxis **bedenklich.** Der Steuerpflichtige und sein Berater müssen ausreichende Zeit haben, die Rechtmäßigkeit der Außenprüfung zu erörtern und zu prüfen; auch benötigt der Steuerpflichtige hinreichende Zeit, um die Prüfung vorzubereiten. Der Steuerpflichtige und sein Berater sollten daher keine Scheu haben, die Bitte des Prüfers abschlägig zu bescheiden. Führt dies zu einer Mißstimmigkeit, belastet sie die Prüfung auf keinen Fall nachhaltig. Die Prüfung ohne ausreichende Vorprüfung und Vorbereitung ist in jedem Fall der größere Nachteil.

226 Zur Möglichkeit, die **Verlegung** der **Prüfung** zu beantragen, s. Tz. 182 ff.

IV. Anfechtung

1. Technik

227 Die Prüfungsanordnung wird mit der **Beschwerde angefochten** (s. Tz. 630 ff.).

228 **Anfechtungsberechtigt** ist grundsätzlich der Adressat der Prüfungsanordnung.

229 Soweit **Dritte** von einer Prüfungsanordnung betroffen sind – zB der Arbeitnehmer von der Lohnsteuerprüfung beim Arbeitgeber –, ist zweifelhaft, ob der Dritte die Prüfungsanordnung anfechten kann[153]. Die Prüfungsanordnung hat grundsätzlich nur Wirksamkeit zwischen der Finanzverwaltung und dem Adressaten (vgl. Tz. 150 ff.). Die Rechtsprechung ermöglicht die Verwertung der Prüfungsergebnisse bei Dritten unabhängig von der Rechtmäßigkeit der Prüfungsanordnung (Tz.

---

152 Vgl. FG Berlin III 572/83 vom 12. 10. 1984, EFG 1985, 161; III 515/84 vom 8. 2. 1985, EFG 1985, 540, und VII 192/83 vom 23. 4. 1985, EFG 1986, 3.
153 Ausdrücklich nicht entschieden durch BFH VI R 157/83 vom 9. 11. 1984, BStBl. 1985 II, 191.

161 ff.). Daraus folgt mE, daß auch der Dritte die Möglichkeit haben muß, die Prüfungsanordnung anzufechten, um die Feststellung der Rechtswidrigkeit in bezug auf seine Person zu erreichen.

Die **Frist** für die Beschwerde beträgt **einen Monat,** sofern die Prü- 230 fungsanordnung eine **Rechtsbehelfsbelehrung** enthält (Tz. 636 f.).

Den Prüfungsanordnungen **fehlt** in der Regel die **Rechtsbehelfsbeleh-** 231 **rung.** Es ist durchaus möglich, daß dies bewußt geschieht, um Streitverfahren über die Betriebsprüfungsanordnung zu vermeiden, weil die Verwaltung befürchtet, die Rechtsbehelfsbelehrung werde als Aufforderung zum Rechtsbehelf verstanden. Das Fehlen der Rechtsbehelfsbelehrung liegt jedoch nicht im Interesse der Finanzverwaltung, die gerade ein Interesse an einer schnellen Klärung der Frage der Bestandskraft der Prüfungsanordnung haben müßte. Das Steuerbereinigungsgesetz 1986 macht **ab 1. 1. 1987** die **Rechtsbehelfsbelehrung zur Pflicht**[154].

Fehlt die Rechtsbehelfsbelehrung, so hat der Steuerpflichtige die 232 Möglichkeit, die Anordnung innerhalb der **Jahresfrist** des § 356 Abs. 2 AO anzufechten[155]. Auf die **Jahresfrist** ist jedoch **kein Verlaß,** wenn keine Aussetzung der Prüfung erreicht wird. Nach finanzgerichtlicher Rechtsprechung ist die **Verwirkung** des Beschwerderechts möglich, wenn man die Prüfung rügelos geschehen läßt[156]. **Kritik:** ME kann hier von einer Verwirkung keine Rede sein, da die Verwaltung die Möglichkeit hat, durch eine Rechtsbehelfsbelehrung die Anfechtungsfrist abzukürzen. Das Unterlassen der Verwaltung kann nicht zu einer Verwirkung beim Steuerpflichtigen führen[157]. Zur gesetzlichen Ergänzung ab 1. 1. 1987 s. Tz. 231.

---

154 Vgl. Gesetz vom 19. 12. 1985, BGBl. 1985 I, 2436, BStBl. 1985 I, 735; zum Inkrafttreten s. Art. 25 des Gesetzes vom 19. 12. 1985. Vorher bereits – für Rechtsbehelfsbelehrung – OFD München vom 5. 3. 1984, StEK AO 1977 § 196 Nr. 5.

155 Vgl. BFH I R 214/82 vom 17. 7. 1985, BStBl. 1986 II, 21.

156 FG Münster III 1472/74 vom 28. 5. 1975, EFG 1975, 601, und FG Köln V K 248/83 vom 22. 9. 1983, EFG 1984, 163, mit Zustimmung von OFFERHAUS, StBp. 1984, 142; FG Baden-Württemberg II (III) 300/82 vom 27. 2. 1985, EFG 1985, 434; FG Hamburg I 124/84 vom 12. 1. 1985, EFG 1985, 435; FG Saarland I 23/85 vom 25. 10. 1985, EFG 1986, 60; ähnlich auch MEIER, StBp. 1986, 17.

157 GlA BFH IV R 6/85 vom 7. 11. 1985, DB 1986, 414; SCHICK in Hübschmann/ Hepp/Spitaler, § 196 Anm. 343 (Nov. 1985); TIPKE/KRUSE, § 196 Anm. 8 (Nov. 1985).

Anfechtung nach durchgeführter Prüfung

233   Die Prüfungsanordnung kann trotz Beschwerde durch Beginn der Außenprüfung vollzogen werden. Dies gilt nicht, wenn aufgrund eines Antrags oder von Amts wegen durch das Finanzamt (§ 361 AO) oder aufgrund eines Antrags durch das Finanzgericht (§ 69 FGO) **Aussetzung** der **Vollziehung** verfügt wird[158].

234   Wird die **Prüfung durchgeführt,** obwohl die Prüfungsanordnung angefochten worden ist (zB weil keine Aussetzung der Vollziehung gewährt wurde), ändert sich nach der Durchführung das **Rechtsbehelfsbegehren:** Es geht sodann nicht mehr um die Anfechtung der Prüfungsanordnung, sondern um die **Feststellung,** daß die **Prüfung rechtswidrig** war; die Anfechtungsklage setzt sich als sog. Fortsetzungsfeststellungsklage fort[159]. Diese Feststellung der Rechtswidrigkeit ermöglicht der BFH selbst dann, wenn die Prüfungsanordnung noch nicht angefochten oder über die Beschwerde durch die OFD noch nicht entschieden worden ist[160]. Allerdings setzt auch diese **Fortsetzungsfeststellungsklage** das Beschwerdeverfahren als Vorverfahren voraus[161], wobei noch nicht überzeugend geklärt ist, in welcher Weise bei einer erledigten Prüfung noch ein Beschwerdeverfahren denkbar ist[162]. In jedem Fall ist ein Feststellungsinteresse erforderlich, was zB fehlt, wenn das Finanzamt zusagt, Prüfungsfeststellungen nicht zu verwerten[163]. Im übrigen folgt aus der später festgestellten Rechtswidrigkeit das Verbot, die Außenprüfungsergebnisse zu verwerten[164].

235   Auch aus der **Aufhebung** der **Prüfungsanordnung** durch die Finanzverwaltung folgt, daß die Prüfungsergebnisse nicht verwertet werden dürfen (Tz. 155). Nur in Ausnahmefällen ist es hier denkbar, daß im

---

158 BFH VII B 122/73 vom 17. 9. 1974, BStBl. 1975 II, 197; diese Entscheidung zur RAO gilt auch zur AO 1977 (vgl. Einf.Erlaß zur AO 1977, StEK AO 1977 Vor § 1 Nr. 1 Zu § 196 [1976]).

159 BFH IV B 3/82 vom 24. 6. 1982, BStBl. 1982 II, 659; I R 214/82 vom 17. 7. 1985, BStBl. 1986 II, 21; IV R 6/85 vom 7. 11. 1985, DB 1986, 414; FG Hamburg III 31/81 vom 1. 6. 1982, EFG 1983, 193.

160 BFH IV B 3/82, I R 214/82, aaO (FN 159); dazu GROH, DStR 1985, 680, mit kritischen Anmerkungen; nach GROH ist möglicherweise doch die Anfechtungsklage gegen die Prüfungsanordnung dann noch gegeben, wenn die Prüfung durchgeführt ist.

161 BFH I R 214/82, aaO (FN 159).

162 Vgl. EBERL, NWB F 2, 4573 (1985), in einer Anm. zu BFH I R 214/82 (FN 159), auch mit der zutreffenden Frage, was in diesem Fall mit einer „fortgesetzten" Feststellungsklage gemeint sei.

163 Vgl. FG Berlin III 515/84 vom 8. 2. 1985, EFG 1985, 540.

164 Vgl. BFH IV B 3/82, aaO (FN 159).

Wege einer „Fortsetzungsfeststellungsklage" im finanzgerichtlichen Verfahren die Rechtswidrigkeit der Prüfungsanordnung festgestellt wird[165].

Da auf diese Weise der Rechtsschutz ausreichend gesichert ist, ist **kein Raum** für eine **einstweilige Anordnung,** die Ergebnisse einer rechtswidrigen Außenprüfung nicht zu verwerten[166].   236

Der **Streitwert** einer Auseinandersetzung über die Prüfungsanordnung ist mit 50 vH der mutmaßlichen Mehrsteuern anzusetzen; sind diese nicht zu ermitteln, beträgt der Streitwert DM 4 000[167].   237

Befürchtet der Steuerbürger, daß eine Prüfung bei ihm nur angeordnet sei, um die **Ergebnisse** an **Dritte weiterzugeben,** so ist hiergegen eine vorbeugende Unterlassungsklage zulässig[168].   238

2. Zweckmäßigkeit und Praxis der Anfechtung

Während der rechtswidrige Verwaltungsakt in der Regel angefochten werden sollte, kann dieser Satz nicht unbesehen in das Betriebsprüfungsrecht übernommen werden. **Außenprüfungen** sind in ihrer großen Vielzahl **keine typischen förmlichen Streitverfahren.** Die **einvernehmliche Außenprüfung** ist die Regel; sie sollte auch das Ziel sein.   239

Ist eine Außenprüfung **zulässig** und wird sie voraussichtlich keine Probleme bringen, ist sie möglicherweise sogar **erwünscht,** hat eine Anfechtung, zB wegen förmlicher Fehler, wenig Sinn.   240

Ist mit **Mehrergebnissen** zu rechnen, die möglicherweise auch streitig bleiben, so sollte Beschwerde gegen die Prüfungsanordnung eingelegt werden, falls diese mögliche formelle Mängel aufweist. Auf Aussetzung der Vollziehung kann man verzichten. Das Beschwerdeverfahren gegen die Anordnung hält die Möglichkeit offen, die formellen Mängel zumindest als zusätzliches Argument in einem späteren Streit zu verwenden. An die Wiederholbarkeit der Prüfung sollte man jedoch denken (Tz. 157).   241

---

165 BFH IV R 172/83 vom 9. 5. 1985, BStBl. 1985 II, 579. Zum Feststellungsinteresse s. Tz. 234 und FN 163.
166 BFH IV B 3/82, aaO (FN 159).
167 BFH VIII R 111/84 vom 4. 10. 1984, BStBl. 1985 II, 257, mit HFR-Anm. 1985, 325; IX R 178/83 vom 16. 4. 1985, BFH NV 1986, 10.
168 FG Berlin III 659/660/81 vom 18. 2. 1983, EFG 1984, 33, allerdings ohne Erfolg für den Kläger in diesem Fall.

242 Bestehen an der **Prüfungsberechtigung Zweifel**, muß das Rechtsbehelfsverfahren gegen die Prüfungsanordnung auf jeden Fall durchgeführt werden, um eine Verwertung der Prüfungsergebnisse zu verhindern.

243 Die **Ausdehnung** der Außenprüfung sollte regelmäßig angefochten werden (vgl. auch Tz. 141).

244 Das gleiche gilt für die **Anordnung** von **wiederholenden Prüfungen** (Tz. 82 ff.).

245 Zu bedenken sind stets jedoch auch erhebliche **Überlegungen, die gegen** eine **Anfechtung** oder Beanstandung sprechen. Eine Prüfung, die durch den Prüfungsauftrag nicht gedeckt ist, hemmt zB nicht den Ablauf der Festsetzungsfrist. Wird der Mangel gerügt, so verursacht man eine Korrektur der Prüfungsanordnung und folglich eine heilende Wirkung im Hinblick auf die Festsetzungsfrist[169].

246 Zur **Aussetzung** der **Vollziehung:** Wenn gewichtige Gründe gegen die Prüfung sprechen, sollte die Beschwerde stets mit dem Antrag auf Aussetzung der Vollziehung gekoppelt werden, anders allenfalls bei nur formellen Bedenken gegen die Anordnung.

247 Der Antrag auf Aussetzung der Vollziehung ist insbesondere dann zwingend geboten, wenn die **Ausdehnung** einer Außenprüfung **angefochten** wird. Nach § 4 Abs. 2 BpO hängt die Ausdehnungsmöglichkeit von den zu erwartenden Mehrsteuern ab (Tz. 121 ff.). Niemand wird nach einer vollzogenen Außenprüfung in der Lage sein, die zu erwartenden Mehrsteuern von den tatsächlichen Mehrsteuern zu trennen (vgl. Tz. 129).

248 Ein Antrag auf Aussetzung der Vollziehung ist auch deshalb angebracht, weil die **Klärung** der **Rechtmäßigkeit** einer Prüfungsanordnung **nach durchgeführter Außenprüfung** problematisch ist (vgl. hierzu Tz. 234).

249 Ist der **Antrag** auf **Aussetzung** der **Vollziehung gestellt,** aber noch nicht beschieden, sollte regelmäßig alles unternommen werden, dem **Prüfer** den **Beginn** der **Prüfung** so lange zu **verwehren,** wie der Antrag auf Aussetzung der Vollziehung nicht bestands- oder rechtskräftig beschieden ist. Zwar führt später ein Erfolg der Beschwerde gegen die Prüfungsanordnung zum Verbot der Verwertung des tatsächlich Geprüften. Das Wissen im Kopf des Beamten ist jedoch nicht mehr zu

---

169 Vgl. auch GLADE, StbJb. 1978/79, 537.

löschen. Auf diese Problematik gerade bei der Ausdehnung der Prüfung habe ich vorstehend hingewiesen (Tz. 247, 129). Als Mittel stehen hier Gegenvorstellung und Dienstaufsichtsbeschwerde zur Verfügung (Tz. 614 ff., Tz. 658 ff.). Betriebsprüfer und Sachgebietsleiter müssen schriftlich und/oder mündlich davon überzeugt und dazu gebracht werden, in derartigen Fällen die Prüfung vorerst zu unterlassen. Ist dieses Bemühen ohne Erfolg, bleibt der Ausweg, jede Prüfungsanforderung als Einzelmaßnahme mit der Beschwerde anzufechten (vgl. hierzu Tz. 309 ff.).

Die **Praxis** zeigt, daß die Prüfungsstellen für das Anliegen des Steuerpflichtigen ein breites Verständnis haben und die **Prüfung regelmäßig** so lange **zurückstellen,** bis über den Antrag auf Aussetzung der Vollziehung, häufig auch, bis über die Beschwerde gegen die Prüfungsanordnung selbst entschieden ist. Die Beamten haben die verständliche Befürchtung, andernfalls Prüfungsergebnisse zu erarbeiten, die später nicht verwertet werden dürfen.   250

Zweiter Teil
Die Prüfung

A. Vorbereitung auf die Außenprüfung

I. Zweck

251 Die **notwendige** und **sorgfältige Vorbereitung** einer Außenprüfung hat tatsächlich einen hohen, in der Praxis oft einen geringen Stellenwert. Die Buchführung – einschließlich ihrer Probleme – glaubt man zu kennen, die Streitfragen vorbereitet, so daß die angesetzte Prüfung selbst keine eigentliche Vorbereitung mehr erfordert. Der Druck und die Hektik des Tagesgeschäfts, die Arbeitsbelastung des Steuerberaters tun das ihre, um die Notwendigkeit der Vorbereitung zu verdrängen. Überraschungen während der Außenprüfung zeigen später, wieviel vergessen und übersehen worden ist.

252 Der **Berater** muß den zu prüfenden Steuerpflichtigen zu einer sorgfältigen Vorbereitung führen. Besser, die zeitaufwendige Vorbereitung erweist sich später in der Außenprüfung als überflüssig, als das Bedauern, die Prüfung nicht ausreichend im Vorhinein bedacht zu haben. Es darf nur die Überraschung seitens des Geprüften geben, daß es keine überraschende Entdeckung gab.

253 **Vorbereitung heißt:** Buchführung, Bilanzen, Vertragsgestaltungen des Prüfungszeitraums sollen gedanklich oder im Gespräch mit dem Berater erörtert werden. Die Erinnerung muß auf diese Weise aktiviert werden, um Problemfelder zu sehen. Nur so tauchen verdrängte Fragenkreise wieder auf. Die Auseinandersetzung mit dem Außenprüfer kann antizipiert werden.

254 Die **Verträge, Urkunden, Belege** etc. für bestimmte Problemfelder sollten vor der Außenprüfung zusammengestellt werden, auch wenn sich diese Arbeit später als nutzlos erweist. Es ist in keinem Fall optimal, wenn die Unterlagen erst während der Prüfung – gewissermaßen oder wörtlich „über Nacht" – zusammengesucht werden müssen oder – noch schlimmer – wenn die Unterlagen durch das selbständige Prüfungshandeln des Prüfers entdeckt werden.

255 Zur Vorbereitung gehört, die **Auskunftspersonen** zu **bestimmen** (s. Tz. 277 ff.).

Zur Vorbereitung gehört weiter, den **Arbeitsplatz** des **Prüfers** auszu- 256
wählen und herzurichten (s. Tz. 366).

Bei größeren Betrieben ist es sinnvoll, die **Mitarbeiter,** die möglicher- 257
weise mit dem Prüfer Kontakt haben werden, zu **instruieren.** Hier können auch **schriftliche** Informationen und **Anweisungen** angebracht
sein (vgl. Anlage 6)[170]. Insbesondere sind die übrigen Mitarbeiter des
Unternehmens, die keine Auskunftspersonen sind, anzuweisen, dem
Prüfer keine Fragen zu beantworten, sondern ihn stets an den Steuerpflichtigen oder seine von ihm benannte Auskunftsperson (vgl. Tz.
277 ff.) zu verweisen. Hier ist in der Regel etwas Nachdruck angebracht, weil man das Abblocken von Fragen als unhöflich empfindet.
Das Prüfungsklima wird hierdurch jedoch allenfalls momentan belastet. Der Prüfer wird schnell spüren, daß die Mitarbeiter des Unternehmens über die Rechte und Pflichten unterrichtet sind, und sich sodann
korrekt verhalten. Im Einzelfall kann im Laufe der Prüfung auch angebracht sein, den Prüfer zur Rede zu stellen, wenn er sich wiederholt
hinter dem Rücken des Steuerpflichtigen oder der Auskunftsperson an
sonstige Mitarbeiter wendet.

II. Selbstanzeige

Auch nach der Prüfungsanordnung, vor dem Erscheinen des Prüfers 258
zur Prüfung ist die **Selbstanzeige** noch **möglich.**

Die Selbstanzeige ist die im Steuerstrafrecht einzigartige **Möglichkeit,** 259
rückwirkend eine **Steuerstraftat,** und zwar die vorsätzliche Steuerhinterziehung und die leichtfertige Steuerverkürzung, wieder zu **besei-
tigen.**

Die **Wirkung** der Selbstanzeige tritt dann ein, wenn dem Finanzamt 260
die richtigen Besteuerungsgrundlagen mitgeteilt werden.

Die Selbstanzeige ist nur dann wirksam, wenn die **nachzuzahlende** 261
Steuer innerhalb der **Frist,** die von dem Finanzamt nach der Erstattung
der Selbstanzeige gesetzt wird, **gezahlt** wird. Kann der Steuerpflichtige
die nachzuzahlende Steuer nicht zahlen, ist fraglich, ob eine Selbstanzeige noch sinnvoll ist.

Eine Selbstanzeige wegen vorsätzlicher Steuerhinterziehung ist **ausge-** 262
schlossen, (a) wenn ein Steuerstrafverfahren eingeleitet worden ist

---

170 S. auch FLICK/JONAS, NSt. Bp. Darst. 2 (1982).

oder (b) wenn ein Prüfer des Finanzamts zur Prüfung erschienen ist oder (c) wenn der Steuerpflichtige wußte oder wissen mußte, daß das Finanzamt die Hinterziehung kannte.

263   Da mithin das **Erscheinen** des **Außenprüfers** die Selbstanzeige ausschließt, muß vor dem Beginn der Prüfung überlegt und überprüft werden, ob Anlaß besteht, Selbstanzeige zu erstatten. Für den Prüfungszeitraum ist dies der letzte Augenblick. Nach dem Erscheinen des Prüfers hat die Selbstanzeige bei vorsätzlicher Steuerhinterziehung keine strafbefreiende Wirkung mehr; sie ist nur in Ausnahmefällen noch als geplante „verunglückte Selbstanzeige" sinnvoll.

264   Eine Selbstanzeige wegen **leichtfertiger Steuerverkürzung** ist auch nach dem Erscheinen des Prüfers noch möglich. Bezüglich der leichtfertigen Verkürzung schließt nur die ausdrückliche Einleitung des Steuerstrafverfahrens die bußgeldbefreiende Selbstanzeige aus. Vgl. § 378 AO. Zu der Problematik dieser Selbstanzeige während der Prüfung s. Tz. 739 ff.

265   Zur Selbstanzeige s. im übrigen die **Darstellung** in Steuerfahndung, Tz. 163 ff.

B. Die Personen der Prüfung

I. Der Prüfer

266   Der **Prüfer** kann auch eine **Prüferin** sein. Das Vorurteil, die Prüferin sei wegen ihres Geschlechts schlechter qualifiziert, wird während der Prüfung rasch beseitigt.

267   Der Prüfer gehört in der Regel zum **gehobenen Dienst** der Finanzverwaltung (Inspektor, Oberinspektor usw.). Der gehobene Dienst ist exzellent ausgebildet. Es ist ein Fehler, seine Fähigkeiten zu unterschätzen.

268   Ausnahmsweise kann die Prüfung auch ein Beamter des **höheren Dienstes** (Regierungsrat) durchführen, zB wenn dies im Rahmen seiner Ausbildung gefordert ist.

269   Vorgesetzter des Prüfers ist der **Sachgebietsleiter.** Es handelt sich regelmäßig um einen Beamten des höheren Dienstes, der entweder als ausgebildeter Jurist sofort in den höheren Dienst übernommen oder als sog. Aufstiegsbeamter aus dem gehobenen Dienst aufgestiegen ist. Der Sachgebietsleiter tritt bei der Prüfung nicht ständig in Erschei-

nung. Man sollte ihn zumindest dem Namen nach kennen. In der Regel nimmt er an der Schlußbesprechung teil.

Es gibt **keinen typischen Prüfer** mit kennzeichnenden Erscheinungsweisen und Charakteren. Prüfer sind so unterschiedlich, wie sich Menschen voneinander unterscheiden. Vorschnelle Urteile sind oft Vorurteile; so sind gute Prüfer mit strengen Maßstäben nicht deshalb politisch „links". Den Prüfer richtig zu behandeln und zu nehmen, gehört zur allgemeinen Kunst der Menschenbehandlung.   270

Der Prüfer ist angewiesen, zugunsten wie zuungunsten zu prüfen (§ 199 Abs. 1 AO und Tz. 11). Seine Funktion und das Bemühen der Steuerpflichtigen, Auslegungsmöglichkeiten der Steuergesetze zu ihren Gunsten zu nutzen, bringen es jedoch mit sich, daß er regelmäßig **zugunsten** des **Finanzamts** prüft[171].   271

Innerhalb der Finanzverwaltung **qualifiziert** sich der Betriebsprüfer **nicht** durch **Mehrergebnisse** (auch wenn dies ein unausrottbares Vorurteil ist), sondern durch gute Prüfungen und durch die Anzahl der geprüften Betriebe[172]. Gleichwohl hat das Mehrergebnis Auswirkungen auf die tatsächliche Prüfungstätigkeit. Hat der Prüfer bestimmte Punkte aufgegriffen, die zu einem Mehrergebnis führen (und die möglicherweise ein persönliches Erfolgserlebnis verschaffen), wird seine Prüfungsintensität nachlassen.   272

Der Steuerpflichtige hat **keinen Anspruch** auf einen **bestimmten Prüfer**. Die Auswahl ist Sache der Verwaltung[173]. Es besteht die Möglichkeit, den Prüfer wegen Befangenheit abzulehnen (s. Tz. 665). Den Namen des Prüfers erfährt der Steuerpflichtige durch die Prüfungsanordnung (s. Tz. 187).   273

Problematisch ist die Situation, wenn der **Ehepartner** des **Prüfers** am gleichen Ort als **Steuerberater** tätig ist. Hier wird der Anschein der Gefahr erweckt, Informationen wechseln vom Prüfer zum Ehepartner-   274

---

171 Vgl. hierzu auch BVerwG 2 C 37.78 vom 26. 6. 1980, BStBl. 1980 II, 625; dazu auch WENZIG, StBp. 1981, 202, und die scharfe Kritik von BREZING, FR 1981, 109.

172 Vgl. WENZIG, Die Bedeutung der steuerlichen Mehrergebnisse für die Beurteilung eines Betriebsprüfers, DB 1983, 1678.

173 Dabei läßt sich diskutieren, ob es sinnvoll ist, **einen Prüfer** immer wieder bei dem **gleichen Betrieb** einzusetzen (so die eine Praxis, die das intime Wissen des Prüfers um den Betrieb nutzen will), oder ob es nicht gerade sinnvoll ist, den Betrieb immer wieder durch **andere Prüfer** prüfen zu lassen (um Betriebsblindheit zu vermeiden); vgl. zB STRUNZ, StBp. 1984, 92.

Steuerberater und geben diesem einen Wettbewerbsvorteil. Der BFH hat die Bedenken jedoch als nicht durchgreifend angesehen[174].

275 Daß in erster Linie der Prüfer Ansprechpartner ist, daß er wesentlich und entscheidend das Prüfungsgeschehen bestimmt, steht außer Frage (vgl. auch schon Tz. 38). Diese tatsächliche Bedeutung des Prüfers läßt die **leitende Hand** des **Sachgebietsleiters** leicht vergessen. Hin und wieder scheint es, als gerät die eigene Funktion bei dem Sachgebietsleiter selbst in Vergessenheit. Daß der träge, umständliche, uneffektive Prüfer einer Führung bedarf, erwähne ich hier am Rande, ist aber im übrigen nicht Gegenstand dieser Schrift. Aus der Sicht des Geprüften ist insbesondere dann der Sachgebietsleiter wichtig, wenn der Prüfer kein Ende findet, wenn er sich – durchaus mit großer Sorgfalt – in Fälle, in Details verrennt, wenn er der Prüfung die Dimension einer Lebensaufgabe gibt. Hier muß sein Vorgesetzter, der Sachgebietsleiter, die Zügel anziehen. Er muß in der Lage sein, dem Prüfer deutlich zu machen, daß er auch dann noch ein qualifizierter Beamter ist, wenn er Ermittlungsverzichte leistet. Gegebenenfalls muß der Sachgebietsleiter den Verzicht ausdrücklich anordnen. Die Mehrarbeit einer Prüfung kann zu irgendeinem Zeitpunkt in keinem Verhältnis mehr zum Ergebnis stehen (vgl. auch Tz. 320). Hier ist es sinnvoller, wenn der Prüfer andere Unternehmen prüft, als wenn er die Prüfung in diesem einen konkreten Fall fortsetzt. Ist hier der skrupelhafte Prüfer in der Befürchtung alleingelassen, Fehler zu begehen, wenn er die Prüfungstätigkeit abbricht, so liegen Führungsfehler vor, unter denen auch der Steuerpflichtige leidet.

II. Der Steuerpflichtige

276 Geprüft werden die steuerlichen Verhältnisse eines Steuerpflichtigen oder mehrerer Steuerpflichtiger. Er (bzw. sie) ist (sind) unmittelbar **Subjekt(e)** der **Außenprüfung.** Sie sind nicht zu typisieren, da alle Steuerpflichtigen betroffen sind.

---

174 BFH I R 301/81 vom 14. 12. 1983, BStBl. 1984 II, 409, in einem **Befangenheitsverfahren;** dazu FELIX, DStZ 1984, 259, und OFFERHAUS, StBp. 1982, 71, zur Entscheidung der Vorinstanz FG Rheinland-Pfalz 2 K 237/80 vom 19. 5. 1981, EFG 1982, 6.

III. Auskunftsperson des Steuerpflichtigen

Neben den **Steuerpflichtigen** tritt die ausdrücklich von ihm benannte **277**
Auskunftsperson[175].

Wegen der **Erteilung** von **Auskünften** und der Erfüllung von Mitwir- **278**
kungspflichten muß sich der Prüfer grundsätzlich an den **Steuerpflich-**
tigen selbst oder die von ihm benannten **Auskunftspersonen** halten.
Dies ist in § 200 Abs. 1 Satz 3 AO und § 7 BpO eindeutig bestimmt. Die
Regelung soll verhindern, daß sich der Prüfer heimlich hinter dem Rük-
ken des Geprüften an seine Mitarbeiter und Arbeitnehmer wendet[176].

Die Bestimmung der Auskunftsperson ist von großer **Wichtigkeit.** Nur **279**
auf diese Weise kann von seiten des Steuerpflichtigen kontrolliert werden, welche Auskünfte dem Prüfer gegeben werden. Die Konzentra-
tion der Mitwirkung auf den Steuerpflichtigen und seine Auskunftsperson ist Voraussetzung für ein einheitliches Auftreten und ein einheitliches Argumentieren gegenüber der Prüfung.

Auskunftsperson kann **jeder Dritte** sein; in der Regel ist es ein mit den **280**
steuerlichen Verhältnissen des Unternehmens vertrauter Mitarbeiter.

Auch der **Steuerberater** kann zur Auskunftsperson bestimmt werden. **281**
Ihn zu benennen empfiehlt sich jedoch nicht. In der Regel hat er nicht
das Detailwissen um den Betrieb, das in der Prüfung notwendig ist.
Auch steht er in der Regel nur zeitlich eingeschränkt zur Verfügung.
Schließlich sind Konfliktsituationen zwischen seinem Beratungsauftrag
und seiner Funktion als Auskunftsperson denkbar; er soll den Steuerpflichtigen bei der Erfüllung dessen Pflichten beraten, sie in der Regel
nicht selbst erfüllen[177].

Der Steuerpflichtige kann eine oder **mehrere Auskunftspersonen** be- **282**
nennen.

Er kann auch ihre **Rangfolge** untereinander bestimmen, etwa nach der **283**
Maßgabe, der Prüfer möge sich zuerst an A, hilfsweise an B wenden.

Es steht im pflichtgemäßen **Ermessen** des Prüfers, ob er sich an den **284**
Steuerpflichtigen oder an die **Auskunftsperson** wendet. Allerdings
wird die Benennung der Auskunftsperson von dem Zweck getragen,

---

175 S. ausführlich zu diesem Thema PAPPERITZ, StBp. 1980, 245; WENZIG, StuW
    1983, 242, 346.
176 WENZIG, StuW 1983, 349.
177 Vgl. auch WENZIG, StuW 1983, 251 f.

ihm bei der Mitwirkung in der Prüfung den Vorrang einzuräumen. Es müssen daher besondere Gründe vorliegen, wenn sich der Prüfer unmittelbar an den Steuerpflichtigen selbst wendet. Insoweit ist es zutreffend, § 80 Abs. 3 AO entsprechend anzuwenden[178].

285 Hat ein Auskunftsersuchen an die Auskunftsperson **keinen Erfolg,** „so kann der Außenprüfer auch andere Betriebsangehörige um Auskunft ersuchen" (§ 200 Abs. 1 Satz 3 AO). Damit der Prüfer nicht vorschnell auf diese Möglichkeit ausweicht, wird er von der Verwaltung selbst dadurch noch einmal auf die Wichtigkeit der Regelung der Auskunftsperson hingewiesen, daß § 7 BpO bestimmt: Will der Prüfer sich an einen Betriebsangehörigen wenden, der nicht Auskunftsperson ist, „so soll er den Steuerpflichtigen rechtzeitig unterrichten, damit dieser ggf. andere Auskunftspersonen benennen kann". Auch hier zeigt sich wieder das von der Verwaltung anerkannte Bemühen, den Prüfer zu hindern, Betriebsangehörige ohne Abstimmung mit dem geprüften Steuerpflichtigen zu vernehmen.

286 In der **Praxis** führt die Regelung dazu, daß die Außenprüfung in aller Regel das Recht, eine Auskunftsperson zu bestimmen, achtet. Auskunftsersuchen an Betriebsangehörige gegen den Willen des Geprüften sind nicht häufig. Dies gilt insbesondere dann, wenn der Steuerpflichtige und sein Berater von Beginn an dem Prüfer den Eindruck vermitteln, daß sie auf diese Rechtslage achten (dazu Tz. 325).

287 Zur Ausnahme bei der **Lohnsteueraußenprüfung** s. Tz. 919.

IV. Beteiligung Dritter

1. Anwärter

288 Zu **Ausbildungszwecken** können Steuerbeamte an der Prüfung teilnehmen. Soweit die Auszubildenden die Prüfung nicht nennenswert belasten, ist hiergegen nichts zu unternehmen.

2. Bundesamt für Finanzen

289 Zur **Beteiligung** des Bundesamtes für Finanzen s. Tz. 39 f.

290 Die Beteiligung eines Prüfers des Bundesamtes für Finanzen ist **nicht**

---

178 PAPPERITZ, StBp. 1980, 247; SCHICK in Hübschmann/Hepp/Spitaler, § 200 Anm. 128 (April 1980).

unproblematisch. Die Prüfer kennen nicht die Last der Durchführung von Prüfungsfeststellungen im Veranlagungsverfahren. Sie neigen dazu, Probleme zu entdecken, hin und wieder auch zu schaffen, die sodann von anderen, nämlich den Finanzämtern, bewältigt werden müssen.

3. Gemeinde

Soweit die Gewerbesteuer von den Finanzämtern verwaltet wird und die Gemeinden sie erheben, haben die Gemeinden ein **Teilnahmerecht** an Außenprüfungen (§ 21 Abs. 2, 3 FVG)[179]. Größere Städte verfügen über eigene **Gewerbesteuerprüfer.** Die Finanzämter sind nicht verpflichtet, die Gemeinden über anstehende Prüfungen zu unterrichten[180]. Insoweit müssen sich die Gemeinden die entsprechenden Informationen selbst beschaffen.   291

Gewerbesteuerprüfer sind – auch von den Prüfern des Finanzamts – nicht unbedingt geliebte Gäste. Durch ihren Spezialauftrag stellen sie **gewerbesteuerliche Fragen** unangemessen und **ungewichtig** in den Vordergrund.   292

4. Steuerfahndung

Nach Ansicht der Finanzverwaltung können **Steuerfahndung** und **Außenprüfung nebeneinander** dergestalt prüfen, daß für beide Prüfungen die jeweils für sie geltenden Rechtsvorschriften Anwendung finden. Nach meiner Ansicht liegt bei der Beteiligung der Steuerfahndung eine einheitliche Steuerfahndungsprüfung vor. S. hierzu im einzelnen STEUERFAHNDUNG, Tz. 435 ff.   293

5. Polizei

Zur **Ausbildung** von **Polizeibeamten** in der Verfolgung von Wirtschaftsdelikten sollen Kriminalpolizisten Betriebsprüfer bei den Prüfungen begleiten[181].   294

---

179 FG Münster III 2502/85 vom 13. 6. 1985, EFG 1986, 194. Umstritten ist, ob auch ein eigenes **selbständiges Prüfungsrecht** besteht, vgl. DZIADKOWSKI, StBp. 1979, 265.
180 GIESBERTS, Anm. 95.
181 Vgl. die Kleine Anfrage Landtag Nordrhein-Westfalen vom 16. 5. 1979, LT-Drucks. 8/4537.

Prüfungsbeginn

295 Dies kann nur mit **Zustimmung** des geprüften Steuerpflichtigen geschehen[182]. Die Zustimmung sollte idR **verwehrt** werden. Auch der Prüfer wird dies letztlich danken. Die Anwesenheit eines Kriminalpolizisten belastet die Prüfung zu Lasten des Steuerpflichtigen und des Finanzamts. Polizisten haben weder die Erfahrung noch ausreichende Steuerrechtskenntnisse noch das Gespür für einen vernünftigen Ablauf dieses „partnerschaftlichen" Prüfungsverfahrens. Kein Unternehmer sollte fürchten, daß die Ablehnung nachteilig für die Prüfung sei. Ich habe Fälle kennengelernt, in denen sich der Prüfer des Begleiters entledigte, weil dieser intern den Prüfer zur Rede stellte, er gehe nicht hart genug vor und einige sich unsachgemäß.

C. Prüfungsbeginn und Prüfungszeit

296 Der voraussichtliche **Prüfungsbeginn** wird in der Prüfungsanordnung bestimmt. Diese Festlegung kann mit der Beschwerde angefochten werden. Vgl. Tz. 180.

297 Außerdem kennt § 197 Abs. 2 AO ein formalisiertes Verfahren, ein **Hinausschieben der Prüfung** zu beantragen. Vgl. Tz. 182 ff.

298 Unabhängig von diesem rechtlichen Rahmen des Prüfungsbeginns wird er in der Regel **mündlich** oder **telefonisch** abgesprochen. Der Zeitpunkt des Beginns ist **kein** typischer **Streitfall**.

299 „Der Beginn der Außenprüfung ist unter Angabe von Datum und Uhrzeit **aktenkundig** zu machen" (§ 198 Satz 2 AO). Dieser Zeitpunkt ist zB von Bedeutung für den Beginn der Ablaufhemmung der Festsetzungsfrist. Wird gegen diese Pflicht verstoßen und läßt sich der tatsächliche Beginn nicht feststellen, so ist der dem Steuerpflichtigen günstigste Zeitpunkt anzunehmen[183].

300 „Die Prüfer haben sich bei Erscheinen unverzüglich **auszuweisen"** (§ 198 Satz 1 AO). Nach hA führt die Verletzung dieser Pflicht nicht zu einem Verwertungsverbot[184].

301 Weist sich der Prüfer nicht aus, besteht **keine Pflicht,** dem Prüfer **Zugang** zu **gewähren**[185].

---

182 So die Praxis in NRW (vgl. LT-Drucks., aaO, FN 181, und FinMin. NRW vom 3. 7. 1978 an die Steuerberaterkammer Köln); mE ist dies aber nicht nur eine Gefälligkeit, sondern **Rechtsnotwendigkeit** (FELIX, KÖSDI 1979, 3285; Deutscher Steuerberaterverband, Stbg. 1979, 245).

183 GlA GIESBERTS, Anm. 148.

184 Vgl. GIESBERTS, Anm. 147; TIPKE/KRUSE, § 198 Anm. 1 (Nov. 1985).

185 TIPKE/KRUSE, § 198 Anm. 1 (Nov. 1985).

„Die Außenprüfung findet während der **üblichen Geschäfts- oder Ar-** 302
beitszeit statt" (§ 200 Abs. 3 AO). Die Prüfungszeit richtet sich also
nach der Geschäfts- und Arbeitszeit des Geprüften, nicht nach den
Dienstzeiten des Finanzamts. Der Prüfer hat keinen Anspruch darauf,
daß er seine Prüfung um 7.30 Uhr beginnen kann, wenn der Betrieb üblicherweise um 8.30 Uhr mit der Arbeit beginnt.

D. Prüfungstätigkeit und Prüfungsgrundsätze

I. Prüfungstätigkeit

Die Prüfung als das **Handeln** des **Prüfers,** die Durchsicht der Unterla- 303
gen, die Überprüfung der Zahlen, das Vergleichen von Buchungsvor-
gängen und Belegen sind **keine** angreifbaren **Verwaltungsakte.** Dies
gilt auch für die Methode und Art der Prüfungstätigkeit, ihre Einschränkung, Wiederaufnahme und Fortsetzung[186].

Rechtsakte werden aus dieser Tätigkeit erst, wenn der Prüfer konkrete 304
Anforderungen an den geprüften Steuerpflichtigen oder an Dritte
stellt, dies pflichtwidrig unterläßt oder in anderer Weise mit rechtlicher Auswirkung handelt.

Grundsätzlich liegt die **Art** und **Weise** der **Prüfung** im **Ermessen** des 305
Prüfers[187].

Der Steuerpflichtige hat keinen **Anspruch** auf eine **bestimmte Art** 306
oder auf eine **bestimmte Dauer** der Prüfung[188]. Weder Art der Prüfung
noch ihre Dauer sind ein Verwaltungsakt[189]. Dies berührt allerdings
nicht den Anspruch des Steuerpflichtigen auf eine Schlußbesprechung
(Tz. 479 ff.).

---

186 Mit dem Begriff der **Prüfungshandlung** ist ein breit angelegter Beitrag von
WENZIG überschrieben, der sich mit den einzelnen Bedingungen dieser Prüfungstätigkeit selbst befaßt (WENZIG, Die Prüfungshandlung, StBp. 1981, 73,
117, 193, 241; 1982, 1, 49, 99; vgl. auch DERS., Die steuerliche Groß- und Konzernbetriebsprüfung, 132 ff.). So grundsätzlich auch WENZIG dieses Thema
angeht, so bleibt doch der Mangel der konkreten Anwendbarkeit seiner Ergebnisse. Im übrigen **interessiert** die Prüfungstätigkeit, dh. die Prüfung aus
der Sicht des Prüfers, den **Steuerpflichtigen** nur insoweit, als sie Auswirkungen auf seinen Rechtskreis hat. Anforderungen nach Informationen
und Unterlagen, Beweiserhebungen bei Dritten, die Ergebnisse der Prüfung
sind Themen, die den geprüften Steuerpflichtigen angehen. Die Prüfungstätigkeit selbst tritt daher in dieser Schrift zurück.
187 Ausführlich WENZIG, StBp. 1981, 193, 241 ff.; 1982, 1 ff.
188 WENZIG, StBp. 1981, 76.
189 WENZIG, StBp. 1981, 76.

Prüfungstätigkeit

307 Umfangreiche, aber auch „gespannte" Prüfungen weichen häufig mehr und mehr auf ein **schriftliches Verfahren** aus. Der Prüfer wendet sich mit „**Prüfungsfeststellungen"** oder „**Prüferanfragen"** an den geprüften Steuerpflichtigen. Soweit diese Feststellungen und Anfragen Anforderungscharakter haben, handelt es sich um Verwaltungsakte. Sie sind mit der Beschwerde anfechtbar (s. Tz. 630 ff.).

308 **Einfluß** des **Steuerpflichtigen** und seines Beraters auf die **Prüfungstätigkeit:** Prüfungstätigkeit und Prüfungshandlungen liegen im Ermessen des Prüfers. Rechtlich haben der Geprüfte und sein Berater nur geringe Einflußmöglichkeit. Tatsächlich können sie durch Gespräche, Argumente, Verhaltensweise, Mitwirkungshandlungen, Verweigerungen Einfluß auf das Prüfen nehmen.

309 Im Einzelfall kann es richtig sein, auch mit den in der Außenprüfung zur Verfügung stehenden **Rechtsbehelfen** (Tz. 611 ff.) den Versuch zu unternehmen, das **Prüfungsgeschehen** zu **steuern.** Prüfungshandlungen können dann mit der Beschwerde angefochten werden, wenn sie rechtswidrig sind oder wenn sich in ihnen ein fehlgebrauchtes Ermessen zeigt. Solche Beschwerdeverfahren sind selten. Sie sollten auch erst dann eingesetzt werden, wenn die Mittel des Argumentierens versagen. Ist dieses Stadium jedoch erreicht, können mit Beschwerden auch ganze **Prüfungsfelder blockiert** werden. Ist der Geprüfte der Ansicht, der Prüfer bewege sich im unzulässigen Gebiet (zB außerhalb der Prüfungsanordnung), so können alle Prüfungsanforderungen mit der Beschwerde angegriffen werden. Die Beschwerde ist mit dem Antrag auf Aussetzung der Vollziehung und mit dem Antrag auf schriftliche Fixierung der Anordnung zu begleiten (vgl. hierzu Tz. 641 f.).

310 Selbst die **Beschleunigung** einer Prüfung kann mit **Beschwerden** angestrebt werden. Die Rechtsbehelfe können in diesem Fall damit begründet werden, daß eine bestimmte Prüfungstätigkeit als zu kleinlich angegriffen wird; der Prüfer stelle nicht auf das Wesentliche ab; durch die Art seiner Arbeit werde die Prüfungszeit unangemessen ausgedehnt.

311 Prüft der Prüfer **mehrere Unternehmen** in einer Unternehmensgruppe und **mehrere Zeiträume,** ohne daß in der Prüfung ein System zu erkennen ist, so kann ebenfalls der Versuch unternommen werden, mit Rechtsbehelfen eine Steuerung zu erreichen, die eigentlich durch die Vorgesetzten vorgenommen werden müßte. Prüfungshandlungen, die jüngere Jahre betreffen, können mit der Begründung angegriffen werden, eine Prüfung sei hier erst dann ermessensgerecht, wenn die älte-

ren Jahre prüfungsmäßig abgeschlossen seien. Prüfungshandlungen bei dem Unternehmen A können mit der Rechtfertigung angegriffen werden, der Prüfer möge zuerst die Prüfung im Unternehmen B zu Ende führen.

Dieser Einsatz der Beschwerden ist der strenge **Ausnahmefall.** Dann   312
allerdings sind sie angebracht, wenn Art und Weise der Prüfung sich ebenfalls als krasser Ausnahmefall erweist.

II. Grundsätze für den Prüfer in der Prüfung

Die Außenprüfung wird von **allgemeinen Grundsätzen** getragen. Die-   313
se Grundsätze sind selten unmittelbar in bestimmte Handlungsweisen und Rechtsfolgen umzusetzen. Sie prägen jedoch das gesamte konkrete Pflichtengefüge der Außenprüfung. Sie sind im übrigen wichtige Argumente für die Auseinandersetzung mit dem Prüfer.

Eine Außenprüfung hat **zugunsten** des Steuerpflichtigen ebenso zu er-   314
folgen wie zu seinen **Ungunsten** (§ 199 Abs. 1 AO). Das Gesetz selbst verbietet eine nur auf Mehrergebnisse abzielende Prüfung.

Diesem Grundsatz muß in der Prüfung insbesondere in Richtung auf ei-   315
ne **Prüfung zugunsten** des **Steuerpflichtigen** Wirkung verschafft werden. Angesichts der Unlust der Bürger, Steuern zu zahlen, und ihrer Lust, steuerliche Freiräume zu ihren eigenen Gunsten auszunutzen, wird auf der anderen Seite der Prüfer stets von einer bestimmten Fiskallastigkeit bestimmt sein[190]. Es bedurfte daher eigentlich keines Gesetzes, um den Prüfer zu einer Prüfung zuungunsten des Steuerpflichtigen anzuhalten, während die Prüfung zu dessen Gunsten mit normativem Druck ausgestattet sein muß.

„Die Betriebsprüfung ist auf das **Wesentliche** abzustellen..." (§ 6 S. 1,   316
1. Teil BpO). Auf diesen Grundsatz muß manch ein detail-verliebter Prüfer immer wieder hingewiesen werden. In § 6 S. 1 BpO ist das objektiv Wesentliche angesprochen, nicht das, was der Prüfer nach seiner höchst subjektiven Einsicht für wesentlich ansieht. Hier liegt ein Aufgabenfeld der Sachgebietsleiter; denn die Prüfung des Wesentlichen ist ein Interesse beider Parteien.

„...ihre Dauer (ist) auf das **notwendige Maß** zu beschränken" (§ 6 S. 1,   317
2. Teil BpO). Neben die Wesentlichkeit der Sache tritt das notwendige Maß der Zeit. Das eben Gesagte gilt entsprechend.

---

190 Vgl. GROH, DStR 1985, 679.

Prüfungsgrundsätze für den Geprüften

318 Die Prüfung soll sich in erster Linie mit **endgültigen Steuerausfällen** befassen (§ 6 S. 2 BpO). Gewinnverlagerungen sind nur zu prüfen, wenn sie nicht unbedeutend sind (ebenfalls § 6 S. 2 BpO). Hierbei handelt es sich um eine Konkretisierung des Grundsatzes, die Prüfung auf das Wesentliche abzustellen (Tz. 316). In dieser Präzisierung drückt sich in erster Linie das Interesse des Fiskus aus. Aus der Sicht des geprüften Steuerpflichtigen ist es durchaus hinnehmbar, wenn die Außenprüfung mit Gewinnverlagerungen endet, die sich im Zeitpunkt der Schlußbesprechung schon ausgeglichen haben. Die Kapazität des Prüfers ist beschränkt. Der Steuerpflichtige nimmt aus dieser Beschränkung eher Verlagerungen als endgültige Steuerbelastungen hin.

319 Der geprüfte Steuerpflichtige ist fortlaufend zu **unterrichten** (§ 199 Abs. 2 AO). Siehe hierzu Tz. 444 ff.

320 Jeder Prüfer sollte eine Grundregel der Prüfungstätigkeit beherzigen, wonach sich **Prüfungsarbeit** und **Mehrergebnis** zueinander **nicht linear** verhalten. Die ersten Tage, die ersten Wochen bringen in der Regel den wesentlichen Teil des Mehrergebnisses. Mit dem weiteren Verlauf der Prüfung wird immer mehr Zeit für immer weniger Mehrergebnisse benötigt. Auf diesem Hintergrund kann ein Ermittlungsverzicht zu einem bestimmten Zeitpunkt der Prüfung auch dann ermessensgerecht sein, wenn die Fortsetzung der Prüfung nur noch eine geringe Steigerung des Mehrergebnisses bringen würde.

III. Grundsätze für den Geprüften in der Prüfung

321 Ebenso wie es Prüfungsgrundsätze für Prüfer gibt, gibt es **grundsätzliche Erkenntnisse** für den geprüften **Steuerpflichtigen**. Diese befassen sich mit Rechtsgrundsätzen, aber auch mit Grundregeln des taktischen Verhaltens[191].

322 Die **Außenprüfung** ist grundsätzlich **kein Streitfeld**. Die Vielzahl der Prüfungen wird partnerschaftlich und einvernehmlich abgewickelt. Dies ist ein positiver Tatbestand des Besteuerungsverhältnisses. Das partnerschaftliche Verhältnis funktioniert jedoch nur dann gleichwertig und gleichgewichtig, wenn der rechtliche Rahmen eingehalten und die Möglichkeit des Rechtsstreits bewußt sind.

---

191 Vgl. hierzu BRAUN, Verhalten in der steuerlichen Außenprüfung, StBp. 1983, 25. Als Verhaltenskatalog siehe auch die Anlage 6. Es gibt natürlich auch **taktische Hinweise** für die **Außenprüfer**. Diese Schrift ist nicht der Ort, sie darzustellen.

Der geprüfte Steuerpflichtige ist mit weittragenden **Mitwirkungs-** 323
pflichten belastet. Er muß dies grundsätzlich **akzeptieren.** Es hat wenig Sinn, um jede Einzelanforderung einen Grundsatzdisput zu beginnen.

Die **reibungslose Erfüllung** der selbstverständlichen Pflichten erleich- 324
tert nicht nur die Prüfung, sondern verhindert im übrigen, daß der Prüfer durch unnötigen Streit veranlaßt (gereizt) wird, in weitere Tiefen
vorzudringen. Eine elegante, geschmeidige Prüfung ist nicht nur die
Folge der Problemlosigkeit, sondern auch deren Ursache.

Soweit dem Steuerpflichtigen **Rechte** zur Seite stehen, sind sie **selbst-** 325
verständlich und **selbstbewußt** auszuüben. Der Prüfer wird dies akzeptieren. Rechtsunsicherheit und Rechtsunkenntnis wird der Prüfer
bewußt oder unbewußt zu eigenen Gunsten ausnutzen.

Das gute **Prüfungsklima** hat einen hohen Stellenwert. Es ist jedoch 326
ein schillernder Begriff, hinter dem sich Vorteiliges und Nachteiliges
verbergen. Im übrigen gilt auch hier, daß das gute Klima nicht nur Bedingung für die gute Betriebsprüfung, sondern ebenso sehr die Folge
einer guten Betriebsprüfung ist.

Ein **gutes Prüfungsklima** ist für den Steuerpflichtigen **nachteilig,** 327
wenn es dadurch bedingt ist, daß

— selbstverständliche Rechte nicht ausgeübt werden,

— Fehlverhalten und Rechtsverletzungen des Prüfers ängstlich hingenommen werden,

— die eigene Unsicherheit in Sach- und Rechtsfragen das gute Klima
  wünschenswert erscheinen läßt,

— es schlechte Vorbereitung überdecken soll.

Das **vorteilige gute Prüfungsklima** ist Bedingung und Folge 328

— des fairen Umgangs miteinander,

— des wechselseitigen Akzeptierens der Rechte und Pflichten,

— beidseitig vorhandener Sachkompetenz,

— des Wahrens anerkannter Formen sachlicher Auseinandersetzungen,

— des Vermeidens von persönlichen Angriffen.

Die **Außenprüfung** ist entsprechend ihrer Bedeutung **ernst** zu neh- 329
men. Der Prüfer darf nicht unterschätzt, seine Funktion als Hoheitsträ-
ger auch nicht überschätzt werden.

Prüfungsfelder

330 Die **Außenprüfung** ist vom ersten bis zum letzten Tag gedanklich, beobachtend und **aktiv zu begleiten,** um auf Änderungen, neue Entwicklungen, mögliche Erkenntnisse des Prüfers sofort reagieren zu können.

331 Der **Steuerberater** ist, falls er nicht ständig an der Prüfung teilnimmt, **fortlaufend** zu **unterrichten.**

IV. Klassische Prüfungsfelder

332 Nachfolgend sind **typische Sachverhalte** zusammengestellt, denen der Prüfer seine Aufmerksamkeit in der Regel widmen wird.

333 **Verträge** zur **Unternehmensform; Umwandlungsvorgänge.**

334 Steuerliche Beurteilung der Unternehmensform, insbesondere Überprüfung, ob den **zivilrechtlich** gewollten Gestaltungen auch **steuerlich** gefolgt werden kann.

335 Steuerlich erhebliche **Verträge unter Angehörigen** (neben den Verträgen über Personengesellschaften denke ich hier insbesondere an Arbeits-, Miet- und Verträge über Darlehensverhältnisse).

336 Verträge und **Gestaltungen** über die **Grenze,** insbesondere mit ausländischen Gesellschaften, die möglicherweise mit dem inländischen Steuerpflichtigen verbunden sind.

337 **Privatabgrenzungen:** Auto-, Telefon-, Reise-, Bewirtungskosten und sonstige Spesen. Grundsätzliche Überprüfung der Betriebsbedingtheit von Aufwendungen, die auch den privaten Bereich berühren (Aufwendungen für Reisen, Sportveranstaltungen uä.).

338 **Geschenke,** offene und verdeckte **Schmiergelder.**

339 Aus der **Bilanzierung:** Hinreichende Aktivierung; überhöhte Passivierungen von Rückstellungen uä.

340 Berechtigter **Schuldzinsenabzug.**

341 **Verdeckte Gewinnausschüttungen** (Leistungsbeziehungen und Wertzuflüsse zwischen einer Körperschaft und ihren Gesellschaftern).

342 Formeller **Zustand** der **Buchführung.**

343 **Materielle Richtigkeit** der **Buchführung,** insbesondere durch Überprüfung der Einnahmen aufgrund von Nachkalkulationen, Vermögenszuwachsrechnungen und dergl.

Versteuerung der Zinsen. 344

E. Mitwirkungspflichten

I. Die umfassende Pflicht zur Mitwirkung

Dem Steuerpflichtigen obliegen auch in der Außenprüfung die **allge-** 345
meinen Mitwirkungspflichten der AO (§§ 85 ff. AO)[192]. Zugeschnit-
ten auf die **Prüfung**, sind diese Pflichten in § 200 AO beispielsweise
konkretisiert[193].

Mitwirkungspflichtig ist der Steuerpflichtige selbst. Bei Personenge- 346
sellschaften sind die zur Vertretung berufenen Personen mitwirkungspflichtig; darüber hinaus kann sich der Prüfer auch, soweit die Prüfungsanordnung reicht, an die Personengesellschafter halten. Bei juristischen Personen wird die Mitwirkungspflicht, die grundsätzlich die
juristische Person als solche trifft, durch die gesetzlichen Vertreter erfüllt.

Mitwirkungspflichtige können sich zur Erfüllung **Beauftragter** bedie- 347
nen.

Ist eine **Auskunftsperson** (Tz. 277 ff.) bestimmt, so erfüllt diese weitge- 348
hend die Mitwirkungspflichten für den Steuerpflichtigen.

Der Steuerpflichtige muß **Auskünfte** erteilen (§ 200 Abs. 1 S. 2 AO). 349

Der Steuerpflichtige muß **Aufzeichnungen, Bücher, Geschäftspapiere** 350
und andere Urkunden zur **Einsicht** und Prüfung **vorlegen** und die zum
Verständnis der Aufzeichnung erforderlichen Erläuterungen geben
(§ 200 Abs. 1 S. 2 AO).

Der Vorlageanspruch ist weit zu fassen. Er ist nicht auf die Aufzeich- 351
nungen, Bücher usw. der Buchführung selbst beschränkt. Der Prüfer
kann auch verlangen, daß **private Urkunden** vorgelegt werden, die für
die Besteuerung von Bedeutung sein können.

Aus dem **betrieblichen** Bereich sind insbesondere vorzulegen die 352
Buchführung (Konten und Belege), Geschäftspapiere, Personalakten,
betriebliche Sparbücher, Organisationspläne, interne Arbeitsanweisun-

---

192 Vgl. TIPKE/KRUSE, § 200 Anm. 1 (Nov. 1985).
193 Vgl. hierzu PAPPERITZ, Probleme im Zusammenhang mit der Auskunfts-
pflicht der Beteiligten und anderer Personen bei Durchführung einer Außenprüfung (§§ 200 Abs. 1, 93 Abs. 1 AO), StBp. 1980, 245; WENZIG, StBp.
1981, 73; IBER, HBP 4720 (1984).

gen und Revisionsberichte[194]; außerdem alle Verträge und sonstigen rechtlich erheblichen Urkunden.

353 Grundsätzlich sind auch **Aufsichtsratsprotokolle** vorzulegen[195].

354 Entsprechendes gilt für den **Privatbereich.** Vorzulegen sind **Verträge, Sparbücher**[196], Kontoauszüge, Prozeßakten etc.

355 Besonderheiten gelten dann, wenn **Ehepartner** bestimmte Unterlagen, Urkunden usw. in **Mitgewahrsam** haben. Werden beide Ehepartner geprüft, sind beide vorlagepflichtig. Wird nur ein Ehepartner geprüft, so muß der Prüfer gegenüber dem anderen Ehepartner mit einer Einzelermittlungsmaßnahme vorgehen und von ihm isoliert die (Mit-)Vorlage verlangen[197].

356 Der Steuerpflichtige ist verpflichtet, **Erläuterungen** zu den vorgelegten Unterlagen zu geben (§ 200 Abs. 1 S. 2 AO). Buchführungssysteme auf **EDV-Basis** müssen aufgeschlüsselt und **lesbar** gemacht werden; verdichtete Zahlen sind aufzugliedern (vgl. auch § 146 Abs. 5 und § 147 Abs. 2, 4 AO).

357 Bei **fremdsprachlichen** Unterlagen kann der Prüfer eine Übersetzung verlangen (§ 87 Abs. 2 AO).

358 Im übrigen kennt die **Vorlagepflicht Grenzen:**

359 Der Steuerpflichtige ist zur Vorlage, **nicht zur Beschaffung verpflichtet.** Unabhängig davon, ob er bezüglich bestimmter Urkunden und Unterlagen aufbewahrungspflichtig ist, kann von ihm nur die Vorlage solcher Unterlagen verlangt werden, die sich in seinem Gewahrsam befinden[198]. Private Kontoauszüge, die vernichtet sind, kann er nicht vorlegen; das gleiche gilt – ungeachtet der Aufbewahrungspflicht – für nicht vorhandene Buchführungsunterlagen. In beiden Fällen ist er nicht zur Beschaffung verpflichtet. Soweit er nicht aufbewahrungspflichtig war, können an die Unmöglichkeit der Vorlage keine negativen Folgerungen geknüpft werden; anders können die Rechtsfolgen sein, soweit er aufbewahrungspflichtig war.

---

194 TIPKE/KRUSE, § 200 Anm. 2 (Nov. 1985).
195 S. dazu BFH GrS 5/67 vom 13. 2. 1968, BStBl. 1968 II, 365; VII 243/63 vom 27. 6. 1968, BStBl. 1968 II, 592; die Entscheidungen sind noch aktuell, GIESBERTS, Anm. 183; vgl. hierzu auch TIPKE/KRUSE, § 200 Anm. 6 (Nov. 1985).
196 TIPKE/KRUSE, § 200 Anm. 2 (Nov. 1985); zurückhaltend hinsichtlich der Pflicht, private Kontounterlagen zu **beschaffen,** FG Nürnberg V 169/80 vom 23. 10. 1985, EFG 1986, 154.
197 GROH, DStR 1985, 681.
198 TIPKE/KRUSE, § 200 Anm. 2 (Nov. 1985); vgl. auch FN 196. Zu **Ehepartnern** s. Tz. 355.

Der Steuerpflichtige ist über die Vorlage und Erläuterung der vorge- 360
legten Unterlagen hinaus **nicht verpflichtet,** für die Betriebsprüfung
bestimmte **Dokumente, Zusammenstellungen, Statistiken** uä. zu fertigen. Auch obliegt ihm nicht die Pflicht, **Eigenkalkulationen** zu erstellen (s. auch Tz. 1059).

Vorlagepflicht heißt, daß der Steuerpflichtige selbst die Urkunden und 361
Unterlagen heraussuchen und vorlegen muß, und zwar an dem Ort der
Außenprüfung (vgl. dazu Tz. 143 ff.). Dem **Prüfer** ist **verwehrt,** sich
selbst im Unternehmen ohne Zustimmung des Steuerpflichtigen die
Unterlagen herauszusuchen. Er hat kein irgendwie geartetes steuerli-
ches „Beschlagnahmerecht"[199].

Soweit der **Steuerpflichtige** dem **Prüfer gestattet,** sich im Unterneh- 362
men, in der Buchführung die Unterlagen selbst aus Schränken, Ord-
nern usw. zusammenzusuchen, gewährt er dem Prüfer ein umfassende-
res Recht, als diesem originär zusteht. Eine solche Erlaubnis sollte in
der Regel **nicht** erteilt werden, da der Steuerpflichtige jeden Überblick
darüber verliert, welche Unterlagen der Prüfer einsieht.

Der Prüfer hat kein Recht, von dem Steuerpflichtigen zu verlangen, 363
daß ihm von bestimmten Schriftstücken **Copien** gefertigt werden. Verweigert man ihm Copien, wird man ihm jedoch die Unterlage überlassen müssen, damit er sich eine Copie im Finanzamt oder an anderer
Stelle fertigt. Zweckmäßig kann es daher sein, ihm auf Anforderung
Copien zu fertigen.

Auch hier gilt die **Empfehlung:** Es ist nicht richtig, den Prüfer selb- 364
ständig copieren zu lassen. Der geprüfte Steuerpflichtige muß einen
Überblick behalten, welche Unterlagen der Prüfer kennt oder copiert
hat. Später kann es im steuerlichen oder strafrechtlichen Streit mißlich
sein, wenn man den Informationsstand des Prüfers, vermittelt durch
selbständiges Copieren, nicht kennt.

Bei problematischen Prüfungen kann es angebracht sein, „**Spiegelbild-** 365
akten" anzufertigen, also eine Akte, die beleg- und urkundmäßig den
Akteninhalt des Prüfers wiedergibt, so daß man stets weiß, über welche Unterlagen der Prüfer verfügt.

Dem Prüfer ist ein **Raum** oder **Arbeitsplatz** für die Außenprüfung zur 366

---

199 Tipke/Kruse, § 200 Anm. 2 (Nov. 1985); Glade, StbJb. 1978/79, 529, 543;
    Streck, KÖSDI 1978, 2809; Schick in Hübschmann/Hepp/Spitaler, § 200
    Anm. 217 (April 1980).

Verfügung zu stellen (§ 200 Abs. 2 S. 2 AO). Ein Anspruch auf ein eigenes Zimmer besteht nicht. Ein Arbeitsplatz in der Buchhaltung ist ausreichend. Der Raum muß sauber, ggf. angemessen gewärmt sein, aber sicher nicht sauberer und wärmer als die übrigen Betriebsräume. Auch im übrigen sind als Maßstab die Umstände des Betriebs heranzuziehen. Liegt der Betrieb an einer lauten Durchgangsstraße, kann der Prüfer kein besonders ruhiges Zimmer beanspruchen.

367 **„Erforderliche Hilfsmittel"** sind ebenfalls unentgeltlich nach § 200 Abs. 2 S. 2 AO bereitzustellen. Mit Hilfsmitteln können nur solche Gegenstände gemeint sein, die gerade für den zu prüfenden Betrieb notwendig sind, zB Lampe, Heizung, aber auch Informationen und Unterlagen, um eine EDV-Buchführung zu erschließen. Der Prüfer hat keinen Anspruch auf Papier, Schreibzeug, Schreibmaschine, Rechenmaschine, Telefon, Personal, um ihn bei der Prüfungstätigkeit zu unterstützen[200]. Zum Copieren s. Tz. 363 ff. Auch **Kaffee** und Kantinenessen gehören nicht zu den Hilfsmitteln, die der Steuerpflichtige zur Verfügung stellen muß (zur Bewirtung s. auch Tz. 386 ff.), was nicht heißt, man solle dem Prüfer keinen Kaffee anbieten.

368 Natürlich steht es dem Steuerpflichtigen **frei,** dem Prüfer **mehr** zu **gewähren** als das, was verlangt wird.

369 Zu **Geschenken** und **Bewirtungen** s. auch Tz. 386 ff.

370 Bei **Auslandsbeziehungen** gilt die **gesteigerte Mitwirkungspflicht** des **§ 90 Abs. 2 AO.** Hiernach hat der Steuerpflichtige Sachverhalte aufzuklären und die erforderlichen Beweismittel zu beschaffen, wenn sich der Sachverhalt auf Vorgänge im Ausland bezieht. Der Steuerpflichtige muß zu diesem Zweck alle bestehenden rechtlichen und tatsächlichen Möglichkeiten ausschöpfen. Er kann sich nicht darauf berufen, daß er Sachverhalte nicht aufklären oder Beweismittel nicht beschaffen kann, wenn er sich nach der Lage des Falles bei der Gestaltung seiner Verhältnisse die Möglichkeit dazu hätte beschaffen oder einräumen lassen können.

371 Der **Umfang** der **Mitwirkungspflicht** richtet sich nach den Umständen des Einzelfalles. Die Realisierung der Mitwirkungspflicht durch den Außenprüfer muß **ermessensgerecht,** das durch die Mitwirkungspflicht Geforderte muß für die Besteuerung und die Prüfung **relevant** sein.

---

200 Vgl. Tipke/Kruse, § 200 Anm. 9 (Nov. 1985).

Die geforderte Mitwirkung muß **objektiv** und **subjektiv möglich**   372
sein[201]. Der Prüfer darf nichts Unmögliches verlangen.

Eine weitere Grenze ist die **Zumutbarkeit**[202]. Der Prüfer darf nichts   373
fordern, was für den Steuerpflichtigen unzumutbar ist. Die Zumutbarkeitsgrenze ist in der Praxis schwer zu bestimmen. Während der geprüfte Steuerpflichtige sehr schnell der Ansicht ist, Sachverhaltsermittlungen des Prüfers seien unzumutbar, wird dieser regelmäßig der Ansicht sein, er bewege sich noch im Bereich der Zumutbarkeit.

Der **persönliche, private** Bereich ist in der Außenprüfung ein beson-   374
ders sensibler Punkt. Eine gemeinsam zwischen Steuerpflichtigem und
Prüfer festgelegte Grenze wird kaum zu erreichen sein[203]. Die steuerliche Erheblichkeit ist selten ein hinreichender Maßstab, da der Prüfer
stets von der möglichen steuerlichen Erheblichkeit ausgehen wird und
die Nichterheblichkeit tatsächlich erst durch das Eindringen in die Privatsphäre bewiesen werden kann. Sicher ist einmal, daß private Konten nicht zu der geschützten Privatsphäre gehören (Tz. 354); sicher ist
auf der anderen Seite, daß der Prüfer ohne Zustimmung des Steuerpflichtigen die Privatwohnung nicht betreten darf (Tz. 146). Bei privater
Korrespondenz, bei Tagebüchern wird der Prüfer in besonderer Weise
begründen müssen, warum er hier Zugang sucht.

II. Betretungs- und Besichtigungsrecht; Augenscheineinnahme

„Die Prüfer sind berechtigt, **Grundstücke** und **Betriebsräume** zu **betre-**   375
ten und zu besichtigen. Bei der Betriebsbesichtigung soll der Betriebsinhaber oder sein Beauftragter hinzugezogen werden" (§ 200 Abs. 3
AO)[204].

Dieses Betretungs- und Besichtigungsrecht ist eine konkrete Ausfor-   376
mung des Rechts der Finanzbehörde, Gegenstände in **Augenschein** zu
nehmen[205]. Auch in der Außenprüfung gilt ergänzend dieses Recht
nach §§ 98, 99 AO.

---

201 PAPPERITZ, StBp. 1980, 250; TIPKE/KRUSE, § 200 Anm. 5 (Nov. 1985).
202 TIPKE/KRUSE, § 200 Anm. 5 (Nov. 1985).
203 Vgl. von seiten der Prüfung WENZIG, StBp. 1981, 249.
204 Vgl. hierzu RÖSSLER, Die Betriebsbesichtigung im Rahmen der Außenprü-
    fung, StBp. 1984, 217; WENZIG, StBp. 1981, 129; JARDIN, HBP 4740 (1982).
205 Die anderslautende Formulierung im Einf.Erlaß AO 1977, StEK AO 1977
    Vor § 1 Nr. 1 Zu § 200 (1976) „Die Betriebsbesichtigung stellt keine Augen-
    scheinseinnahme iS des § 98 dar" ist schon eine sprachliche Kuriosität.

377 Augenscheineinnahme und Betriebsbesichtigung sind **keine Durchsuchungen,** sondern eine „**interessierte Betrachtung** unbekannter Gegenstände"[206].

378 Die **Anordnung** des Betretungs- und Besichtigungsrechts, die Anordnung einer Augenscheineinnahme ist ein Verwaltungsakt, der ggf. mit der Beschwerde angefochten werden kann[207].

379 Die Augenscheineinnahme soll dem Steuerpflichtigen **angemessene Zeit vorher** mitgeteilt werden (vgl. § 99 Abs. 1 S. 2 AO). Dies gilt grundsätzlich auch für das Betriebsbesichtigungsrecht[208]. Darauf kann verzichtet werden. Ist der Steuerpflichtige einverstanden, kann der Betrieb auch sofort besichtigt werden.

380 Augenscheineinnahme und Betriebsbesichtigung sind **aktenkundig** zu machen (vgl. § 98 Abs. 1 AO).

381 Augenscheineinnahme und Betriebsbesichtigung können **mehrmals** stattfinden, wenn dies ermessensgerecht ist.

382 Die **privaten Wohnräume** des Steuerpflichtigen können grundsätzlich nur mit seiner Zustimmung betreten und besichtigt werden. Dies ist unmittelbar Auswirkung des Art. 13 GG[209].

383 Nach § 99 Abs. 1 S. 3 AO ist das Betreten von Wohnräumen **gegen den Willen** des Inhabers allerdings dann **zulässig,** wenn die Verhütung dringender Gefahren für die öffentliche Sicherheit und Ordnung es erfordert. Diese Möglichkeit hat ihren Grund in Art. 13 Abs. 2 GG. Die Voraussetzung der Verhütung einer dringenden Gefahr für die öffentliche Sicherheit und Ordnung wird während der Prüfung in aller Regel nicht gegeben sein. Der Wunsch des Prüfers, die private Wohnung zu besichtigen, um anhand der Wohnungseinrichtung die Vermögensteuer oder Vermögenszuwachsrechnungen zu überprüfen, erfüllt diese Voraussetzung nicht.

384 Natürlich kann der geprüfte Steuerpflichtige **gestatten,** die privaten Wohnräume zu betreten und zu besichtigen. Der Betriebsprüfer kann jedoch keinem Steuerpflichtigen verübeln, wenn diese Gestattung grundsätzlich nicht gewährt wird. Art. 13 GG – Schutz der eigenen Wohnung – spiegelt gerade den hohen Rang der häuslichen Intimsphä-

---

206 WENZIG, StBp. 1981, 129.
207 RÖSSLER, aaO (FN 204).
208 WENZIG, aaO (FN 206).
209 Vgl. Tz. 146 mit Nachweisen.

re wieder. Es ist grundrechtliche Regel, daß den Staatsbehörden nicht der freie Zugang gestattet ist und wird.

Ist die Besichtigung der privaten Wohnung erforderlich, um bestimmte **steuerliche Tatbestände** zu ermitteln (**Privatanteile, Arbeitszimmer** etc.), so soll die Weigerung das Finanzamt berechtigen, eine Schätzung vorzunehmen und dabei Unsicherheitsfaktoren zu Lasten des Steuerpflichtigen zu berücksichtigen[210]. Richtig ist, daß in derartigen Fällen das Finanzamt schätzen darf. Unrichtig ist es, wenn die Ausübung des Art. 13 GG zu einer nachteiligen Schätzung berechtigen soll. Das Finanzamt ist vielmehr verpflichtet, aufgrund der bekannten Umstände nach Möglichkeit mit der Schätzung die Wahrheit zu treffen[211]. Da das Verwehren des Zutritts zur Wohnung keine Pflichtverletzung darstellt, ist eine bestrafende Schätzung unzulässig. 385

III. Exkurs: Grundsätze für Geschenke und Bewirtungen

Vorteilszuwendungen an den Prüfer – dazu gehören **Geschenke,** aber auch **Bewirtungen** – sind sorgfältig abzuwägen. Sie können unproblematisch sein. Die Annahme solcher Vorteile kann aber auch für den Beamten ein Dienstvergehen darstellen. Für den Steuerpflichtigen und den Prüfer kommen im übrigen die Straftatbestände der Vorteilsannahme (§ 331 StGB) und Vorteilsgewährung (§ 333 StGB) sowie die Tatbestände der Bestechlichkeit (§ 332 StGB) und Bestechung (§ 334 StGB) in Betracht. 386

Die Finanzverwaltung NRW weist die Prüfer immer wieder auf die **Verwaltungsverordnung** des Innen- und Finanzministers vom 4. 1. 1966 (SMBl. NW 2030) hin. Diese Verwaltungsverordnung, die für den geprüften Steuerpflichtigen ebenfalls von Interesse ist, hat folgenden Inhalt, den ich hier im vollen Wortlaut wiedergebe: 387

„VV zu § 76 (Landesbeamtengesetz; nachfolgende Hervorhebungen von mir):

1.1 **Belohnungen** und **Geschenke** im Sinne des § 76 sind Vorteile wirtschaftlicher oder nichtwirtschaftlicher Art, die vom Geber oder in seinem Auftrag von dritten Personen dem Beamten unmittelbar oder mittelbar zugewendet werden, ohne daß der Beamte ein Anrecht hierauf hat.

---

210 GIESBERTS, Anm. 193.
211 WENZIG, StBp. 1981, 130, weist zutreffend darauf hin, daß die zu besichtigenden Gegenstände ja auch **erfragt** werden können.

Geschenke und Bewirtungen

1.2 Zu den Vorteilen gehören daher **Barleistungen,** Sachwerte und andere Leistungen; zB: besondere Vergünstigungen bei privaten Geschäftshandlungen (zinsgünstige **Darlehen,** verbilligter **Einkauf),** unverhältnismäßig hohe Vergütungen für **Nebentätigkeiten** (Gutachten, Vorträge), **Einladungen** mit Bewirtungen, Bezahlung von Urlaubsreisen, Gewährung von Unterkunft, Gestellung eines Kraftfahrzeuges oder anderer Gebrauchsgegenstände. Auf den Wert der Belohnung oder des Geschenkes kommt es nicht an.

1.31 ,**In bezug auf sein Amt'** nimmt der Beamte einen Vorteil an, wenn der Geber ihn für eine bestimmte Amtshandlung oder deshalb gewährt, weil der Empfänger ein bestimmtes Amt bekleidet oder bekleidet hat. Der Tatbestand ist auch dann erfüllt, wenn einem Ruhestandsbeamten oder einem entlassenen Beamten für sein Handeln oder Unterlassen als früherer Beamter ein Vorteil gewährt wird.

1.32 Zum Amt gehören auch jedes Nebenamt und jede sonstige für den Dienstherrn oder auf Verlangen des Dienstvorgesetzten ausgeübte Nebenbeschäftigung.

2.1 Der Tatbestand des § 76 ist erfüllt, wenn ein Beamter bei Erörterungsterminen, Besprechungen, Besichtigungen und dergleichen, die Verwaltungsmaßnahmen vorbereiten, sich von den an dem jeweiligen Verfahren beteiligten Personen (Firmen, Betrieben usw.) zu **Mahlzeiten, Getränken** oder **Übernachtungen einladen** läßt. Hiergegen kann nicht eingewendet werden, die Bewirtungen seien nicht für Amtshandlungen, sondern nur gelegentlich eines Dienstgeschäftes gewährt. Ebensowenig kann sich der Beamte auf eine angebliche Verkehrsüblichkeit solcher Bewirtungen oder gar stillschweigende Duldung seiner obersten Dienstbehörde berufen.

2.2 Eine **Bewirtung** kann **ausnahmsweise** zulässig sein, wenn durch sie Entscheidungen der Verwaltung eindeutig nicht beeinflußt werden können. Das ist insbesondere dann der Fall, wenn ein Personenkreis bewirtet wird, der verschiedene Interessengruppen vertritt, oder wenn die Entscheidung, deren Vorbereitung die Zusammenkunft dient, die Interessen des Bewirtenden nicht unmittelbar berührt. **Zulässig** können daher sein Bewirtungen anläßlich

a) repräsentativer Veranstaltungen, wie Einführung oder Verabschiedung von Amtspersonen, offiziellen Empfängen von Vertretern der Verwaltung, Jubiläen, Grundsteinlegungen, Richt-festen, Einweihungen, Eröffnung von Ausstellungen;

b) Sitzungen eines Aufsichtsrats, Verwaltungsrats, Beirats oder sonstigen Organs eines Unternehmens, an denen der Beamte als Mitglied teilnimmt;

c) Betriebsbesichtigungen oder Besichtigungen sonstiger Einrichtungen mit Ausnahme der dienstlichen Besichtigung oder Prüfung einer Dienststelle oder eines Betriebes.

2.3 Bei der Annahme von Einladungen ist **äußerste Zurückhaltung** zu üben; es ist schon der Anschein zu vermeiden, daß dienstliche Interessen beeinträchtigt werden.

3.1 Der Beamte darf einen Vorteil erst annehmen, wenn die **Zustimmung** nach § 76 **erteilt** ist. Kann die Zustimmung nicht rechtzeitig eingeholt werden, so kann der Vorteil in besonderen Ausnahmefällen unter Vorbehalt angenommen werden; die nachträgliche Genehmigung ist sodann unverzüglich zu beantragen.

3.21 Sofern die zuständige oberste Dienstbehörde nichts anderes bestimmt, kann die nach § 76 notwendige **Zustimmung** als **stillschweigend** erteilt angesehen werden für die Annahme von **kleinen Aufmerksamkeiten,** Andenken oder Erinnerungsgaben, die bei besonderen Anlässen allen Teilnehmern einer Tagung, Einweihungs- oder Jubiläumsfeier gegeben werden, den Empfänger zu nichts verpflichten und nur geringen Sachwert haben (zB einfache und billige Werbeartikel mit üblichem Firmenaufdruck). Das gleiche gilt für gelegentlich gereichte **Erfrischungen,** die ohne Verletzung der Regeln des gesellschaftlichen Wohlverhaltens nicht abgelehnt werden können, sowie für diejenigen kleinen Geschenke, deren Annahme nicht der besonderen Zustimmung nach VV 3.3 unterliegt.

3.22 ...

3.3 Die Annahme von Belohnungen oder Geschenken auch zu **Weihnachten,** Neujahr oder bei sonstigen Anlässen (zB **Geburtstagen, Beförderungen,** Dienstjubiläum des Beamten) von Instituten, Betrieben, Verbänden oder Personen, mit denen die Behörde oder der Beamte dienstlich in Verbindung steht, bedarf der ausdrücklichen Zustimmung, wenn der Werbecharakter gegenüber dem tatsächlichen Wert des Gegenstandes zurücktritt. Das gilt nicht für gemeinsame Geschenke, die einem Beamten aus einem dieser Anlässe von Angehörigen seiner Dienststelle gemacht werden.

Geschenke und Bewirtungen

3.4 Eine **Zustimmung darf** nur **erteilt** werden, wenn nach Lage des Falles nicht zu besorgen ist, daß die Annahme der Zuwendung die objektive Amtsführung des Beamten beeinträchtigt oder bei dritten Personen den Eindruck seiner Befangenheit entstehen lassen könnte. Die Zustimmung darf nicht erteilt werden, wenn mit der Belohnung oder dem Geschenk von seiten des Gebers erkennbar eine Beeinflussung des amtlichen Handelns beabsichtigt ist oder in dieser Hinsicht Zweifel bestehen. Die Zustimmung kann mit der Auflage erteilt werden, die Zuwendung an eine soziale Einrichtung, an den Dienstherrn oder eine sonstige Körperschaft, Anstalt oder Stiftung des öffentlichen Rechts weiterzugeben; in der Regel wird es zweckmäßig sein, den Geber von der Weitergabe der Belohnung oder des Geschenkes zu unterrichten. Handelt es sich nicht um geringwertige Gegenstände, so soll in der Regel die Zustimmung schriftlich erteilt werden.

4.1 Die **Zuwiderhandlung** gegen § 76, dh. die Annahme von Belohnungen oder Geschenken ohne besondere oder allgemeine Zustimmung der zuständigen Stelle, ist ein **Dienstvergehen** (§ 83). Auf den Umstand, ob überdies eine strafbare Handlung vorliegt, kommt es nicht an.

4.2 Ein Beamter, der einen Vorteil als Gegenleistung dafür fordert, sich versprechen läßt oder annimmt, daß er eine Diensthandlung vorgenommen hat oder künftig vornehme, macht sich **strafrechtlich** der **Vorteilsannahme** schuldig, die nach § 331 Abs. 1 StGB mit Freiheitsstrafe bis zu zwei Jahren oder mit Geldstrafe bestraft wird. Das gilt nach § 331 Abs. 3 StGB nicht, wenn der Beamte einen nicht von ihm geforderten Vorteil sich versprechen läßt oder annimmt und der Dienstvorgesetzte entweder der Annahme vorher zugestimmt hat oder der Beamte unverzüglich bei ihm Anzeige erstattet und er der Annahme zustimmt. Der Vornahme einer Diensthandlung steht das Unterlassen der Handlung gleich (§ 335 StGB).

4.3 Ein Beamter, der einen Vorteil als Gegenleistung dafür fordert, sich versprechen läßt oder annimmt, daß er eine Diensthandlung vorgenommen hat oder künftig vornehme und dadurch seine Dienstpflichten verletzt hat oder verletzen würde, macht sich strafrechtlich der **Bestechlichkeit** schuldig, die nach § 332 Abs. 1 StGB mit Freiheitsstrafe von sechs Monaten bis zu fünf Jahren, in minder schweren Fällen mit Freiheitsstrafe bis zu drei Jahren oder mit Geldstrafe bestraft wird; der Versuch ist strafbar. Das gilt, wenn der Beamte den Vorteil als Gegenleistung für eine künftige Handlung fordert, sich versprechen läßt oder annimmt, schon dann, wenn er sich dem anderen gegenüber bereit gezeigt hat,

a) bei der Handlung seine Pflichten zu verletzen oder

b) soweit die Handlung in seinem Ermessen steht, sich bei Ausübung des Ermessens durch den Vorteil beeinflussen zu lassen.

Der Vornahme einer Diensthandlung steht das Unterlassen der Handlung gleich (§ 335 StGB). Die Zustimmung des Dienstvorgesetzten zur Annahme des Vorteils schließt die Rechtswidrigkeit und damit die Strafbarkeit der Handlungsweise des Beamten nicht aus."

Fazit: Der Prüfer vollzieht bei jeder „Vorteilsannahme" oder „Bewirtungsannahme" eine gefährliche **Gratwanderung**. Gleichwohl sollte man sehen, daß die Praxis häufig großzügiger verfährt, ohne daß dies sogleich zu einer Straftat führt.   388

IV. Weigerungsrechte

1. Allgemeines

Der **Steuerpflichtige** selbst hat grundsätzlich **kein Mitwirkungsverweigerungsrecht** in der eigenen Außenprüfung.   389

Soweit sich der Steuerpflichtige jedoch einer **Steuerstraftat** oder einer **Steuerordnungswidrigkeit bezichtigen** müßte, kann die Mitwirkung nicht mehr erzwungen werden (§ 393 Abs. 1 AO). Dies führt in diesen Fällen zu einem praktischen Aussageverweigerungsrecht[212].   390

Für benannte **Auskunftspersonen** gelten die Weigerungsrechte für Dritte (vgl. hierzu Tz. 428 ff.). Machen sie von dem Auskunftsverweigerungsrecht Gebrauch, so muß der Steuerpflichtige selbst mitwirken oder eine andere Auskunftsperson benennen[213].   391

2. Berufliche Verschwiegenheitspflicht

Werden bestimmte Personen, die aufgrund ihres **Berufs in Steuersachen anderer** zur **Auskunftsverweigerung berechtigt** sind (§ 102 AO), **selbst geprüft,** so können sie – auch hinsichtlich der Verhältnisse   392

---

212 Vgl. hierzu ausführlich STEUERFAHNDUNG, Tz. 408 ff., 418 ff.
213 Vgl. TIPKE/KRUSE, § 200 Anm. 7 (Nov. 1985).

der Mandanten, Patienten etc. – keine Aussage und keine Vorlage von Unterlagen verweigern, soweit diese für ihre eigenen Steuerverhältnisse von Bedeutung sind. Dies führt zu Konfliktsituationen, soweit es um typische Tatsachen geht, die einem strikten Berufsgeheimnis unterliegen.

393 **Patientenkartei** und Liquidationen des Arztes[214]: Da die Patientenkartei Angaben über Krankheiten enthält, die der beruflichen Schweigepflicht unterliegen, kann der Arzt grundsätzlich den Einblick in die Patientenkartei verweigern. Soweit die Patientenkartei jedoch auch über die Liquidationen Auskunft gibt, müssen diese Informationen dem Prüfer zugänglich gemacht werden, sei es dadurch, daß die geschützten Informationen abgedeckt werden, sei es dadurch, daß der Arzt aus der Kartei Auszüge und Zusammenstellungen fertigt.

394 Entsprechendes gilt für die **Akten** der **Rechtsanwälte** und sonstiger **beratender Berufe**[215]. Der Prüfer hat nur insoweit einen Anspruch auf die „Informationen der Akte", als sie die Honorarabrechnung betreffen. Bietet die Akte die Möglichkeit einer isolierten Einsicht, ist diese zu gewähren; andernfalls müssen auch hier Auszüge und dergl. gefertigt werden.

395 **Empfehlung:** Steuerpflichtige mit geschützter Verschwiegenheit sollen grundsätzlich den **Rechnungsverkehr, Honorarabrechnungen** usw. von den sonstigen Akten **trennen,** um von vornherein der Gefahr zu begegnen, der Verschwiegenheit unterliegende Tatsachen zu offenbaren bzw. zeitaufwendige Trennungen durchzuführen.

396 **Anderkonten:** Da der Berater insoweit Treuhänder ist, ist das Konto steuerlich dem Auftraggeber zuzurechnen (§ 39 Abs. 2 Nr. 1 S. 2 AO). Es ist in der Prüfung des Treugebers voll zugänglich. In der Prüfung des Beraters unterliegt es dem Auskunftsverweigerungsrecht[216]. Nach § 104 Abs. 2 AO müssen trotz bestehenden Auskunftsverweigerungsrechts solche Unterlagen herausgegeben werden, die für einen Beteiligten verwahrt werden, soweit der Beteiligte zur Vorlage verpflichtet wäre. In einer Außenprüfung des Beraters sind dessen Mandanten jedoch nicht „beteiligt". § 104 Abs. 2 AO ist nicht anwendbar. Die Vorschrift greift nur dann ein, wenn der Mandant selbst geprüft wird. § 159

---

214 Vgl. BFH II 100/53 U vom 11. 12. 1957, BStBl. 1958 III, 86; Wenzig, StBp. 1981, 123.

215 Wenzig, StBp. 1981, 123.

216 Vgl. BFH II 100/53 U, aaO (FN 214), unter Bezug auf RFH GrS D 2/38 vom 28. 5. 1938, RStBl. 1938, 569.

AO – Pflicht zur Treugeberbenennung – berührt das Auskunftsverweigerungsrecht nicht (vgl. § 159 Abs. 2 AO). Macht der Berater von seinem Auskunftsverweigerungsrecht Gebrauch, muß die Finanzbehörde selbst ermitteln, ob auf seinen Namen lautende Konten entgegen der Behauptung des Rechtsanwalts „normale" eigene Konten sind. Zu beachten ist hierbei, daß die Bank selbst, die die Anderkonten führt, gegenüber der ermittelnden Finanzbehörde auch bei Anderkonten kein Weigerungsrecht hat. Soweit der Mandant auf die Wahrung des Berufsgeheimnisses verzichtet, greift das Aussageverweigerungsrecht nicht[217].

Zur Frage der **Kontrollmitteilungen** in diesen Fällen s. Tz. 461 ff. 397

V. Realisierung der Pflichten

Die Aufforderungen des Prüfers, bestimmte Handlungen vorzunehmen, können **mündlich** oder **schriftlich** ergehen. Die Schriftform ist nur in Ausnahmefällen vorgeschrieben (zB für die Prüfungsanordnung; Tz. 193). 398

In der **Praxis** kennt die Prüfung eines **kleineren Betriebs** regelmäßig die **mündliche** Anforderung, während in **größeren Betrieben** ein fast schon bürokratisches **Schriftlichkeitsverfahren** vorherrscht (zB durch Prüfungsanfragen, die fortlaufend beziffert werden; s. Tz. 307). 399

Soweit der Prüfer mündlich vorgeht, besteht **kein** grundsätzlicher **Anspruch** auf **schriftliche Auskunftsersuchen** (vgl. den Ausschluß des § 93 Abs. 2 S. 2 AO in § 200 Abs. 1 AO)[218]. Allerdings hat der Steuerpflichtige bei berechtigtem Interesse den Anspruch, sich den verfügten Verwaltungsakt schriftlich bestätigen zu lassen (vgl. § 119 Abs. 2 AO, Tz. 620 ff.)[219]. 400

Die Aufforderung des Prüfers ergeht in der Regel ohne **Begründung**, weil sich diese aus dem Prüfungsgegenstand ergibt (vgl. § 121 Abs. 1 AO). Nur wenn aus dem erkennbaren Prüfungsrahmen fallende Fragen gestellt werden, muß der Prüfer sie begründen[220]. 401

Weigert sich der Steuerpflichtige, Anforderungen nachzukommen, so 402

---

217 TIPKE/KRUSE, § 102 Anm. 3 (Nov. 1979).
218 Vgl. PAPPERITZ, StBp. 1980, 250.
219 Vgl. FROTSCHER, 75.
220 WENZIG, StBp. 1981, 119.

hat der Prüfer **nicht** das **Recht,** die **Anforderungen** selbst unmittelbar zu **realisieren.** Er darf keinen Schrank öffnen, um Ordner, Korrespondenz usw. zu entnehmen. Vgl. Tz. 361.

403 Weigert sich der Steuerpflichtige, so gibt die Abgabenordnung dem Finanzamt die **Zwangsrechte** nach §§ 328 ff. AO (Zwangsgeld, Ersatzvornahme, unmittelbarer Zwang, Ersatzzwangshaft)[221]. Diese Zwangsmittel können, müssen aber nicht angewandt werden. Sie sind in der Prüfungspraxis äußerst selten. Aus der Mitwirkungsverweigerung kann der Prüfer nämlich auch unmittelbar Schlußfolgerungen ziehen.

404 Allerdings erliegt die Verwaltung hin und wieder der Versuchung, schlechte Prüfungstätigkeit als Folge der Verletzung von Mitwirkungspflichten auszugeben. Dem Finanzgericht Saarland ist daher zuzustimmen, daß die **Verletzung** der **Mitwirkungspflicht** zu **dokumentieren** ist. Unterläßt der Prüfer dies und wird die Verletzung der Mitwirkungspflicht später bestritten, so gehen die sich daraus ergebenden **Unsicherheiten** zu **Lasten** des **Finanzamts**[222].

VI. Rechtsbehelfe

405 Gegen jedes Auskunfts-, Vorlage- und Mitwirkungsverlangen ist die **Beschwerde** gegeben (Tz. 630 ff.).

406 Um trotz Beschwerde den Vollzug der Anordnung zu hindern, muß **Aussetzung der Vollziehung** beantragt werden (Tz. 651 ff.).

407 Außerdem hat der Steuerpflichtige bei mündlichen Anforderungen in der Regel einen Anspruch auf **schriftliche Fixierung** (Tz. 620 ff.).

VII. Kosten

408 Die **Betriebsprüfungs-** und **Ermittlungskosten,** die die Außenprüfung auslöst, trägt das **Finanzamt.** Sie können dem Steuerpflichtigen nicht belastet werden.

409 Soweit dem Steuerpflichtigen selbst bei der Erfüllung der **Mitwir-**

---

221 TIPKE/KRUSE, § 200 Anm. 11 (Nov. 1985). **Anders,** wenn das **Steuerstrafverfahren** eingeleitet ist oder sich der Steuerpflichtige einer Steuerstraftat oder Steuerordnungswidrigkeit bezichtigen müßte. Hier entfallen die Zwangsrechte. Vgl. Tz. 733 ff.

222 FG Saarland I 280–281/82 vom 28. 7. 1983, EFG 1984, 5.

kungspflichten Kosten entstehen, muß er sie – endgültig – selbst tragen. Dies gilt auch für die **Beratungskosten**.

F. Ermittlungen bei Dritten

I. Ermittlungsmöglichkeiten

Die Außenprüfung kann die rechtlichen Möglichkeiten, bei Dritten zu ermitteln, einsetzen, die die Abgabenordnung dem **Finanzamt** zur Verfügung stellt (§§ 93 ff. AO)[223].   410

Der Prüfer kann sich nach § 93 AO an Dritte, zB an Lieferanten, Kunden, Banken usw. mit **Auskunftsersuchen** wenden, um Sachverhalte aufzuklären.   411

Betriebsangehörige darf der Prüfer allerdings nur hören, wenn die Auskünfte des Steuerpflichtigen und seiner Auskunftsperson unzureichend sind (§ 200 Abs. 1 S. 3 AO) und der Steuerpflichtige selbst nicht eine andere Person als Auskunftsperson benennt (§ 7 BpO).   412

Aus § 200 Abs. 1 AO und § 93 Abs. 1 S. 3 AO folgt der **Subsidiaritätsgrundsatz**: Das Finanzamt darf sich an Dritte erst wenden, wenn die Prüfung und Sachverhaltsaufklärung bei dem Steuerpflichtigen nicht zu einem Erfolg führt[224]. Diese Subsidiaritätsregel darf nicht leichtfertig umgangen werden. Reine Zweckmäßigkeitserwägungen, Zeitersparnis, Verfahrensökonomie sind keine ausreichenden Gründe, um einen Dritten vorschnell an Stelle des Steuerpflichtigen zu hören[225].   413

Nach den Regeln des § 96 AO kann der Betriebsprüfer auch **Sachverständige hören**[226]. Insbesondere bei Wertermittlungen kommt dieses Beweismittel in Betracht.   414

Auch für die Anforderungen an Dritte gelten die in Tz. 358 ff. erwähnten **Grenzen**. Die Leistung des Dritten muß objektiv und subjektiv   415

---

223 TIPKE/KRUSE, § 200 Anm. 1 (Nov. 1985), fordern für die Anwendung der §§ 93 ff. AO einen **besonderen Auftrag** des Finanzamts (glA PAPPERITZ, StBp. 1980, 250); dagegen zutreffend SCHICK in Hübschmann/Hepp/Spitaler, § 200 Anm. 175 (April 1980); GIESBERTS, Anm. 186; WENZIG, Anm. 203 ff. Das **Erfordernis** einer solchen Beauftragung innerhalb eines Finanzamts hat **wenig Sinn**.

224 PAPPERITZ, StBp. 1980, 248; SCHICK in Hübschmann/Hepp/Spitaler, § 200 Anm. 176 (April 1980).

225 PAPPERITZ, StBp. 1980, 248.

226 Vgl. WENZIG, StBp. 1981, 129.

möglich sein; sie darf **Zumutbarkeitsgrenzen** nicht überschreiten. Die Zumutbarkeitsgrenze ist bei Dritten eher erreicht als bei dem Steuerpflichtigen[227].

II. Insbesondere: Banken

416 Banken – Privatbanken, Sparkassen, Genossenschaftsbanken, öffentlich-rechtliche Kreditinstitute – können im Rahmen einer Außenprüfung als Dritte um **Auskunft** und um **Vorlage** von **Unterlagen,** insbesondere von Konten und Kontounterlagen, gebeten werden. Wie jeder Dritte sind sie nach § 93 AO verpflichtet, Auskunft zu erteilen. Die Auskunft und Vorlage kann gegebenenfalls erzwungen werden.

417 Daraus folgt für die **Prüfungspraxis:** Kennt der Prüfer ein Konto, kann er bei der Bank Einsicht in die Kontounterlagen nehmen und erzwingen.

418 Ein **Bankgeheimnis** besteht **nicht.** Auch der sog. Bankenerlaß[228] verfügt kein Aussage- und Vorlageverweigerungsrecht für den Fall des Auskunftsersuchens durch den Betriebsprüfer. Die Bankenseite ist gegenüber der Finanzverwaltung ungeschützt.

419 Im **Bankenerlaß**[229] ist – faßt man das Erhebliche zusammen – geregelt:

1. Die Finanzämter verlangen zum Zweck der allgemeinen Überwachung keine Mitteilung von Konten bestimmter Art oder bestimmter Höhe.

2. Aus ordnungsgemäß geführten Kundenkonten darf der Bankenprüfer keine Kontrollmitteilungen schreiben.

3. Einzelauskünfte nach den §§ 93 ff. AO sind zulässig. Bevor die Bank angesprochen wird, soll jedoch der Steuerpflichtige befragt werden.

4. Der Bankenerlaß gilt nicht im Steuerstrafverfahren.

420 Hat der Prüfer Schwierigkeiten, die Mitwirkungspflicht der Bank zu realisieren, so darf er nicht vorschnell auf **steuerstrafrechtliche Mittel** zurückgreifen, zB auf die Möglichkeit der Durchsuchung und Beschlagnahme[230].

---

227 PAPPERITZ, StBp. 1980, 250.
228 Vgl. den Bankenerlaß vom 31. 8. 1979, BStBl. 1979 I, 590.
229 AaO (FN 228).
230 Vgl. LG Köln 117 Qs 3/83 vom 25. 4. 1983, StrafVert. 1983, 275.

Weitere Einzelheiten zur Ermittlung bei Banken s. STEUERFAHNDUNG, 421
Tz. 498 ff.

III. Teilnahmerechte und Informationspflichten

Die Abgabenordnung kennt **kein** ausdrücklich **formuliertes Recht** des 422
geprüften Steuerpflichtigen und seines Beraters, an **Ermittlungshandlungen** des Prüfers **teilzunehmen.** (Ausnahme: Teilnahme bei der Betriebsbesichtigung nach § 200 Abs. 3 S. 2 AO.)

Soweit der **Prüfer im Betrieb** des Steuerpflichtigen ermittelt – zB Bü- 423
cher einsieht oder Auskunftspersonen befragt –, ergibt sich das **Teilnahmerecht** aus dem Recht des Steuerpflichtigen, sich in seinem Betrieb frei zu bewegen. Im übrigen kann aus dem Recht des Steuerpflichtigen, eine Auskunftsperson zu bestimmen, das Recht auf Teilnahme an Ermittlungen hergeleitet werden; denn die Auskunftsperson
dient dem Zweck, Ermittlungen hinter dem Rücken des Steuerpflichtigen zu vermeiden. Aus diesem Grundgedanken folgt ein allgemeines
Teilnahmerecht des Steuerpflichtigen[231].

Konkretisiert man diesen Grundsatz, so heißt dies, daß der Steuer- 424
pflichtige ein Recht hat, an der **Befragung** von **Auskunftspersonen**
während der Betriebsprüfung **teilzunehmen.** Dies gilt naturgemäß für
die Befragung der Auskunftsperson des § 200 Abs. 1 S. 3 AO und anderer Betriebsangehöriger[232], aber auch für dritte Personen, die um Auskünfte ersucht werden[233].

Soweit der Prüfer **schriftliche Auskünfte** einholt, tritt an die Stelle des 425
Teilnahmerechts die Informationspflicht des § 199 Abs. 2 AO (Tz.
444 ff.)[234].

Aus der Pflicht, sich an Dritte erst nachrangig – subsidiär – (vgl. Tz. 426
413) zu wenden, folgt mE die Pflicht, den geprüften Steuerpflichtigen
zu **unterrichten,** bevor man sich an Dritte wendet[235].

Soweit es sich bei der Prüfungstätigkeit um das **Prüfen** von Unterla- 427

231 GLADE, StbJb. 1978/79, 543; MARTENS, NJW 1978, 1468.
232 PAPPERITZ, StBp. 1980, 247.
233 AA PAPPERITZ , StBp. 1980, 251.
234 PAPPERITZ, StBp. 1980, 251; SCHICK in Hübschmann/Hepp/Spitaler, § 200
Anm. 179 (April 1980); zurückhaltend WENZIG, Anm. 205.
235 SCHICK, aaO (FN 234), Anm. 179, 160, 165 (April 1980); aA PAPPERITZ, StBp.
1980, 251; WENZIG, Anm. 205.

gen, Belegen, Verträgen usw. selbst handelt, hat der Steuerpflichtige nur insoweit ein Teilnahmerecht, als er seine eigenen Räume betreten darf. Wird im Finanzamt geprüft, hat der Steuerpflichtige kein Anwesenheitsrecht.

IV. Weigerungsrechte

428 Werden von Dritten Auskünfte verlangt – geht es also nicht um die eigenen Steuerverhältnisse der angesprochenen Personen –, so haben bestimmte Dritte ein **Auskunftsverweigerungsrecht**[236]:

429 **Angehörige** können die Auskunft verweigern (§ 101 AO). Angehörige sind (§ 15 AO): Verlobte, Ehegatte, Verwandte und Verschwägerte gerader Linie, Geschwister, Kinder der Geschwister, Ehegatten der Geschwister und Geschwister der Ehegatten, Geschwister der Eltern, Pflegeeltern und Pflegekinder.

430 Die Angehörigen sind über das Auskunftsverweigerungsrecht zu **belehren** (§ 101 Abs. 1 S. 2 AO).

431 Dem Auskunfts- entspricht ein **Eidesverweigerungsrecht** (§ 101 Abs. 2 AO).

432 Weiter können folgende **Berufsangehörige** die Auskunft über Berufsgeheimnisse verweigern (§ 102 AO)[237]:

– Geistliche,

– Mitglieder des Bundestages und weitere politische Mandatsträger,

– Verteidiger, Rechtsanwälte, Notare, Steuerberater, Wirtschaftsprüfer, Steuerbevollmächtigte,

– Ärzte, Zahnärzte, Apotheker und Hebammen,

– Presseangehörige.

433 Außerdem kann jeder nach § 103 AO die Auskunft auf solche Fragen verweigern, deren Beantwortung ihn selbst oder einen seiner Angehörigen (s. Tz. 429) der **Gefahr strafrechtlicher Verfolgung** oder eines Verfahrens nach dem Gesetz über Ordnungswidrigkeiten aussetzen würde. Auch über dieses Aussageverweigerungsrecht ist zu belehren.

---

236 Vgl. SCHUHMANN, Auskunftsverweigerungsrecht in der steuerlichen Außenprüfung, StBp. 1983, 169.

237 Zu dem **Aussageverweigerungsrecht** der **beratenden Berufe** s. **ausführlich** STEUERFAHNDUNG, Tz. 517 ff.

Dem Weigerungsrecht nach §§ 102, 103 AO entspricht **kein Eidesver-** 434
weigerungsrecht.

Soweit die Auskunft verweigert werden kann, kann auch die Erstat- 435
tung eines **Gutachtens** und die **Vorlage** von **Urkunden** oder Wertsachen verweigert werden (§ 104 Abs. 1 AO). Nicht verweigert werden
kann jedoch die Vorlage von Urkunden oder Wertsachen, die für den
geprüften Steuerpflichtigen aufbewahrt werden, soweit der Geprüfte
bei eigenem Gewahrsam zur Vorlage verpflichtet wäre (§ 104 Abs. 2
AO).

Kein besonderes **Aussageverweigerungsrecht** haben: 436

– der Steuerpflichtige selbst (Tz. 389 f.),

– Banken (Tz. 416 ff.),

– Rechtsbeistände,

– Angestellte und Mitarbeiter des Steuerpflichtigen, sofern nicht die
  Tatbestände der §§ 101–103 AO gegeben sind.

Zur Problematik der Weigerungsrechte bei **Kontrollmitteilungen** s. 437
Tz. 461 ff.

V. Realisierung der Möglichkeiten

Die Realisierung der Ermittlungen bei Dritten erfolgt nach den §§ 93 ff. 438
AO. Auf den Inhalt der Vorschriften wird hier hingewiesen. Die Mitwirkung kann nach den §§ 328 ff. AO erzwungen werden.

VI. Rechtsbehelfe

Soweit Dritte verpflichtet werden, Auskünfte oder Gutachten zu ertei- 439
len bzw. zu erstellen, können diese Aufforderungen mit der **Beschwerde** angefochten werden (Tz. 630 ff.). **Beschwerdeberechtigt** ist der Dritte, mE aber auch der geprüfte Steuerpflichtige, da in seinem Rechtskreis ermittelt wird.

Um dem sofortigen Vollzug des Verwaltungsaktes zu entgehen, müs- 440
sen sie **Aussetzung** der **Vollziehung** beantragen (Tz. 651 ff.).

Hat der Prüfer mündlich bestimmte Auskünfte angefordert, können sie 441
eine **schriftliche Ausfertigung** der mündlichen Anforderung verlangen (Tz. 620 ff.).

VII. Kosten

442 Soweit Auskunftspflichtige und Sachverständige zu Beweiszwecken herangezogen werden, erhalten sie eine Entschädigung in entsprechender Anwendung des Gesetzes über die **Entschädigung** von Zeugen und Sachverständigen (§ 107 S. 1 AO)[238].

443 Diese Ermittlungskosten bei Dritten können dem **geprüften Steuerpflichtigen nicht angelastet** werden. Sie gehen voll zu Lasten der ermittelnden Finanzverwaltung.

G. Informations- und Beratungspflicht

I. Grundsätze

444 „Der Steuerpflichtige ist **während** der **Außenprüfung** über die festgestellten Sachverhalte und die möglichen steuerlichen Auswirkungen zu **unterrichten,** wenn dadurch Zweck und Ablauf der Prüfung nicht beeinträchtigt werden" (§ 199 Abs. 2 AO).

445 Das Gesetz fordert die **laufende Unterrichtung** über die festgestellten Sachverhalte und die möglichen rechtlichen Folgerungen. Dem Prüfer ist es untersagt, den geprüften Steuerpflichtigen erst unmittelbar vor der Schlußbesprechung oder sogar erst in der Schlußbesprechung mit dem Füllhorn seiner Feststellungen zu überraschen.

446 Die **Informationspflicht entfällt,** wenn Gefahr besteht, daß der Steuerpflichtige Unterlagen, Belege usw. beiseite schafft, nachdem er bestimmte Feststellungen des Prüfers kennengelernt hat. Allerdings muß der Steuerpflichtige auch in diesem Fall zumindest zur Schlußbesprechung ausreichend informiert werden.

447 Erfolgt die Information **verspätet,** so kann der Steuerpflichtige verlangen, daß ihm nach der verspäteten Unterrichtung ausreichende Zeit gegeben wird, um sich auf das Prüfungsergebnis einzustellen. Die Prüfung kann nicht die Information mit der kurzfristig angesetzten Schlußbesprechung verbinden. Verletzt der Prüfer seine Pflicht nach § 199 Abs. 2 AO, so führt dies mithin zu einer Verzögerung des Betriebsprüfungsablaufs.

448 Die Information kann **nicht eingeklagt** werden. Bei Verstößen gilt der

---

238 Zur höchst umstrittenen **Kostentragungspflicht** bei **Bankauskünften** s. Steuerfahndung, Tz. 508 ff.

allgemeine Grundsatz des § 126 AO: Letztendlich reicht es aus, daß eine Information und Anhörung bis zum Ende eines nachfolgenden Rechtsbehelfsverfahrens nachgeholt wird[239].

Soweit der Prüfer über steuerliche Auswirkungen unterrichtet, sind diese für ihn **nicht bindend.** 449

Von der Informationspflicht ist die **Erteilung** von **Auskünften** sowie die **Beratung** durch den Prüfer zu trennen. Für sie gilt § 89 AO, der vorsichtig eine Auskunfts- und Beratungspflicht normiert. Der Steuerpflichtige wünscht häufig diese Beratung nach der Frageart: „Wie soll ich es in Zukunft machen?", und zwar in der Hoffnung, aufgetretene Schwierigkeiten in Zukunft zu vermeiden. Ohne Zweifel können Prüfer hier vorzügliche Hilfe leisten, soweit die Art und Weise der Buchführung, von Aufzeichnungen, Steuerabwicklungen betroffen sind. Bereits in diesem Bereich, erst recht aber im Feld der Gestaltungsberatung, ist zu bedenken, daß der **Prüfer kein berufsmäßiger Ratgeber** ist und auch kein Beratungsobligo kennt[240]. Der Steuerpflichtige sollte den eigenen Berater auf keinen Fall umgehen; auch bleibt ihm dieser der vorrangige Ratgeber. Jeder Rat des Prüfers, insbesondere der ungefragte Rat, sollte durch den eigenen Berater gegengeprüft werden. 450

II. Akteneinsicht

Der Steuerpflichtige hat **keinen Anspruch** darauf, die Steuerakten und die Betriebsprüfungsakten einzusehen. 451

Erst im **Rechtsbehelfsverfahren** wird ihm nach § 364 AO ein Recht eingeräumt, das dem Akteneinsichtsrecht nahekommt. Nach dieser Vorschrift muß das Finanzamt dem Steuerpflichtigen während des Rechtsbehelfsverfahrens von Amts wegen oder auf Antrag die Besteuerungsunterlagen mitteilen. Hierzu zählen alle Beweismittel und Mittel der Glaubhaftmachung, auf die sich das Finanzamt stützt. Beispiele: Zeugenaussagen, Auskünfte, Gutachten, Vermerke über Ortsbesichtigungen etc.[241]. 452

Ebenfalls zählen hierzu alle **Schätzungsgrundlagen** und **Berechnungsweisen**[242]. Beispiel: Gibt der Betriebsprüfer im Bericht Schätzun- 453

---

239 Vgl. FG Rheinland-Pfalz 5 K 320/83 vom 19. 12. 1983, EFG 1984, 430.
240 Zurückhaltung auch bei WENZIG, StBp. 1981, 200.
241 Vgl. TIPKE/KRUSE, Anm. zu § 364 (Nov. 1983).
242 TIPKE/KRUSE, aaO (FN 241).

gen im Ergebnis wieder oder ersetzt er unangemessene Leistungsentgelte durch von ihm erkannte angemessene Zahlen, so hat der Steuerpflichtige spätestens im Rechtsbehelfsverfahren Anspruch darauf, die Berechnungsgrundlagen im einzelnen kennenzulernen. In der Praxis ist es von großer Bedeutung, das Finanzamt auf diese Pflicht hinzuweisen. Denn häufig stellt der mit dem Rechtsbehelf befaßte Beamte erst aufgrund der bohrenden Fragen des Beraters fest, daß es bei dem Prüfungsergebnis an ausreichenden Gründen fehlt und im Bericht eine begründete durch eine hoheitliche Entscheidung ersetzt wurde.

454 **Volles Akteneinsichtsrecht** hat der Steuerpflichtige erst im finanzgerichtlichen Verfahren (§ 78 FGO)[243]. Dem Gericht sind alle den Streitfall betreffenden Akten vorzulegen (§ 71 Abs. 2 FGO). Hierzu zählen mE grundsätzlich auch die Betriebsprüfungsakten, und zwar auch die Handakten des Betriebsprüfers[244]. Viele Streitfragen können nur mit diesen Akten geklärt werden.

H. Kontrollmitteilungen

455 Werden anläßlich einer Außenprüfung **Feststellungen** getroffen, die auch für die Besteuerung eines **Dritten** von Bedeutung sind, so kann die Außenprüfung diese Feststellungen dem Finanzamt, das für die Besteuerung des Dritten zuständig ist, mitteilen. Dieses Finanzamt des Dritten kann die Feststellungen verwerten. Die Mitteilungen heißen **Kontrollmitteilungen.**

456 Kontrollmitteilungen sind auch insoweit zulässig, als es um die Feststellung einer **unerlaubten Hilfeleistung** in **Steuersachen** geht.

457 Die Abgabenordnung rechtfertigt das Schreiben von Kontrollmitteilungen in **§ 194 Abs. 3 AO.** Diese Vorschrift legitimiert die Kontrollmitteilungen und die Auswertung der Information bei dem Dritten[245].

458 Nach Ansicht der Finanzverwaltung können auch Kontrollmitteilungen für **ausländische Finanzverwaltungen** gefertigt werden[246]. Dies

---

243 Hierzu SCHMIDT-LIEBIG, StBp. 1983, 217.
244 Vgl. HENDRICKS, StBp. 1985, 67, die allerdings eine ausdrückliche Anordnung des Gerichts nach § 86 FGO verlangt; zurückhaltender KALMES, StBp. 1986, 40.
245 Vgl. GIESBERTS, Anm. 69; BFH IV R 154/82 vom 23. 2. 1984, BStBl. 1984 II, 512.
246 Vgl. § 8 Abs. 2 BpO.

geschieht auch in der Praxis[247]. Rechtsgrundlage ist § 117 AO. Vgl. weiter Tz. 835 ff.

Die Kontrollmitteilungen selbst sind **keine Beweismittel**. Sie dienen   459
dem Finanzamt als „Auslöser" für Feststellungen und Ermittlungen. Kann das Finanzamt die mitgeteilte Feststellung nicht durch Auskünfte des Steuerpflichtigen, durch Auskünfte Dritter, durch Urkunden etc. erhärten, so ist die Kontrollmitteilung als solche kein ausreichender Grund, die Feststellungen der Besteuerung zugrunde zu legen.

Die Feststellung von Kontrollmaterial darf **nicht** selbst zum Zweck der   460
Außenprüfung werden, dh. zu einer **eigenständigen Prüfung** des **Dritten** ausarten. Beispiel: Ein freiberuflich tätiger Mitarbeiter hat in 1978 nur einen Auftraggeber, eine Anwaltssozietät. Die Prüfung der Sozietät darf nicht dazu benutzt werden, durch Kontrollmitteilungen den Mitarbeiter mitzuprüfen. In einem solchen Fall ist eine ordnungsmäßige Prüfungsanordnung gegen den Mitarbeiter erforderlich[248].

Nach § 102 AO haben die Angehörigen bestimmter **Berufe** ein **Aussa-**   461
geverweigerungsrecht (vgl. Tz. 432). Im Rahmen der Ermittlungen bei einem Dritten, der Mandant usw. dieses Berufsträgers ist, kann sich der Berufsträger auf dieses Auskunftsverweigerungsrecht berufen. Zum Schutz dieses Rechts untersagt die Finanzverwaltung ihren Prüfern, bei der Betriebsprüfung der Mandatsträger Kontrollmitteilungen hinsichtlich der Mandanten usw. zu erstellen (§ 8 Abs. 1 BpO: „Soweit der Steuerpflichtige ein Auskunftsverweigerungsrecht nach § 102 der Abgabenordnung hat und hierauf nicht ausdrücklich verzichtet, hat die Fertigung von Kontrollmitteilungen zu unterbleiben."). Soweit das Aussageverweigerungsrecht reicht, soweit reicht das Verbot, Kontrollmitteilungen zu schreiben. Des § 8 Abs. 1 BpO bedurfte es, da § 102 AO nach seinem Wortlaut unmittelbar nicht anwendbar ist. Denn § 102 AO setzt voraus, daß der Berufsträger als Dritter in Anspruch genommen wird, während es bei einer Außenprüfung bei dem Berufsträger selbst um seine eigene Steuerangelegenheit geht.

Soweit dem geprüften Berufsträger ein **Vorlageverweigerungsrecht**   462
im Steuerverfahren des Dritten zusteht (vgl. § 104 AO, Tz. 435), dürfen ebenfalls bei der Außenprüfung des Berufsträgers Kontrollmitteilungen nicht gefertigt werden[249].

---

247 Über das Bundesamt für Finanzen (§ 8 Abs. 2 BpO). Zur Zulässigkeit einer Kontrollmitteilung nach **Belgien** s. FG Düsseldorf V 327/81 vom 20. 4. 1982, EFG 1982, 604.
248 GlA GIESBERTS, Anm. 69 f.; KOTTKE, DB 1976, 1187.
249 GlA GIESBERTS, Anm. 78 ff.; **§ 8 BpO** erwähnt diesen Fall **nicht**.

Unterrichtung über Kontrollmitteilungen

463 Die BpO verbietet hingegen nicht das Fertigen von Kontrollmitteilungen in den Fällen des § 101 AO (Auskunftsverweigerungsrecht der **Angehörigen,** Tz. 429 ff.) und des § 103 AO (Auskunftsverweigerungsrecht bei der Gefahr eines Strafverfahrens, Tz. 433).

464 **Beispiel:** Der Vater wird geprüft. In der Bilanz seines Einzelunternehmens wird ein Darlehen ausgewiesen, das ihm der volljährige Sohn gegeben hat. Obwohl der Vater im Steuerverfahren des Sohnes das Auskunftsverweigerungsrecht des § 101 AO hat, soll der Prüfer anläßlich der Prüfung bei dem Vater Kontrollmitteilungen zu Lasten des Sohnes schreiben dürfen.

465 Die **Finanzverwaltung befürchtet,** daß, würde sie hier Kontrollmitteilungen verbieten, der Hinterziehung Tür und Tor geöffnet würde. Zur Verdeckung von nicht versteuerten Geldern würden zB Darlehensverhältnisse zu Angehörigen fingiert, ohne daß dies durch Kontrollmitteilungen verifiziert werden könne. Da die Abgabenordnung die Auskunftsverweigerungsrechte der §§ 101, 103 AO gesetzlich normiert hat und hieraus konsequenterweise – wie im Fall des § 102 AO – das Verbot von Kontrollmitteilungen abzuleiten ist, ist die Argumentation der Verwaltung rechtlich **nicht haltbar.** Jedes Auskunftsverweigerungsrecht bringt die Gefahr mit sich, daß infolge des Verschließens einer Ermittlungsmöglichkeit Steuern, die rechtmäßig zu zahlen wären, nicht erhoben werden können. Auch in den Fällen der **§§ 101, 103 AO** gilt das **Verbot** von **Kontrollmitteilungen**[250].

466 **Gestattet** der geprüfte Steuerpflichtige die Kontrollmitteilungen in den Fällen, in denen ihm ein Auskunftsverweigerungsrecht zusteht, so können Kontrollmitteilungen geschrieben werden. Allerdings ist häufig der Auskunftsverweigerungsberechtigte aus dem Auftrags-, Mandatsoder Patientenverhältnis zu dem Dritten gehindert, seine Zustimmung zu erteilen.

467 Zu Kontrollmitteilungen durch den **Bankenprüfer** s. Tz. 419.

468 Der Prüfer, der Kontrollmitteilungen fertigt, ist verpflichtet, dies dem

---

250 GlA KOTTKE, DB 1976, 1188; TIPKE/KRUSE, § 101 Anm. 1 (Nov. 1979), § 194 Anm. 8 (Nov. 1985); STRECK, StuW 1981, 137. Zur **Verwaltungsansicht:** Einführungserlaß AO 1977, StEK AO 1977 Vor § 1 Nr. 1 zu § 194 (1976). Die Verwaltung kann sich auf BT-Drucks. VI/1982, 162, stützen; vgl. TIPKE/KRUSE, § 194 Anm. 8 (Nov. 1985); glA wie die Finanzverwaltung KLEIN/ORLOPP, § 101 Anm. 2; SUHR, StBp. 1978, 101; SCHICK in Hübschmann/Hepp/Spitaler, § 194 Anm. 439 ff., 443 ff. (April 1980), betr. § 101 AO, nicht jedoch betr. § 103 AO; GIESBERTS, Anm. 74 ff.; SCHUHMANN, BB 1981, 1573.

Steuerpflichtigen, der geprüft wird, **mitzuteilen.** Diese Pflicht folgt aus der Möglichkeit eines Auskunftsverweigerungsrechts und dem damit gegebenen Verbot von Kontrollmitteilungen (Tz. 461 ff.). Nur wenn der Steuerpflichtige um die Kontrollmitteilungen weiß, kann er sein Auskunftsverweigerungsrecht geltend machen[251].

Die Fertigung von Kontrollmitteilungen ist mE ein **Verwaltungsakt** und folglich mit der **Beschwerde** anfechtbar. Die Kontrollmitteilung ist die zusammengefaßte Anforderung einer Auskunft und Erfüllung des Auskunftsersuchens. Diese tatsächliche Zusammenfassung darf dem Steuerpflichtigen, aus dessen Bereich die Information stammt, nicht den Rechtsweg nehmen, der ihm bei einem Auskunftsersuchen zugestanden hätte. Zudem besteht die Möglichkeit des Auskunftsverweigerungsrechts und damit des Verbots, die Kontrollmitteilungen zu schreiben (Tz. 461 ff.). Auch dies weist die Rechtserheblichkeit der Kontrollmitteilungen nach[252].   469

Wird die Kontrollmitteilung angefochten, sollte ebenfalls sofort **Aussetzung** der **Vollziehung** beantragt werden (s. Tz. 651 ff.).   470

Da sich das Interesse an einer Information über Kontrollmitteilungen in der **Praxis** nur sehr umständlich und schwer einer Streitmöglichkeit öffnet (vgl. Tz. 468 ff.), ist es in der Regel eine Sache der **tatsächlichen Argumentation,** den Prüfer dahin zu führen, Kontrollmitteilungen mitzuteilen. Es gibt Prüfer, die diesem Begehren offen gegenüberstehen und die Information wie selbstverständlich geben. Daß die Information **Selbstanzeigen** ermöglicht (vgl. Tz. 258 ff.), steht ihr nicht entgegen. § 371 AO ist eine „Einladung des Gesetzgebers"[253]; jede Veranlassung der Selbstanzeige erfüllt den Gesetzeszweck.   471

Kontrollmitteilungen interessieren die **Prüfungspraxis** in zweierlei Hinsicht.   472

Einmal: Vor der Prüfung muß der Steuerpflichtige daran denken, daß sich in **seiner Steuerakte Kontrollmaterial** befinden kann.   473

Anfällig für Kontrollmitteilungen sind insbesondere persönliche und   474

---

251 Diese Ansicht ist **umstritten.** GlA OSWALD, BB 1980, 252; aA GIESBERTS, Anm. 85, und die Praxis.
252 Die Frage ist **umstritten** und nicht **geklärt.** Wie hier: OSWALD, BB 1980, 252. Für ein Anfechtungsrecht nur in dem Fall des Kontrollmitteilungsverbots: GIESBERTS, Anm. 84 f.; TIPKE/KRUSE, § 194 Anm. 8 (Nov. 1985); grundsätzlich keine Anfechtungsmöglichkeit: SCHUHMANN, StBp. 1982, 295.
253 STEUERFAHNDUNG, Tz. 163 ff.

Schlußbesprechung

freiberufliche Sonder- und Nebenleistungen (**Provisionen,** Beratungsentgelte usw.). Außerdem werden für **Geldzahlungen** des Staates und der **öffentlichen Hand,** sofern sie nicht offensichtlich einem regelmäßigen Geschäftsverkehr zuzuordnen sind, Kontrollmitteilungen gefertigt (Stichworte: Beratungshonorar, Entgelte für Vorträge, Lehrveranstaltungen, Mehrstunden, Nebenunterricht etc.). Im gewerblichen Bereich gehören **Rückvergütungen** zu typischen Gegenständen von Kontrollmitteilungen. Zu den Mitteilungspflichten der Behörden s. auch § 93 a AO.

475   Soweit die Möglichkeit besteht, daß die Entgelte steuerlich nicht erfaßt wurden, ist an eine **Selbstanzeige** zu denken (Tz. 258 ff.).

476   Zum anderen: Werden während der Außenprüfung Kontrollmitteilungen von dem Prüfer geschrieben, sollte man dem Prüfer deutlich sein **Interesse** an einer **Unterrichtung** bekunden (vgl. Tz. 471).

477   Erfährt man den Gegenstand der Kontrollmitteilungen, ist zu prüfen, ob ein **Verbot,** Kontrollmitteilungen zu fertigen, besteht (s. Tz. 461 ff.).

478   Außerdem ist jetzt die Möglichkeit eröffnet, den **Betroffenen unmittelbar** zu **unterrichten,** um ihm ggf. die Möglichkeit der Selbstanzeige zu geben. Beispiel: Der geprüfte B. hat für ein günstiges Geschäft dem A. eine Sonderprovision gezahlt. Der Prüfer stellt dies fest und fertigt die Kontrollmitteilung. B. kann überlegen, ob er A. hierüber sofort unterrichtet, damit A. die Möglichkeit der Selbstanzeige hat, falls er die Sonderprovision nicht versteuert hat. Die Selbstanzeige ist noch möglich. Bei dem Dritten (dem A.) hat eine Betriebsprüfung noch nicht begonnen. Die „Tat" ist noch nicht entdeckt (die Kontrollmitteilungen sollen nur die Überprüfung veranlassen). Die Information des Dritten erfüllt den gesetzlichen Zweck des § 371 AO; sie stellt auf keinen Fall eine Strafvereitelung oder Begünstigung (§§ 257, 258 StGB) dar.

I. Die Schlußbesprechung

I. Der rechtliche Rahmen

479   Die Schlußbesprechung ist die **Besprechung** zwischen Finanzverwaltung und geprüftem Steuerpflichtigen „über das **Ergebnis** der **Außenprüfung**" (§ 201 Abs. 1 AO)[254].

---

254 S. hierzu LATSCH/HONEMANN, StBp. 1980, 1; WENZIG, StBp. 1981, 76; LOOS, HBP 4010 (1980); PAPPERITZ, StBp. 1985, 241.

Die Schlußbesprechung ist nach § 201 Abs. 1 AO zwingend vorge- 480
schrieben. Der Steuerpflichtige hat auf sie einen **Anspruch**[255].

Es gibt nur zwei **Ausnahmevorschriften:** Keine Schlußbesprechung, 481
wenn das Ergebnis der Prüfung zu **keiner Änderung** der Besteuerungsgrundlagen führt; keine Schlußbesprechung, wenn der Steuerpflichtige auf die Besprechung **verzichtet**[256]. Die Ausnahmetatbestän-
de sind klar umschrieben und klar bestimmbar. Liegen sie nicht vor,
bleibt es bei dem unbedingten Anspruch auf die Schlußbesprechung.

In der Schlußbesprechung werden die **tatsächlichen Feststellungen** 482
und die **rechtlichen Folgerungen** der Prüfung erörtert. Aus diesem
Grund muß die Schlußbesprechung vorbereitet werden. Die Besprechungspunkte sind dem Steuerpflichtigen angemessene Zeit vor der
Besprechung bekanntzugeben (§ 11 Abs. 1 BpO)[257]. Dies kann mündlich oder schriftlich geschehen. In der Praxis ist es bei größeren Prüfungen üblich, dem geprüften Steuerpflichtigen vor der Schlußbesprechung ein „**Exposé**" oder eine „**Zusammenstellung**" der Prüfungspunkte oder einen „vorbereitenden Vermerk" über das Ergebnis der Prüfung
zuzusenden oder auszuhändigen[258]. Geschieht die Vorabinformation
nicht, verletzt der Prüfer seine Informationspflicht nach § 199 Abs. 2
AO (Tz. 444 ff.). Hier sollte der Steuerpflichtige sich nicht scheuen, die
Schlußbesprechung abzubrechen oder einen neuen Termin vorzuschla-
gen.

Die „**angemessene Zeit**" (§ 11 Abs. 1 BpO), die zwischen Vorabinforma- 483
tion und Schlußbesprechung liegen soll, hängt von dem Umfang der
Prüfungspunkte ab. Handelt es sich um wenige Punkte, die bereits seit
Wochen streitig sind, genügen sicher 7 bis 14 Tage. Für eine umfang-

---

255 Es handelt sich um eine „besonders effektive Art der Gewährung rechtlichen Gehörs" (TIPKE/KRUSE, § 201 Anm. 1 [Nov. 1985]). Soweit FG Rheinland-Pfalz 5 K 320/83 vom 19. 12. 1983, EFG 1984, 430, keinen **einklagba-
ren** Anspruch auf eine Schlußbesprechung gibt, geht das Urteil in seinen
radikalen Formulierungen zu weit. Ist die Prüfung beendet, existiert ein
einklagbarer Anspruch. Insoweit geht § 201 AO der Vorschrift des § 126
Abs. 1, Abs. 2 AO vor. Während der Prüfung steht es allerdings im durch
§ 199 AO gebundenen Ermessen des Prüfers, den Steuerpflichtigen zu unterrichten; s. Tz. 444 ff.
256 Der Verzicht bedeutet keine Anerkennung der Prüferfeststellungen (TIPKE/
KRUSE, § 201 Anm. 1 [Nov. 1985]).
257 Dieser Anspruch ist allerdings **nicht einklagbar,** vgl. insoweit zutreffend
FG Rheinland-Pfalz 5 K 320/83, aaO (FN 255).
258 Vgl. LATSCH/HONEMANN, StBp. 1980, 4.

reiche Schlußbesprechung ist eine Vorbereitungszeit von mindestens **4 Wochen** erforderlich.

484 Der Steuerpflichtige ist nach § 11 Abs. 2 BpO darüber zu unterrichten, ob an der Schlußbesprechung ein für die **Entscheidung** über die Steuerfestsetzung **zuständiger Amtsträger** teilnimmt. Der Steuerpflichtige hat keinen Anspruch auf die Teilnahme eines bestimmten Beamten oder eines entscheidungsbefugten Beamten. Nimmt ein solcher teil, so muß dies dem Steuerpflichtigen mitgeteilt werden. Kein Praxisproblem, da, zumindest auf Anfrage, dem Steuerpflichtigen regelmäßig der Teilnehmerkreis von seiten der Finanzverwaltung mitgeteilt wird.

485 Bei der eben angesprochenen **Entscheidungsbefugnis** ist deutlich zu **unterscheiden:** Der zuständige Sachgebietsleiter der Veranlagung (oder der Vorsteher des Finanzamts) hat in der Regel die Kompetenz, sich mit dem Steuerpflichtigen über bestimmte Rechtsfolgen zu einigen. Dies nenne ich die **positive Entscheidungskompetenz.** Lehnt der Sachgebietsleiter der Veranlagung in einem Punkt die Einigung mit dem Steuerpflichtigen ab, so heißt dies nicht zwingend, daß das Finanzamt auf die Dauer bei seiner negativen Einstellung bleiben wird. Die **negative Entscheidungskompetenz** ist sehr viel weniger weitgreifend als die positive. Erfolgt in der Schlußbesprechung keine Einigung, kann in dem späteren Veranlagungs- und Einspruchsverfahren gleichwohl noch eine Einigung nachfolgen. Einigt man sich in einer Schlußbesprechung in bestimmten Punkten nicht, so folgt daraus mithin nicht zwingend, daß diese Streitpunkte dem Finanzgericht vorgetragen werden müssen.

486 Auf seiten des **Steuerpflichtigen** hat dieser selbst ein **Teilnahmerecht,** ebenfalls sein **Berater**[259]. Auch dies ist regelmäßig kein Praxisproblem, auch wenn der Steuerpflichtige weitere Mitarbeiter seines Hauses zur Schlußbesprechung beizieht.

487 **Ausgeschiedene Gesellschafter** haben ein Teilnahmerecht[260]. Lassen sich die Besprechungspunkte, die für sie von Bedeutung sind, eingrenzen, so grenzt sich entsprechend das Teilnahmerecht ein.

488 Der **Ort** der Schlußbesprechung ist nicht vorgesehen[261]. Regelmäßig findet die Schlußbesprechung im geprüften Unternehmen statt. Als Al-

---

259 TIPKE/KRUSE, § 201 Anm. 4 (Nov. 1985).
260 TIPKE/KRUSE, aaO (FN 259).
261 TIPKE/KRUSE, aaO (FN 259), Anm. 4a.

ternative bietet sich das Finanzamt an. In der Praxis der Prüfung führt dies nicht zu Schwierigkeiten.

Die Ergebnisse der Schlußbesprechung müssen nicht **protokolliert** 489 werden[262].

Daß die **Schlußbesprechung** streitig sein kann, ist unbestritten. Für ei- 490 nen **rechtlichen Streit** gibt sie jedoch als solche nicht viel her. Die Schlußbesprechung selbst oder ein bestimmtes Ergebnis der Schlußbesprechung können nicht mit einem Rechtsbehelf angefochten werden. Wird hingegen die Schlußbesprechung abgelehnt, so ist diese Ablehnung mit der Beschwerde anfechtbar[263].

In der Schlußbesprechung wird regelmäßig die **Einigung angestrebt.** 491 Die Einigung wird auch als Regelfall später im Betriebsprüfungsbericht und in den Steuerbescheiden realisiert. Eine rechtliche Bindungswirkung an solche Einigungen besteht auf seiten der Finanzverwaltung jedoch nur, wenn von seiten eines entscheidungsbefugten Beamten eine Zusage erfolgte (s. Tz. 694 ff.). Die Rechtsprechung ist zurückhaltend, aus der Schlußbesprechung eine rechtliche Bindung abzuleiten. Vgl. Tz. 707 ff. Auf die jüngste Rechtsprechung zur bindenden tatsächlichen Verständigung sei jedoch ausdrücklich hingewiesen (Tz. 493).

Auf diesem Hintergrund – rechtliche Bindungswirkung nur im Ausnah- 492 mefall – wirkt die im Verhandlungsweg erreichte Einigung mit der Betriebsprüfung wie ein „Handel", den es in dem Recht und Gesetz verpflichteten Steuerrecht eigentlich nicht geben darf. Die **Praxis** des **Arrangements** in der Betriebsprüfung scheint hier das Recht zu überspielen; man kann von Grauzonen und vom Dämmerlicht des Rechts sprechen[264]. Die Praxis der Betriebsprüfung kann auf solche Einigungen jedoch nicht verzichten. Sie ist als Möglichkeit aus der Natur der Sache der Prüfung zwingend erforderlich. Im übrigen ist sie durch den Ermessensrahmen bei der Sachverhaltsermittlung, durch Beweiswürdigungs-, Beurteilungs-, Bewertungs- und Schätzungsspielräume gerechtfertigt[265]. Soweit ein rechtlich schlechtes Gewissen bleibt, richtet sich dies nicht in erster Linie gegen die Praxis, sondern offenbart eine fehlende wis-

---

262 TIPKE/KRUSE, aaO (FN 259), Anm. 4b.
263 BFH VIII R 108/72 vom 24. 10. 1972, BStBl. 1973 II, 542; TIPKE/KRUSE, § 201 Anm. 1 (Nov. 1985); aA SCHICK in Hübschmann/Hepp/Spitaler, § 201 Anm. 41 (April 1980).
264 Vgl. TIPKE, StuW 1979, 198; DERS., Steuerrecht, 26 f.; ISENSEE, Die typisierende Verwaltung, 1976, 191; positiver KRUSE, Steuerrecht, 3. Aufl., 1973, 297 f.
265 Vgl. TIPKE/KRUSE, § 201 Anm. 4b (Nov. 1985).

senschaftliche Durchdringung der Einigungspraxis, eine fehlende wissenschaftliche Erhellung des angegriffenen Dämmerlichts[266].

493 Der **BFH** hat in einer Entscheidung vom 11. 12. 1984[267] bestätigt, daß es über steuerrechtliche Fragen eine Vereinbarung nicht geben könne, daß jedoch über die **tatsächlichen Umstände,** den Sachverhalt, eine **bindende tatsächliche Verständigung** zulässig sei. Wörtliches Zitat des BFH – in Fortbildung des Rechts –: „Der erkennende Senat hält in derartigen Fällen dafür, daß die schätzenden Behörden im Rahmen ihres Beurteilungsspielraums eine tatsächliche Verständigung mit dem einzuschätzenden Steuerpflichtigen über die gesamte Besteuerungsgrundlage oder auch nur über Einzelheiten eines eingeschlagenen Schätzungsverfahrens treffen können. Solche Verständigungen dienen der Verfahrensbeschleunigung und dem Rechtsfrieden. Sie finden, wie dargelegt, ihre Begrenzung im Einverständnis über tatsächliche, schwer zu ermittelnde Umstände. Geht es zB darum, ob Einnahmen überhaupt Betriebseinnahmen sind, steuerfrei zu belassen oder tarifbegünstigt zu besteuern sind, ist eine Verständigung über diese Rechtsfragen nicht zulässig, mögen diese auch zweifelhaft sein." Ob andere Senate dieser Erkenntnis folgen werden, ist offen. Die Entscheidung ist nicht ohne **Kritik** geblieben[268].

494 Diese BFH-Rechtsprechung zwingt, **zwei Weisen** der **Einigung** sorgfältig zu trennen: Einmal die **bindende** Einigung über den Sachverhalt (in der dargestellten BFH-Entscheidung wurde der Steuerpflichtige an eine Einigung vor dem Berichterstatter des FG gebunden); zum ande-

---

266 Vgl. hierzu auch SCHICK, Vergleiche und sonstige Vereinbarungen zwischen Staat und Bürger im Steuerrecht, 1967; STRECK, Erfahrungen mit der Rechtsanwendungspraxis der Finanzämter (einschließlich Außenprüfungsstellen) bei der Abgrenzung der Betriebsausgaben/Werbungskosten von den Privatausgaben, in: Söhn, Die Abgrenzung der Betriebs- oder Berufssphäre von der Privatsphäre im Einkommensteuerrecht, 1980, 273, 289 ff., zum Thema: „Besteuerungswirklichkeit und Normauslegung". Die gesetzliche Zulassung eines gerichtlichen Vergleichs in Steuersachen wird diskutiert (vgl. HEILMAIER, DStZ 1982, 190).

267 Vgl. BFH VIII R 131/76 vom 11. 12. 1984, BStBl. 1985 II, 354, mit ausführlicher HFR-Anm. 1985, 213; dazu auch RUPPEL, DStR 1985, 684: Die bindende Verständigung ist die kleine Schwester der Zusage; und RÖSSLER, DB 1985, 1861: Die Zulassung der Einigung über Rechtsfragen wird folgen. Die BFH-Entscheidung befaßte sich mit einer „Einigung" vor dem **Berichterstatter** des **FG-Verfahrens.** Die Entscheidung gilt auch für die **Einigung** in der **Prüfung** (HFR-Anm. 1985, 213).

268 Vgl. VON BORNHAUPT, BB 1985, 1591; RÖSSLER, DB 1985, 1861.

ren die rechtlich **nicht bindende** Einigung, die als Absprache über ein gleichförmiges oder bestimmtes Verhalten, auch über die Rechtsanwendung, bewußt jedoch ohne rechtliche Bindung, zu werten ist.

Diese Unterscheidung ist gerade dann von Bedeutung, wenn die Prüfungsfeststellungen **steuerstrafrechtliche Folgen** haben können. Um der Verteidigung alle Möglichkeiten offenzuhalten, ist nach Möglichkeit jede bindende Einigung zu vermeiden[269].   495

Nach Möglichkeit sollte der geprüfte Steuerpflichtige **klarstellen,** ob eine Einigung Rechtsbindung haben soll oder nicht.   496

II. Bedeutung und Praxis der Schlußbesprechung

Die Schlußbesprechung ist ein äußerst **wichtiges Instrument** der Außenprüfung. Auf sie sollte grundsätzlich **nicht verzichtet** werden. Ihr **Ziel** ist regelmäßig die **Einigung**[270].   497

Sie ist der **Schlußstein** der **Prüfung,** der durch seine Gewichtigkeit den Brückenschlag, den Rundbogen der Einigung ermöglicht und trägt.   498

Die Schlußbesprechung muß ausgezeichnet **vorbereitet** werden. Nach Möglichkeit darf es auf seiten des Steuerpflichtigen keine Überraschung geben. Die **Vorabinformation** muß **vollständig** sein. Auf diese Weise können Steuerpflichtiger und Berater alle Möglichkeiten erörtern und durchdenken.   499

In der Schlußbesprechung steht die steuerrechtliche Dikussion um **Sachverhalte** und **steuerrechtliche** Folgen im Mittelpunkt; sie ist jedoch auch – mal ausschließlich, mal mehr, mal weniger – der Ort, in dem die an der Außenprüfung beteiligten Personen ihren **höchstpersönlichen Ausgleich** finden.   500

Die **Einigung** ist nicht nur ein pragmatisches Ergebnis. Sie stellt einen **Rechtswert** dar, weil **Steuerrechtsfriede** geschaffen wird[271]. Um dieses Rechtswertes willen kann in der Schlußbesprechung von weiteren Sachverhaltsermittlungen abgesehen, der Sachverhaltsvortrag geglaubt, Rechtspositionen geräumt, Schätzungen verändert werden.   501

---

269 STEUERFAHNDUNG, Tz. 606 ff., 610 ff.
270 S. o. Tz. 491 ff. Vgl. auch HEILMAIER, Kompromisse bei der Außenprüfung? – Beilegung von Streitpunkten durch gegenseitiges Nachgeben –, NSt. Bp. Darst. 2 (Nov. 1983); DERS., HBP 3310 (1983).
271 Vgl. das BFH-Zitat Tz. 493.

Interessenlagen

Scheinbar werden Kompromisse geschlossen, die außerhalb der Buchstaben der Gesetze zu liegen scheinen.

502 Wer hier vorschnell von einem **Halbdunkel** der **Legalität** spricht (Tz. 492), übersieht, daß das **Massenverfahren** der Besteuerung **ohne solche Einigungen nicht auskommt** und daß das Abgabenrecht der Finanzverwaltung eine Vielzahl von Möglichkeiten zur Verfügung stellt, um diese Einigungen zu erreichen (Tz. 492). Das Ermessen über weitere Sachverhaltsermittlungen liegt in der Hand der Verwaltung. Die Verwaltung kann glauben oder nicht glauben, Beweismittel in dieser oder jener Hinsicht bewerten. Das materielle Steuerrecht stellt Beurteilungsspielräume zur Verfügung. Schätzungen sind auch nach strengem Steuerrecht nie auf eine einzig denkbare Möglichkeit zurückzuführen.

503 Mehrere **streitige Punkte** müssen in ihrer **Gesamtheit** gesehen werden. Vorausgedacht werden müssen „Lösungsmodelle", die alle Streitpunkte erfassen, für den Steuerpflichtigen vertretbar und für das Finanzamt akzeptabel sind. Prinzipiell sollen alle Rechtsfolgen mit ihren Rechtsmöglichkeiten zur Disposition stehen. Gefährlich ist es, einen Punkt aus grundsätzlichen Erwägungen für unverfügbar zu halten.

504 In der Diskussion wirken bestimmte **Interessenlagen**. In der Regel geht es um die Prüfung eines mittelständischen Unternehmens. Der Geprüfte nimmt selbst teil. Es geht um sein Geld. Den Prüfer interessiert der Steueranspruch seines Arbeitgebers. Hier unterscheidet sich die Prüfung eines mittelständischen Unternehmens von der Prüfung eines Konzerns; dort verfügen beide Seiten über fremdes Geld; folglich gelten andere Regeln[272]. Steht unmittelbar Privatinteresse gegen Fremdinteresse, geht es härter zu. Keineswegs ist hier der Prüfer a priori unterlegen; er kann jederzeit Argument und Taktik durch eine Hoheitsentscheidung (des Finanzamts) ersetzen, eine Möglichkeit, über die nur er verfügt.

505 Ohnehin entzieht sich der **Gegenstand** der **Prüfung** einer zwingenden rechtlichen Subsumtion. Der Prüfer hat – alleine oder mit der Unterstützung eines Zweitprüfers – wochen-, oft monatelang ermittelt, Zahlen geprüft, Belege eingesehen, steuerliche Gesetzesvorschriften angewandt, Verwaltungserlasse vollzogen, klare und eindeutige Fehler erkannt und beseitigt, Fragen aufgeworfen, deren Sachverhalt unklar, nicht aufklärbar oder nur mit unverhältnismäßigen Mühen feststellbar ist, Probleme „auf den Tisch" gelegt, deren steuerliche Folgen umstrit-

---

272 Vgl. GROH, DStR 1985, 679.

ten und umstreitbar sind. Der Sachverhalt ist teils vollständig, teils halb, teils überhaupt nicht aufgeklärt. Die Prüfer-Folgerungen sind klar, halbklar, vertretbar, bestreitbar, möglich und unmöglich. Der Prüfer formuliert die Punkte, die unstreitigen und die streitigen. Die Formulierung selbst verschiebt abermals die Streit- und Nichtstreitgrenze. Auf diese Weise entsteht die Liste der Schlußbesprechungspunkte. Dabei ist die Liste regelmäßig nur die Spitze des Bergs des bereits einvernehmlich Erledigten.

Die **Person** des **geprüften Steuerpflichtigen** bestimmt maßgebend den Charakter der Schlußbesprechung. Er ist regelmäßig der Ansicht, Steuern müßten gezahlt werden, aber nicht in der Höhe, die man von ihm verlangt. Durch die Prüfung wird sein höchstindividuelles Privatinteresse berührt. Folglich befindet er sich in Abwehrstellung. Der Fiskus ist ihm gegenüber im Angriff. Dem Prüfer steht er, je nach Naturell, skeptisch bis feindlich gegenüber. Dessen Arbeitsweise vermag ihm hin und wieder die Zornesröte in die Stirn zu treiben, insbesondere wenn nach Ansicht des Betroffenen Zeit und Aufwand des Prüfers in keinem Verhältnis zu dem Mehrergebnis steht. 506

Ihm steht der **Prüfer** gegenüber. Beamter des gehobenen Dienstes. Vorzüglich ausgebildet. Ein exzellenter Kenner des Steuerrechts, erfahren in typischen steuerlichen Schwächen des Steuerpflichtigen, jedoch – da juristisch nicht geschult – Hand in Hand mit den Schwierigkeiten, die Auslegbarkeit des menschlichen Wortes, des Gesetzes, des Erlasses nicht gelernt zu haben. Er neigt zur Wortanklammerung. Wort und Satz nimmt er oft nicht aus dem Willen des Sprechenden, sondern aus dem von ihm selbst gewollten Ergebnis. Oft verrennt er sich in Probleme oder verliebt sich in sie. Schwer wird sodann der Rückweg oder die Liebenden zu trennen. 507

An der Seite des Prüfers steht sein **Sachgebietsleiter.** Er kann der entscheidende Mann der Schlußbesprechung werden. Gut, wenn er das Prüfungsgeschäft kennt, seine Notwendigkeiten und Sachzwänge. Er sieht oft eher, ob der Weg des Prüfers weiter- oder nicht weiterführt. Er muß wissen, daß die juristische Erkenntnis, die Rechtsanwendung führe nur zu einer einzig richtigen Entscheidung, in die Tat umzusetzen barer Unsinn ist. Gefährlich können die jüngeren Beamten des höheren Dienstes (Juristen) sein. Sie sind oft flexibleren Geistes als die „alten Fuhrleute" des gehobenen Dienstes, glauben aber häufig noch, die Welt qua Rechtserkenntnis und ohne Erfahrung ändern zu können. Demgegenüber können die Fuhrmänner der praktischen Besteuerungs- 508 vernunft qua Hoheitsentscheidung zum Durchbruch verhelfen, ohne nach subtiler Rechtfertigung zu fragen.

509 Außerdem tritt, nicht notwendig, der **Herr vom Finanzamt** auf. Zumeist schlecht informiert, sowohl was den Sachverhalt als auch was die Rechtsdetailkenntnis angeht, aber gleichwohl ausgestattet mit der letzten Entscheidungskompetenz. Sein Unwissen kann unter diesem Gesichtspunkt heilsam sein. Es zuzugeben, geht nicht an; folglich folgt er der Prüfung und gibt dieser damit gleichzeitig Rechtfertigung und Stütze. Seine Anwesenheit kann aber auch hemmen, wenn er sich zB gegenüber der Prüfung ins rechte Licht setzen will, was eben nur fiskalisch geht; dann ist häufig der Rechtsbehelf gewiß.

510 **Mitarbeiter** und **Berater** des Steuerpflichtigen: Bei manchen Betrieben beherrscht der Steuerexperte des Unternehmens die Schlußbesprechung. Er kennt alle Details und ist daher der wichtigste Gesprächspartner des Prüfers. Er trägt seinem Chef gegenüber die Verantwortung für alle Einzelheiten und ist folglich bereit und willens, um jede Position zu kämpfen. Anstelle oder neben diesen Angestellten des Unternehmens tritt der Berater. Vielschichtig sind hier die Antriebe und Interessen. Sie beraten und vertreten als Fachleute; das ist ihre Aufgabe. Aber darüber hinaus: Der Berater muß sein Beratungswerk der letzten Jahre verteidigen; seine Anti-Stellung gegenüber dem Prüfer ist oft klarer als die des Mandanten. Seine Stärke liegt in der Kenntnis des Sachverhalts. Aber auch er hat Lieblingsprobleme, von denen er nur ungerne läßt. Der Berater ist Freiberufler. Sein Auftritt in der Prüfung ist gleichzeitig Teil des werbenden Existenzkampfes. Er streitet mit dem Fiskus um Steuergeld, aber auch um den Mandanten.

511 Das **Steuerfachgespräch:** Dieses Gespräch ist nicht Mittelpunkt der Schlußbesprechung. Worte werden gewechselt, Argumente. Waren die Probleme bekannt, sind die Rechtsstandpunkte unverrückbar. Hier gibt es kaum Flexibilität. Selten, daß im Rechtsdisput die eine oder andere Seite überzeugt wird. Interne Vorabklärung verbietet das; denn es scheint Gesichtsverlust zu bedeuten. Anderes ist nur möglich bei neuen Rechtsüberlegungen, die nicht vorgeurteilt und mit Vorurteilen belegt werden konnten.

512 Der Festigkeit im Recht steht die **Beweglichkeit** im **Sachverhalt** gegenüber, wenn das Ziel der Einigung es gebietet. Die Welt kehrt sich um. Die Werte des Rechts werden zu Fixpunkten; das tatsächliche Geschehen wird variabel. Der Geprüfte läßt Sachverhaltsfeststellungen des Prüfers gelten, wenn die Auswirkungen gering, der Gegenbeweis

schwierig ist, obwohl sie falsch sind. Die Betriebsprüfung erfragt Sachverhalte, die in der Schlußbesprechung in der Kürze der Zeit nicht vollständig, leicht steuerbürgerfreundlich gefärbt dargestellt werden, und läßt sie bestehen, um die Übereinstimmung zu erreichen. Eine Sachverhaltsdarstellung, eine Tatbestandsbehauptung, das Akzeptieren einer Sachverhaltsdarstellung, einer Tatbestandsbehauptung entscheiden häufiger über den Ausgang der Prüfung als der gelehrte Rechtsstreit.

Schlußbesprechungen leben von der **Bewertung** von **Unsicherheiten.** 513
Strenggläubige Juristen leiten die Rechtsfolge aus dem Sachverhalt ab und die Steuer aus dem (gesetzlichen) Tatbestand. Strenggläubigkeit verhindert leicht die letzten wenigen Meter zur Einigung. Der Strenggläubige sagt: Der Sachverhalt A führt zur Steuer DM 46 456. Der Steuerbürger sagt: Nein, streiten wir zehn Jahre bis zum Bundesfinanzhof. Der Strenggläubige antwortet: Dies ist richtig so. Habe ich recht, zahlst Du DM 46 456. Wird mein Recht nicht anerkannt, zahlst Du nichts. In einer solchen Klarheit des Geistes würde die Praxis der Schlußbesprechung untergehen. Der Praktiker wird die Unsicherheit der Position des Strenggläubigen nach Wahrscheinlichkeitsgrundsätzen bemessen. Sei der Unsicherheitsfaktor X, so multipliziert er X mit DM 46 456. Dies ergibt die richtige und gerechte Steuer, auf die man sich einigen kann, wenn eine Einigung über den Unsicherheitsfaktor erzielt wird.

Dem **Strenggläubigen** kann jedoch auch in anderer Weise Genüge getan werden. Der Geist des Strenggläubigen beherrscht die **Akten.** Diese müssen „stimmen". Aus der Einigung der Schlußbesprechung wird eben der Sachverhalt als richtig erkannt und im Prüfungsbericht mit zwei Worten erwähnt, der nach der Art des Strenggläubigen gerade die Steuer erzeugt, auf die man sich geeinigt hat. Gut also der Prüfer, gut der Berater, die in der Schlußbesprechung über Sachverhaltsphantasie verfügen, die Einigungsmodelle erzeugt. Sie geben der beidseitig gewollten Einigung das rechtliche Gerippe und erlauben damit, den entsprechenden Sachverhalt festzustellen. Was hier zuerst da ist, die Zahl oder das Einigungsmodell, gleicht häufig der Frage nach der Priorität von Huhn oder Ei; eines folgt aus dem anderen.

Flexibilität und **Phantasie** müssen die Schlußbesprechung beherrschen. Bekannte Streitpunkte sind häufig vordiskutiert, folglich als Rechtspositionen nicht aufgebbar. Wie glücklich sind alle Schlußbesprecher, die sich in Stunden um unverrückbare Positionen gedreht haben, X hier, Y drüben, wenn einer der Teilnehmer die Möglichkeit Z

514

515

Auflösung von Fronten

ins Spiel bringt. Unbelastet taucht sie auf, noch nicht diskutiert, noch nicht mit pro und contra belegt, so recht zum Ergreifen steht sie da. Daß diese Möglichkeit Z zahlenmäßig so etwa in der Mitte von X und Y liegt, sei am Rande bemerkt. Hier geht es auch nicht stets nur und allein um den Vorteil des geprüften Steuerpflichtigen. Praktische Besteuerungsvernunft läßt auf diese Weise manche DM in die Staatskasse fließen, die durch Steuergesetze nicht zu begründen ist.

516 **Reizprobleme** haben ihren besonderen Reiz. Über vieles läßt der Bürger mit sich reden: Warenbewertungen, Rückstellungen, Zuschätzungen, nur eines ist fast indiskutabel: „Privatanteile" von Pkw, Telefon, Spesen und Wohnung. Hier wirds persönlich, privat, intim. Der Prüfer wird natürlich von absolutem Fehlverständnis geleitet. Der Steuerbürger fährt nun mal immer betrieblich; er telefoniert immer betrieblich; er ißt immer betrieblich; und hiervon ist er zutiefst überzeugt. Auf der anderen Seite ist es für einen Beamten oft unvorstellbar, daß tatsächlich ein Mittagessen in der Schlemmerstube über Geschäfte entscheidet und man sich in Paris oder Nizza auch betriebsbedingt aufhalten kann (Gelsenkirchen ist selten ein Problem). Das Private dem Grunde nach ist hier ebenso umstritten und umstreitbar wie die Bemessung der Privatanteile der Höhe nach. Gleichwohl sind jedoch auch diese Bereiche der Einigung nicht verschlossen. Ich nehme gerade diesen Problembereich zum Anlaß, die Einigungstechniken weiter zu konkretisieren (Tz. 522 ff.).

517 Wichtig ist die **Wiederbelebung** des **Erledigten**. Regelmäßig ist vor der Schlußbesprechung eine Summe von Einzelfeststellungen erledigt und abgehakt. Sie sind klar und eindeutig. Gleichwohl müssen beide Seiten sie kennen und beherrschen. Ihre Reanimation gehört zum taktischen Werkzeug. Wenn die Positionen sich verhärten, „dann wird um alles bis zum Bundesfinanzhof gestritten"; „dann streiten wir um jeden Pfennig"; „dann werden alle bisherigen Einigungen widerrufen". Erschreckt vor dem, was jeder der anderen Seite antun könnte, kehrt man zur Einigungssuche zurück.

518 Bilden sich **Frontverhältnisse,** müssen sie **aufgelöst** werden. Je **größer** die **Anzahl** der **Teilnehmer** der Schlußbesprechung, desto **bewegungsloser** die **Fronten.** Der Sachgebietsleiter der Betriebsprüfung darf seinem Prüfer nicht in den Rücken fallen. Der Finanzamtsvertreter kann die Prüfung nicht brüskieren und offen sein Entscheidungsrecht ausüben. Kein Beamter kann einen Fehler eingestehen. Der Steuerbürger muß seiner Erregung proportional zu dem Engagement der Schlußbesprechungsteilnehmer Ausdruck verleihen, sofern er nicht dieses selbst

durch die eigenen „Ausbrüche" bestimmt. Der Berater muß nachziehen; „auf keinen Fall" darf er fiskalische Gedanken äußern; dem Finanzamt zuzustimmen, scheint bereits fast fiskalisch. Das Vortasten zum Kompromiß wird zum Kampf gegen den vermeintlichen Anschein, Schwäche zu zeigen. Ein großes Positionsreden zieht sich über den Morgen, bis die Fronten, einvernehmlich erlösend, aufgebrochen werden. In „Kleingesprächen" (Beispiel: Sachgebietsleiter/Berater), im Separée abgeschirmt von den anderen, läßt man hinter die Fassaden schauen und den Verhandlungsspielraum abmessen. Was zwei Stunden diskutiert und verfestigt wurde, so als ob es um Dogmen bester Güte ginge, wird in zehn Minuten erledigt. Das Einzelgespräch kann auch anders zusammengesetzt sein. Es gibt Unternehmer, die mit Lust Härte zeigen, um im 4-Augen-Gespräch mit dem Vorsteher in das große Entgegenkommen einzusteigen und zugleich wesentliche Zugeständnisse des also geschmeichelten oder hervorgehobenen Vorstehers mitzunehmen. Natürlich gibt es auch Beamte, die dies beherrschen.

Zu **Einigungstechniken** im **Detail** s. Tz. 522 ff.   519

Ziel einer Schlußbesprechung im Einigungsweg ist stets der **sachliche**   520
Erfolg, nicht der persönliche Triumph. Beraterwort: „Die gute Einigung bringt dem Steuerpflichtigen den Erfolg und der Betriebsprüfung das Erfolgsgefühl."

Ist die **Einigung erreicht,** ist ein Stück **steuerlicher Rechtsfrieden ge-**   521
schaffen.

III. Einigungstechniken im Detail

Die Prüfungspraxis hat eine Vielzahl von **Methoden, Verfahren, Ar-**   522
gumenten und **Scheinargumenten** etc. entwickelt, um **Einigungen** zu
realisieren. Einige Techniken stelle ich hier **beispielhaft** am Problem
der **Abgrenzung** der **betrieblichen** von der **privaten Sphäre** dar[273].

Die Techniken müssen folgenden **Bedingungen** genügen, um für den   523
Steuergesetzen verpflichteten Beamten akzeptabel zu sein:

---

273 Vgl. hierzu auch STRECK, Erfahrungen mit der Rechtsanwendungspraxis der
Finanzämter (einschließlich Außenprüfungsstellen) bei der Abgrenzung der
Betriebsausgaben/Werbungskosten von den Privatausgaben, in: Söhn
(Hrsg.), Die Abgrenzung der Betriebs- und Berufssphäre von der Privat-
sphäre im Einkommensteuerrecht, 1980, 273, 283; dort insbesondere auch
weitere Nachweise.

524 Dem Finanzamt wird **dem Grunde** nach **zugebilligt,** Privataufwendungen von berufsbedingten Aufwendungen zu trennen.

525 Dem Finanzamt wird darüber hinaus **grundsätzlich** das Recht zuerkannt, **Betriebsausgaben,** die eine irgendwie bestimmte Privatsphäre berühren, entweder zu **streichen** oder **aufzuteilen.** Hierbei gilt die Vermutung, daß der Steuerbürger in dieser Ausgabengruppe ohnehin etwas versteckt hat, so daß man einer Streichung in einvernehmlicher Höhe kaum ausweichen kann.

526 **Privatsphäre** ist der **Bereich,** den der **Beamte** und der **Steuerbürger** jeweils **hierunter verstehen.** Man akzeptiert, daß beide Vorstellungen nicht übereinstimmen, aber über eine „Schnittmenge" verfügen. Auf Einzelheiten geht man nicht ein.

527 Der Beamte **unterläßt** es, in den **privaten Lebensbereich** durch Ermittlungen **einzudringen.** Fragen werden auf ein Minimum reduziert. Behauptungen hinsichtlich des Sachverhalts werden geglaubt.

528 Der Steuerbürger unterläßt es, dem **Prüfer** die **eigenen Vorstellungen** von dem Privatbereich, insbesondere aber das eigene Selbstverständnis des Berufs, **aufzudrängen.**

529 Wechselseitig wird **akzeptiert,** daß man sich **nicht** über die **Rechtfertigung einigen** kann, über die **Rechtsfolge** aber **einigen muß.**

530 Die Einigung umfaßt **keine Präjudizierung.** Sie gilt nur für den Sachverhalt und nur für den Zeitraum, auf den sie sich bezieht.

531 Unter Wahrung dieser Grundpositionen **einigt** man sich „schlicht" auf **Zahlen,** seien es Kürzungs-, Anerkennungs- oder Aufteilungszahlen. Durch die **Neutralität** der **Ziffern** zieht man sich aus dem streitgefährdeten Bereich der „wahren" Sachverhalte zurück. Geht der Prüfer mit dem Steuerpflichtigen Spesenbeleg für Spesenbeleg durch, wird es zu keiner Einigung über auch nur 1 DM zweifelhaften Aufwand kommen. Völlig unabhängig hiervon ist eine Pauschalkürzung aller Spesenaufwendungen in Höhe von 1 000 DM pro Jahr einvernehmlich erreichbar.

532 Ausgehend von diesen Grundannahmen läßt sich folgender **Katalog** von **Einigungstechniken** formulieren:

533 An erster Stelle stehen die **Pauschalierungen** der **Finanzverwaltung,** zB die Pauschalen für die Mehraufwendungen für Verpflegung[274] oder die pauschalierte Privat-Nutzung des Pkw[275].

---

274 Abschnitt 119 EStR.
275 Abschnitt 118 EStR.

Diese Pauschalen werden wegen ihrer **formalen Qualität** anerkannt. 534
Der Steuerbürger fragt kaum danach, ob die Pauschalen für die Mehraufwendungen für Verpflegung materiell zutreffend pauschalieren
oder schätzen; ihm reicht die Ziffer, die einmal den Mehraufwand
grundsätzlich anerkennt und zum anderen die Ermittlung über den tatsächlichen Mehraufwand erspart. Hinzu kommt, daß die Pauschalen
selten zwingend sind. Dem Steuerbürger wird die Alternative angebo-
ten: Annahme der Pauschalen oder Einzelnachweis. Dies ist eine faire
Wahlmöglichkeit, selbst wenn die in der Regel gewählten Pauschalen
zu gering sind. Der Geprüfte spürt subjektiv keine Rechtsverkürzung
und wählt den praktikableren Weg[276].

Neben diese Richtlinienregelungen treten Verfahren der **individuel-** 535
len Verhandlung im Einzelfall. So werden Privataufwendungen gestrichen, weil die Privatveranlassung – so wie sie Prüfer und Steuerbürger
verstehen oder so wie der Bürger akzeptiert, daß der Prüfer sie verstehen muß – gegeben ist. Die Bereitwilligkeit des Bürgers kann durchaus
außersteuerliche Gründe haben, so können zB Streitkosten und Streit-
betrag in keinem für ihn sinnvollen Verhältnis stehen[277].

Aufwendungen werden gestrichen, weil der Beamte dies für geboten 536
hält. Dem Streit wird dadurch ausgewichen, daß das Finanzamt in irgendeinem anderen Bereich eine „**Kompensation**" gewährt.

Aufwendungen, die privat-verdächtig sind, werden **pauschal** um einen 537
bestimmten Betrag oder Prozentsatz **gekürzt**. Etwa: Kürzung um
1 200 DM pro Jahr. Streichung von 15 % der Spesen usw. Bemerkens-
wert an dieser pauschalen Kürzung ist wiederum die Tatsache, daß der
Kürzungsbetrag nicht mit dem Anspruch ermittelt wird, der normati-
ven Strenge exakt zu entsprechen. Der Kürzung haftet vielmehr etwas
Formelhaftes an, um den eingangs ausgedrückten Umständen zu entsprechen.

---

276 Die **Befriedungsfunktion** der **Pauschalierungen** wird in der rechtskräftigen Entscheidung des FG Düsseldorf VIII 307/74 E vom 6. 12. 1978, EFG
   1979, 224, deutlich: Das Finanzamt war in die – naturgemäß streiterzeugen-
   de – Detailermittlung eingetreten, um festzustellen, daß die Dienstreisen-
   pauschalen zu einer unzutreffenden Besteuerung führen. Das Finanzgericht
   wies dies eindeutig zurück; der Zweck der Pauschalen würde in ihr Gegenteil verkehrt, wenn ihre Berechtigung aufgrund eines gebotenen Einzel-
   nachweises überprüft werden könnte. Vgl. auch BFH VI R 15/81 vom
   25. 10. 1985, HFR 1986, 184 mit Anm.
277 Ein einseitig zu Lasten des Steuerbürgers wirkendes Motiv; denn der Beamte trägt kein Kostenrisiko.

Aufteilungsmöglichkeiten

538   Ähnlich ist der Weg, gebuchte **tatsächliche Kosten,** die dem Prüfer als unangemessen erscheinen, durch **fiktive, typische Kosten** zu ersetzen. Gedanklich erfolgt keine Kürzung, sondern eine Substituierung.

539   Alle **Aufteilungsmöglichkeiten** werden großzügig auch dort genutzt, wo das **strenge Recht** die Aufteilung **verbietet**[278]. Aufteilungsverbote werden als praxisunfreundlich angesehen, da häufig nur die Aufteilung der Abkehr vom „alles oder nichts" und den Weg zur Einigung ebnet.

540   **Berufsbedingte Mehrausgaben** für **typische Privatbereiche** werden im Wege **pauschalierender Schätzung** erfaßt. In der BFH-Entscheidung IV R 3/73[279] zum Kleidermehraufwand einer Sängerin spiegelt sich ein in der Praxis geübtes Verfahren wider. Der Gesamtaufwand wird im Schätzungsweg gekürzt oder der Mehraufwand unmittelbar geschätzt.

541   Hat der **Steuerpflichtige selbst Aufwendungen aufgeteilt,** spricht die tatsächliche Vermutung für die Richtigkeit der Aufteilung. Dies gilt allerdings nicht für Telefon- und Pkw-Kosten, bei denen die Aufteilung allgemein üblich und üblicherweise von Beginn an selbst Streitstoff ist. Angesprochen sind hier Aufwendungen, die in der Regel nicht aufgeteilt werden und bei denen der Steuerbürger folglich durch seine Aufteilung bereits einen atypischen Schritt auf die Verwaltung hin unternimmt. Es wird eine objektive Gegebenheit geschaffen, die die Zuordnung ermöglicht.

542   Ist ein **Gegenstand,** der sowohl privat als auch beruflich nutzbar ist, **doppelt** vorhanden, ist es möglich, ein Objekt der beruflichen, ein Objekt der Privatsphäre zuzuordnen. Ein Gegenstand wäre von dem Aufteilungsverbot betroffen; zwei Gegenstände erlauben die Trennung ohne Aufteilung, die sich für die einvernehmliche Beurteilung mit kaum zu erhöhender Eindringlichkeit anbietet. Durch die BFH-Rechtsprechung ist sie vorgezeichnet[280]. Man kann diese Art der Aufteilung als unsozial[281] bezeichnen, man kann über sie spotten – ihre Kraft, eine streitvermeidende Besteuerung im Abgrenzungsbereich zu ermöglichen, wird man hierdurch nicht berühren.

---

278 Vgl. bestätigend WENZIG, StBp. 1979, 4, zu einer Aufteilung von Telefonkosten.

279 Vom 11. 11. 1976, BB 1978, 1293; s. auch Tz. 545 und FN 283.

280 Vgl. zB BFH VI R 305/69 vom 28. 4. 1972, BStBl. 1982 II, 723, betr. Fachliteratur; VI R 208/75 vom 29. 4. 1977, BStBl. 1977 II, 716.

281 Vgl. LABUS, BB 1971, 75; RUDOLPH, BB 1976, 1615.

Prüfer streichen Betriebsausgaben **ungern** allein **wegen formeller** 543
Mängel, zB aus den Gründen des § 4 Abs. 7 EStG. Erkennt der Beamte,
daß Aufwendungen tatsächlich angefallen sind und nur formelle Voraussetzungen des Abzugs fehlen, ist häufig erreichbar, daß zumindest
ein Teilabzug anerkannt wird[282].

Auf der anderen Seite: Sind bei Betriebsausgaben, die die Privatsphäre 544
berühren, die formellen Voraussetzungen gegeben, dringt der Beamte
selten bis zur materiellen Berechtigung vor. Die **formelle Korrektheit**
erlaubt ihm, auf den streitbefangenen Eingriff in die Privatsphäre zu
verzichten.

Schließlich kennt die Praxis die Möglichkeit, einer durch § 12 Nr. 1 545
EStG oder § 4 Abs. 7 EStG gebotenen vollständigen Streichung einvernehmlich dadurch die Härte zu nehmen, daß zwar einerseits die **Strei-**
chung akzeptiert wird, andererseits aber der Prüfer bereit ist, **Be-**
triebsausgaben oder Werbungskosten im Betrag X **zu schätzen.** Natürlich handelt es sich hierbei um einen Schein-Normvollzug. Man
folgt dem Gebot der Nichtanerkennung. Die Möglichkeit der Ausga-
benschätzung entnimmt man im übrigen einer anderen Norm, nämlich
§ 162 AO. In der Entscheidung zur Bekleidung einer Sängerin ist der
BFH selbst diesen Weg gegangen[283].

Sucht man in der Schlußbesprechung eine Einigung über mehrere 546
Punkte, so sind die **Abgrenzungsfragen** stets **Schlußpunkte,** nicht
aber der Diskussionsbeginn. Stehen sie am Anfang des Gesprächs, bieten sie sich geradezu an, Gegenstand einer langandauernden, heftigen
Diskussion zu werden. Stehen sie am Schluß des Gesprächs, bieten

---

282 Die Praxis **sträubt** sich, die **strengen** formellen **Anforderungen** – s.
Abschn. 20 Abs. 23–27 EStR mit BFH-Rechtsprechung – voll zu **realisieren.**
Es fällt auch Prüfern schwer, Betriebsausgaben zu streichen, die unstreitig
Betriebsausgaben sind.
283 BFH IV R 3/73 vom 11. 11. 1976, BB 1978, 1293, mit Anm. von Oswald: Die
Kleidungskosten hätten eigentlich dem Abzugsverbot des § 12 Nr. 1 EStG
unterliegen müssen (ebenso Tipke, StuW 1979, 202); gleichwohl wurden
60 % der Ausgaben zum Abzug zugelassen; Grund: Der Abzug komme deshalb in Betracht, „weil die **Anwendung** des **Aufteilungs-** und **Abzugsver-**
bots im Streitfall nicht nur über seinen Sinn und Zweck hinausgreift, sondern auch **gegen** das **Gebot** der **materiellen Steuergerechtigkeit** und damit gegen ein höherrangiges Rechtsprinzip verstoßen würde" (Hervorhe-
bung von mir). Dazu Görlich, DB 1979, 715: Das Gesetz weicht dem Recht.
– In ähnlicher Weise verfährt im übrigen in § 4 Abs. 5 Nr. 7 EStG das Gesetz selbst; hier setzt das Finanzamt an die Stelle unangemessener Aufwendungen, die die Lebensführung berühren, die angemessenen Kosten.

sich die vorerwähnten Techniken umgekehrt mit der gleichen Intensität an, um die Einigung nicht an der leidigen Abgrenzung scheitern zu lassen.

IV. Die Schlußbesprechung ohne Einigung; der notwendige Streit

547   Es gibt auch Betriebsprüfungsfälle, die **streitig bleiben** oder streitig bleiben **müssen.**

548   Ursache des fortdauernden Streits kann die **Unfähigkeit** sein, zu einer Einigung zu finden.

549   Häufig wird der Fortbestand der Auseinandersetzung durch ein eingeleitetes oder drohendes **Steuerstrafverfahren** verursacht. Da der Vorwurf der Steuerhinterziehung voraussetzt, daß Steuern verkürzt wurden, ist es vernünftig und verständlich, daß die Verteidigung eben bei dem Steueranspruch ansetzt. Das Bemühen, den materiellen Steueranspruch, den der Prüfer oder ein Strafverfolger für strafverdächtig hält, durchzusetzen, führt unweigerlich zum Streit.

550   Der Hintergrund von möglichen **Haftpflichtansprüchen** kann den Streit verursachen.

551   Natürlich kann auch die von **beiden Seiten akzeptierte** und der Sache nach vertretbare **Auseinandersetzung** über eine Sachverhalts- oder Rechtsfrage zum Streit führen.

552   Der Grund des Streits bestimmt seinen **Umfang.**

553   Geht es um **isolierte Rechts-** und **Sachfragen,** so steht der Einigung im übrigen nichts im Wege. Das gleiche gilt, wenn nur bestimmte einzelne Punkte einen Steuerstrafverdacht auslösen oder zu einer Haftpflichtgefahr führen.

554   Gelangen Steuerpflichtiger und sein Berater jedoch zur Erkenntnis, daß die Finanzverwaltung eine durchaus gewollte und mögliche **Einigung** wegen ihrer besonders **harten Position verweigert,** oder stehen mehrere Punkte im **Steuerstrafverdacht,** so empfiehlt es sich nicht, über einzelne Punkte vorab eine Klärung herbeizuführen. Hier sollte über alle Punkte gestritten werden. Einigungen über Teilbereiche haben sodann auch keine Wirksamkeit mehr[284]. Auch sie sind in den Streit aufzunehmen. Die Gründe sind einsichtig. Wenn die Finanzverwaltung nach Ansicht des Steuerpflichtigen nicht bereit ist, in ange-

---

284 Zum Problem der bindenden tatsächlichen Verständigung s. Tz. 493 ff.

messenem Umfang nachzugeben, so fehlt auch für den Steuerpflichtigen jeder berechtigte Grund, in Einzelfragen nachzugeben, und zwar auch in solchen Punkten, in denen man sich bereits im Hinblick auf eine Gesamtbereinigung geeinigt hatte. Auch sollte bei solchen Streitüberlegungen eine zukünftige Einigung nicht aus dem Auge verloren werden. In dieser Einigung sollen sich alle Streitpunkte zu einem angemessenen Ergebnis zusammenfügen; dies ist jedoch nur dann möglich und denkbar, wenn die Streitpunkte bis zu diesem Zeitpunkt offenbleiben.

J. Prüfungsbericht (Bp.-Bericht)

„Über das Ergebnis der Außenprüfung ergeht ein **schriftlicher Bericht**   555
(Prüfungsbericht). Im Prüfungsbericht sind die für die Besteuerung erheblichen Prüfungsfeststellungen in tatsächlicher und rechtlicher Hinsicht sowie die Änderungen der Besteuerungsgrundlagen darzustellen. Führt die Außenprüfung zu keiner Änderung der Besteuerungsgrundlagen, so genügt es, wenn dies dem Steuerpflichtigen schriftlich mitgeteilt wird" (§ 202 Abs. 1 AO)[285]. Dieser im Gesetz als Prüfungsbericht bezeichnete Bericht heißt in der Prüfungsumgangssprache kurz **„Bp.-Bericht"**.

Nach § 202 Abs. 1 AO hat der Steuerpflichtige grundsätzlich einen **An-**   556
spruch auf den Prüfungsbericht[286]. Werden Abfassung und Zusendung unterlassen, so kann der Geprüfte dies mit der **Untätigkeitsbeschwer-**
de (§ 349 Abs. 2 AO; Tz. 645 ff.) anfechten. Es schließt sich der Weg zu den Finanzgerichten an[287].

Nur wenn die Prüfung zu **keiner Änderung** führt, so genügt eine   557
schriftliche Mitteilung hierüber (§ 202 Abs. 1 S. 3 AO).

Die **Prüfungsfeststellungen** sollen in tatsächlicher und rechtlicher   558
Hinsicht **dargestellt** werden. Eine solche Darstellung muß aus sich selbst heraus verständlich sein. Die lapidare Mitteilung von ergebnismäßig zusammengefaßten Zahlen stellt keinen Prüfungsbericht dar. Dies gilt auch dann, wenn diese Mitteilungen mit dem Hinweis verbunden sind, nähere Einzelheiten könnten in der Prüfungsakte eingesehen werden. Weder der Steuerpflichtige noch das auswertende Fi-

---

285 BFH I R 214/82 vom 17. 7. 1985, BStBl. 1986 II, 21: Der Prüfungsbericht dient dazu, **rechtliches Gehör** zu **gewähren**. Vgl. zum Bp.-Bericht auch WENDT, HBP 4020 (1983).
286 WENZIG, StBp. 1981, 76.
287 Zum Finanzrechtsweg s. BFH IV R 127/78 vom 11. 12. 1980, BStBl. 1981 II, 457.

Stellungnahme zum Bp.-Bericht

nanzamt noch später das Finanzgericht sind verpflichtet, sich die Prüfungsfeststellungen aus Akten zusammenzusuchen[288].

559 Aus Rationalisierungsgründen tendiert die Verwaltung zu **Kurzberichten**[289]. Soweit im Bericht Feststellungen dargestellt werden, über die Einigkeit erzielt wurde, ist die Kürze vertretbar. Bleiben Punkte offen und strittig, so ersetzt die hoheitliche Kürze auf keinen Fall die notwendige Begründung[290]. Werden Punkte, über die Einigkeit erzielt worden ist, wieder streitig, muß die Darstellung und Begründung nachgeliefert werden.

560 Der Bericht wird dem Steuerpflichtigen oder seinem Berater **zugestellt**.

561 Bei **Personengesellschaften** geht der Bericht an die Personengesellschaft. **Ausgeschiedene Gesellschafter** haben einen Anspruch auf Zusendung des Berichts[291], allerdings nur der Teile, die sich auf die Zeiträume ihrer Beteiligung beziehen[292].

562 **Grundsätzlich** kann gelten: Der Prüfungsbericht wird demjenigen zugestellt, dem auch die Prüfungsanordnung bekanntzugeben ist. Daher sei hier auf die Tz. 209 ff. verwiesen.

563 Das Gesetz geht davon aus, daß der **Prüfungsbericht** mit den **Auswertungsbescheiden** (dazu Tz. 570 ff.) zugesandt wird.

564 **Auf Antrag** des Steuerpflichtigen ist jedoch der **Bericht vor Auswertung zuzusenden** und dem Steuerpflichtigen die Möglichkeit zu geben, Stellung zu nehmen (§ 202 Abs. 2 AO). In der **Praxis** ist der Antrag auf vorherige Zusendung des Berichts die Regel. Der Steuerpflichtige sollte die Antragsmöglichkeit nutzen. Er hat sodann die Möglichkeit, sich zum Prüfungsbericht zu äußern, bevor dieser in Steuerbescheide umgesetzt wird. Er kann überprüfen, ob das Ergebnis der Schlußbesprechung richtig dargestellt ist. Auch kann er gegebenenfalls zu einzelnen strittigen Punkten noch einmal Stellung nehmen.

565 Gegen den **Prüfungsbericht** selbst kann ein **Rechtsbehelf nicht** eingelegt werden[293].

---

288 FG Düsseldorf II 188/81 vom 14. 1. 1982, EFG 1982, 393.
289 Vgl. hierzu den Schriftwechsel des Deutschen Steuerberaterverbands e. V. mit dem BdF 1976–1980, StEK AO 1977 § 202 Nr. 2 und 4 sowie, ausführlich, HBP 0550.
290 Vgl. auch BdF vom 20. 12. 1979, StEK AO 1977 § 202 Nr. 2.
291 Offengelassen von BFH IV R 127/78 vom 11. 12. 1980, BStBl. 1981 II, 457.
292 BFH IV R 127/78, aaO (FN 291).
293 BFH I R 214/82 vom 17. 7. 1985, BStBl. 1986 II, 21.

In **Streitfällen** ist es nicht immer zweckmäßig, zum Bp.-Bericht Stel- 566
lung zu nehmen. Dies gilt insbesondere dann, wenn mit der Stellungnahme nur längst bekannte Sachverhaltshinweise und Argumente wiederholt werden. In solchen Fällen ist nicht zu erwarten und kann nicht
erwartet werden, daß der Bp.-Bericht vor seiner Auswertung geändert
wird; s. auch Tz. 573 f. Sinnvoll ist eine Stellungnahme allerdings dann,
wenn Prüfungsberichte mit entscheidend neuen Angriffsmitteln angegangen werden.

Das **Finanzamt** ist durch den **Prüfungsbericht** grundsätzlich **nicht** ge- 567
bunden. Etwas anderes gilt nur dann, wenn bereits in der Schlußbesprechung verbindliche Entscheidungen getroffen wurden (s. Tz. 491). Ist dies
nicht der Fall, so werden die Feststellungen der Prüfung erst durch die
Auswertungsbescheide (Tz. 570 ff.) Entscheidungen des Finanzamts. Bis
zu diesem Zeitpunkt kann das Finanzamt zu Lasten des Steuerpflichtigen
vom Bericht abweichen. Für diesen Fall ordnet § 12 BpO an, daß vor einer
Abweichung grundsätzlich die Außenprüfung zu hören ist. „Bei wesentlichen Abweichungen zuungunsten des Steuerpflichtigen soll auch diesem Gelegenheit gegeben werden, sich hierzu zu äußern." Die letztge-
nannte Einschränkung auf wesentliche Abweichungen ist mE nicht angebracht. Weicht das Finanzamt von einem Prüfungsbericht ab, so sollte es
grundsätzlich vorher den Steuerpflichtigen anhören. Dies folgt aus dem
Gebot der Gewährung rechtlichen Gehörs[294].

Die Praxis kennt neben den Prüfungsberichten noch den sog. **Rotbe-** 568
richt, dh. den Bericht des Prüfers über **steuerstrafrechtlich** erhebliche
Umstände[295]. Nach § 202 AO ist der gesamte Bericht des Prüfers dem
Steuerpflichtigen bekanntzugeben. Es ist zweifelhaft, ob hiernach ein
„geheimer" Rotbericht für die Bußgeld- und Strafsachenstelle zulässig
ist (der in der Regel dem Steuerpflichtigen auch im Wege der Akten-
einsicht nicht zugänglich wird). Das Problem ist noch wenig diskutiert[296]. ME erstreckt sich zumindest das **Akteneinsichtsrecht** im Strafverfahren auf den Rotbericht[297].

---

294 Vgl. hierzu auch BFH I R 214/82, aaO (FN 293).
295 Vgl. hierzu die Kleine Anfrage LT Rheinland-Pfalz, Drucks. 9/1758 vom
7. 10. 1981.
296 Ablehnend SCHICK in Hübschmann/Hepp/Spitaler, § 202 Anm. 69 ff. (April
1980) mwN.
297 **Für** Einsichtsrecht TIPKE/KRUSE, § 202 Anm. 2 (Nov. 1985); STRECK, KÖSDI
1978, 2814; DERS., BB 1984, 203; **dagegen** HILDEBRANDT, StBp. 1982, 270;
DERS., BB 1984, 1226; WENDT in HBP 4020, 14 (1983). Für den **Streit** um die
Einsicht in den Rotbericht ist der Finanzrechtsweg gegeben, BFH VII R
110/68 vom 24. 11. 1971, BStBl. 1972 II, 284.

569 Außerdem gibt es in einzelnen Bundesländern den sog. **Grünbericht.** Hierbei handelt es sich um Feststellungen, die für die Veranlagungsbezirke bestimmt sind und nicht in den Bp.-Bericht aufgenommen werden. Zumeist geht es um Hinweise für zukünftige Veranlagungszeiträume; der Sache nach handelt es sich zumeist um Kontrollmitteilungen[298].

K. Auswertung

I. Auswertungsbescheide

570 Als **Auswertungsbescheide** bezeichnet man in der Praxis die Steuerbescheide, durch die die Prüfungsergebnisse bescheidmäßig ausgewertet werden. Für sie gelten die allgemeinen Regeln der Steuerbescheide.

571 Die Auswertung erfolgt durch das für den Steuerpflichtigen oder die Gesellschaft **zuständige Finanzamt.**

572 **Innerhalb** des **Finanzamts** ist grundsätzlich der Beamte zuständig, in dessen Zuständigkeit die Veranlagung für den Steuerpflichtigen bzw. die Gesellschaft fällt.

573 Aufgrund innerorganisatorischer Anweisungen kann auch der Prüfungsdienst selbst die bescheidmäßige Auswertung vornehmen. Dies ist die sog. **veranlagende Betriebsprüfung**[299]. Verfahrensmäßig ist dies regelmäßig nur dann möglich, wenn die Betriebsprüfung Teil des für den Veranlagungsdienst zuständigen Finanzamts ist. § 195 S. 3 AO gestattet jedoch darüber hinaus, die mit einer Außenprüfung beauftragte Finanzbehörde (vgl. Tz. 43) auch damit zu beauftragen, im Namen der zuständigen Finanzbehörde die Steuerfestsetzung vorzunehmen.

574 **Praxishinweis:** Wertet die Außenprüfung ihre eigenen Berichte selbst aus, ist eine eigene Stellungnahme zum Prüfungsbericht vor der Auswertung in aller Regel wenig sinnvoll.

---

298 Auch insoweit als unzulässig angesehen von Schick, aaO (FN 296); mE unzutreffend, s. Tz. 672 f. Die Praxis ist gebilligt durch Einf.Erlaß AO 1977, StEK AO 1977 Vor § 1 Nr. 1 Zu § 202 (1976).

299 Vgl. dazu ausführlich Zint, HBP 5100 (1983).

II. Berichtigungsmöglichkeit

In der Regel sind die geprüften Veranlagungszeiträume bereits veranlagt. Führt die Prüfung zu Feststellungen, die eine Berichtigung dieser Steuerveranlagungen erforderlich machen, so können die vorliegenden **Veranlagungen nur geändert** werden, wenn dies **gesetzlich möglich** ist.   575

In aller Regel stehen die Steuerbescheide bis zur Betriebsprüfung unter dem **Vorbehalt** der **Nachprüfung (§ 164 AO)**. „Solange der Vorbehalt wirksam ist, kann die Steuerfestsetzung aufgehoben oder geändert werden" (§ 164 Abs. 2 S. 1 AO). Daraus folgt, daß in den Fällen des Vorbehalts der Nachprüfung die Steuerbescheide nach einer Außenprüfung ohne weiteres geändert werden können.   576

Nach § 164 Abs. 3 S. 3 AO ist der **Vorbehalt** der **Nachprüfung nach** einer **Außenprüfung aufzuheben,** wenn sich Änderungen gegenüber der Steuerfestsetzung unter dem Vorbehalt der Nachprüfung nicht ergeben. Daraus folgt, daß ein Vorbehalt auch im Fall des Berichtigungsbescheids aufzuheben ist. Der Berichtigungsbescheid selbst darf nicht mehr unter dem Vorbehalt der Nachprüfung ergehen[300]. Die Praxis der Finanzämter verfährt teilweise anders. Hiergegen sollte man sich wehren.   577

Führt die Außenprüfung nach ihrem angeordneten Umfang nur zu einer **Teilüberprüfung** der Besteuerungsgrundlagen (zB Überprüfung der Vorsteuern im Rahmen einer Umsatzsteuersonderprüfung), so kann der Vorbehalt der Nachprüfung bestehen bleiben[301]. Hiervon zu trennen ist die Frage, ob eine wiederholende Prüfung des gleichen Gegenstands zulässig ist (vgl. hierzu Tz. 82 ff.).   578

Waren die Bescheide vor der Außenprüfung **bestandskräftig,** ist eine **Berichtigung** nach § **173 Abs. 1 AO** möglich. Nach **Nr. 1** dieses Absatzes können Steuerbescheide aufgehoben oder geändert werden, soweit Tatsachen oder Beweismittel nachträglich bekannt werden, die zu einer **höheren** Steuer führen. Dies ist der Regelfall der Außenprüfung.   579

Werden Tatsachen oder Beweismittel nachträglich bekannt, die zu einer **niedrigeren** Steuer führen (Steuerbescheid also zugunsten des Steuerpflichtigen), so kann der Bescheid nur geändert werden, sofern den Steuerpflichtigen kein grobes Verschulden daran trifft, daß die Tatsachen oder Beweismittel erst nachträglich bekannt werden. Eine   580

---

300 Vgl. Tipke/Kruse, § 164 Anm. 9 (Nov. 1983).
301 Vgl. Tipke/Kruse, § 164 Anm. 9 (Nov. 1983).

Verjährung

Änderung zu Lasten des Steuerpflichtigen ist also eher möglich als diejenige zugunsten des Steuerpflichtigen. Auf das Verschulden kommt es jedoch nicht an, wenn die Tatsachen oder Beweismittel in einem unmittelbaren oder mittelbaren Zusammenhang mit solchen Tatsachen oder Beweismitteln stehen, die eine Änderung zu Lasten des Steuerpflichtigen verursachen (§ 173 Abs. 1 Nr. 2 AO).

581 Aus der „Soweit"-Formulierung des § 173 Abs. 1 AO – und zwar Nr. 1 und Nr. 2 – folgt, daß eine Bescheidänderung **nur soweit** möglich ist, als gerade die neuen **Tatsachen** oder **Beweismittel** eine Bescheidänderung verursachen (sog. **Punktberichtigung**). Diese Rechtsfolge steht im Gegensatz zu dem bis 1976 geltenden Recht, wonach eine neue Tatsache eine Wiederaufrollung des gesamten Steuerfalls und eine Änderung der Bescheide auch in anderen Punkten erlaubte. **Beispiel:** Das Finanzamt hat bei der ersten Veranlagung übersehen, daß ein Grundstück gewinnrealisierend aus dem Betriebsvermögen entnommen worden ist, obwohl dies aus der Information der Steuerakte ersichtlich war. Die Veranlagung wird bestandskräftig. Sie steht nicht unter dem Vorbehalt der Nachprüfung. Anläßlich einer Außenprüfung entdeckt der Prüfer, daß die Voraussetzungen von gebildeten Gewährleistungsrückstellungen nicht gegeben sind. Die Feststellung berechtigt nur zur Korrektur des Punktes „Rückstellungen" (daher Punktberichtigung), nicht aber zur Korrektur der Erfassung des bisher nicht versteuerten Entnahmegewinns. Dieser bleibt endgültig steuerfrei.

582 Sind **Steuerbescheide aufgrund** einer **Außenprüfung ergangen,** so können sie nur aufgehoben oder geändert werden, wenn eine Steuerhinterziehung oder eine leichtfertige Steuerverkürzung vorliegt (**§ 173 Abs. 2 AO**). Zur Problematik der hier auch angesprochenen Prüfung nach Prüfung s. Tz. 82 ff. S. im übrigen zu dieser Berichtigungsmöglichkeit, ihren Bedingungen und der möglichen **Einschränkung** nach **Treu und Glauben** STEUERFAHNDUNG, Tz. 884 ff.

Zur Berichtigungsmöglichkeit bei **Schätzungen** s. Tz. 1065 ff.

III. Verjährung

583 Eine **Auswertung** der Prüfungsfeststellungen ist insoweit **nicht** mehr **möglich,** als **Verjährung** eingetreten ist. Allerdings hemmt die Außenprüfung die Verjährung (Tz. 591 ff.).

584 Die **steuerliche** Verjährung unterscheidet seit der Abgabenordnung 1977 die **Festsetzungs-** und die **Zahlungsverjährung.**

Ablaufhemmung durch Bp.

Für die **Festsetzungsverjährung** gelten die §§ 169 bis 171 AO. Sie be- 585
trifft die bescheidmäßige Festsetzung von Steuern und Besteuerungsgrundlagen. Die **Zahlungsverjährung** ist in den §§ 228 bis 232 AO geregelt. Sie betrifft die Verjährung festgesetzter Steuer- und Erstat-
tungsansprüche.

Die **Festsetzungsfristen** betragen gem. § 169 AO im **Normalfall 4 Jah-** 586
re, bei hinterzogenen Steuern 10 Jahre, bei leichtfertiger Steuerverkürzung 5 Jahre. Für Zölle und Verbrauchsteuern gilt die einjährige Frist.
Ebenfalls gilt eine einjährige Festsetzungsfrist nach § 239 AO für Zinsen.

Die **Zahlungsverjährung** beträgt einheitlich **5 Jahre** (§ 228 AO). Wei- 587
tere Einzelheiten s. §§ 228 bis 232 AO. Die Zahlungsverjährung ist wegen den vielfältigen Unterbrechungsmöglichkeiten (§ 231 AO) in der
Praxis nicht von gravierender Bedeutung.

Für das Steuerrecht gilt grundsätzlich die „**Kalenderverjährung**", dh. 588
Festsetzungsfristen beginnen immer mit dem Ablauf eines Kalenderjahres. Dasselbe gilt für die Zahlungsverjährung (vgl. § 229 AO).

Die **Festsetzungsfrist beginnt** mit dem Ablauf des Kalenderjahres, in 589
dem die Steuer entstanden ist. Abweichend hiervon beginnt die Festsetzungsfrist dann, wenn Steuererklärungen oder Steueranmeldungen
abzugeben sind, mit Ablauf des Kalenderjahres, in dem die Steuererklärung oder Steueranmeldung eingereicht wird, spätestens mit Ablauf
des 3. Kalenderjahres, das auf das Kalenderjahr folgt, in dem die Steuer entstanden ist. Vgl. hierzu im einzelnen § 170 AO.

Für die Festsetzungsfrist kennt § 171 AO verschiedene Fälle der **Ab-** 590
laufhemmung, in denen die Festsetzungsfrist nicht abläuft. Hinweis
auf den Gesetzeswortlaut.

Für das **Außenprüfungsverfahren** ist die Ablaufhemmung nach **§ 171** 591
Abs. 4 AO von Bedeutung: Wird vor Ablauf der Festsetzungsfrist mit
einer Außenprüfung begonnen oder wird deren Beginn auf Antrag hinausgeschoben, so läuft die Festsetzungsfrist für die Steuern, auf die
sich die Außenprüfung erstreckt oder im Fall der Hinausschiebung der
Außenprüfung erstrecken sollte, nicht ab, bevor die aufgrund der Außenprüfung zu erlassenden Steuerbescheide unanfechtbar geworden
sind oder nach Bekanntgabe der Mitteilung, daß Änderungen aufgrund
der Außenprüfung nicht erfolgen, 3 Monate verstrichen sind.

Die Ablaufhemmung tritt auch ein, wenn die **Außenprüfung** auf **An-** 592
trag des **Steuerpflichtigen hinausgeschoben** wird. Dies ist also kein

Ablaufhemmung durch Bp.

geeignetes Mittel, die Verjährung herbeizuführen. Das Gesetz fingiert hier den Prüfungsbeginn und den Beginn der Ablaufhemmung. Entscheidend ist jedoch, daß der Geprüfte selbst die Verschiebung verursacht. Erfolgt die Verschiebung aufgrund einer Entscheidung des Prüfungsdienstes, so tritt die Ablaufhemmung nicht ein. Der Antrag des Steuerpflichtigen muß „erkennbar darauf abzielen, die Prüfung möge zu dem beabsichtigten Zeitpunkt unterbleiben und zu einem späteren Zeitpunkt durchgeführt werden... Es genügt nicht, daß der Steuerpflichtige ... durch sein Verhalten Anlaß zu einer Verschiebung der Betriebsprüfung gegeben hat..."[302]. Allein eine gesprächsweise geäußerte Bitte ist folglich nicht ausreichend[303].

593 Die Ablaufhemmung aufgrund des Antrags des Steuerpflichtigen setzt jedoch voraus, daß der **Antrag** über die **angemessene Zeit** des § 197 Abs. 1 Satz 1 AO (vgl. Tz. 223 ff.) hinausgeht. Beantragt der Steuerpflichtige, mit der Prüfung im Hinblick auf die kurzfristig angesetzte Außenprüfung erst nach Ablauf einer angemessenen Zeit zwischen Prüfungsanordnung und Prüfungsbeginn zu beginnen, so handelt es sich insoweit nicht um einen zur Ablaufhemmung führenden Antrag[304]. Beispiel: Wird die Prüfungsanordnung am 27. 12. bekanntgegeben und soll am 28. 12. mit der Prüfung begonnen werden, so kann der Geprüfte eine Verlegung beantragen, ohne daß eine Ablaufhemmung iSd. § 171 Abs. 4 AO eintritt.

594 Die **Anfechtung** einer Prüfungsanordnung und der Antrag auf Aussetzung der Vollziehung sind **kein Antrag** auf ein Hinausschieben der Außenprüfung[305].

595 Die Ablaufhemmung tritt im übrigen mit dem **tatsächlichen Prüfungsbeginn,** nicht mit der Prüfungsanordnung ein.

596 Beginn der Außenprüfung heißt, daß in **besonders qualifizierter** Weise mit der Prüfung begonnen wurde[306]. Nach der Rechtsprechung ist nicht erforderlich, daß die Prüfungsmaßnahmen gegenüber dem Steuerpflichtigen evident werden. Ein intensives Aktenstudium reicht aus[307].

---

302 Vgl. BFH VIII R 11/82 vom 11. 10. 1983, BStBl. 1984 II, 125, und OFFERHAUS, StBp. 1984, 69 f.
303 BFH VIII R 11/82, aaO (FN 302).
304 Vgl. FG Baden-Württemberg XI K 52/84 Z vom 30. 4. 1985, EFG 1985, 535.
305 FG Düsseldorf II 177/81 vom 22. 4. 1982, EFG 1982, 598.
306 Vgl. BFH VIII R 11/82 vom 11. 10. 1983, BStBl. 1984 II, 125; dazu OFFERHAUS, StBp. 1984, 70.
307 BFH II R 119/77 vom 7. 8. 1980, BStBl. 1981 II, 409; VIII R 11/82, aaO (FN 306).

Die Außenprüfung führt zur Hemmung der Verjährung der **Steuern** 597
und **Zeiträume,** auf die sich die Außenprüfung bezieht. Maßgebend ist
die **Prüfungsanordnung** und die hier bezeichneten Steuerarten und
Zeiträume, nicht der tatsächliche Prüfungsumfang[308]. Hieraus folgt,
daß es nicht in jedem Fall ratsam ist, das Nichtvorliegen einer Prüfungsanordnung bei einer Prüfung zu rügen; sie würde in diesem Fall
verfügt werden und die Grundlage für die Ablaufhemmung geben (vgl.
auch Tz. 245).

Die Frage der Ablaufhemmung ist für **jeden Steuerpflichtigen,** zB 598
auch für jede **Gesellschaft,** gesondert zu prüfen. Die Verjährung der
Einkommensteuer des Gesellschafters einer Kapitalgesellschaft wird
nicht durch die Prüfung bei der Kapitalgesellschaft gehemmt, und zwar
auch insoweit nicht, als es um die Einkommensteuer auf eine verdeckte Gewinnausschüttung geht[309]. Bei Konzerngesellschaften führt der
Beginn der Prüfung bei einer Gesellschaft nicht zur Ablaufhemmung
bei den anderen Gesellschaften[310].

Die **Ablaufhemmung greift** nach § 171 Abs. 4 S. 2 AO **nicht,** wenn ei- 599
ne Außenprüfung unmittelbar nach ihrem Beginn für die Dauer von
mehr als **6 Monaten** aus Gründen **unterbrochen** wird, die die Finanzbehörde zu vertreten hat.

Die Ablaufhemmung kennt nur **zwei Zeitgrenzen:** Die Festsetzungs- 600
verjährung läuft nicht ab, bevor die aufgrund der Außenprüfung erlas-
senen Steuerbescheide unanfechtbar geworden sind. Sie läuft außerdem nicht ab, bevor nach Bekanntgabe der Mitteilung, es komme nicht
zu einer Änderung, 3 Monate verstrichen sind. Grundsätzlich kann
hiernach die Ablaufhemmung **zeitlich unbegrenzt** andauern[311]. Die
Rechtsprechung billigt dies; in Betracht kommt allenfalls die Verwirkung des Steueranspruchs, die die Rechtsprechung jedoch nur äußerst
selten annimmt. Reine Untätigkeit führt nicht zur Verwirkung[312]. Das

---

308 Vgl. GIESBERTS, Anm. 121 ff. GlA sind TIPKE/KRUSE, § 171 Anm. 16 (Mai
1983), mit der weiteren Einschränkung, daß innerhalb des durch die Prüfungsanordnung umschriebenen Zeitraums die tatsächliche Prüfung maßgebend ist. Diese zusätzliche Grenzziehung ist in der Praxis jedoch nur
schwer zu bestimmen.
309 Vgl. BFH VIII R 64/77 vom 24. 4. 1979, BStBl. 1979 II, 744, mit HFR-Anm.
1979, 458.
310 BFH VIII R 11/82 vom 11. 10. 1983, BStBl. 1984 II, 125, mit Anm. von OFFER-
HAUS, StBp. 1984, 69 f.
311 Zur Kritik EHLERS, Betriebsprüfung – Tod der Verjährung?, StBp. 1982, 25.
312 Vgl. BFH IV R 89/74 vom 14. 9. 1978, BStBl. 1979 II, 121; FG Köln VII (XVI)
4/79 vom 16. 6. 1982, EFG 1982, 597. Günstiger: FG München IV 253/72

Fortgang des Verfahrens

Steuerbereinigungsgesetz 1986 **beseitigt ab 1. 1. 1987** diesen **Mangel**
und fügt § 171 Abs. 4 AO folgende Zeitbegrenzung an: „Die Festsetzungsfrist endet spätestens, wenn seit Ablauf des Kalenderjahrs, in
dem die Schlußbesprechung stattgefunden hat, oder, wenn sie unterblieben ist, seit Ablauf des Kalenderjahrs, in dem die letzten Ermittlungen im Rahmen der Außenprüfung stattgefunden haben, die in § 169
Abs. 2 genannten Fristen verstrichen sind; eine Ablaufhemmung nach
anderen Vorschriften bleibt unberührt"[313]. Das Finanzamt muß also zumindest in einem Zeitraum, der den Verjährungszeiten entspricht
(Tz. 585), die Prüfungsergebnisse auswerten.

L. Fortgang des Verfahrens; Beendigung der Außenprüfung

601 Liegen die **Auswertungsbescheide** vor, können diese mit dem **Einspruch** angefochten werden (s. Tz. 624 ff.).

602 Wird über den Einspruch entschieden, steht der Weg zu den **Finanzgerichten** offen.

603 Sowohl der Einspruch als auch die Klage hindern nicht die Fälligkeit
der Steuerschuld, die aus den Auswertungsbescheiden folgt. Die Fälligkeit entfällt nur dann, wenn **Aussetzung** der **Vollziehung** gewährt
wird. Hierfür ist ein besonderes Antragsverfahren in der Abgabenordnung und Finanzgerichtsordnung vorgesehen (vgl. Tz. 651 ff.).

604 Die Finanzverwaltung hat die Möglichkeit, den Prüfungsbericht
steuerstrafrechtlich zu überprüfen. Bei Mehrsteuern in größerem Umfang ist dies die Regel. An eine Außenprüfung kann sich folglich ein
Steuerstrafverfahren anschließen. Vgl. hierzu auch im einzelnen Tz.
715 ff.

605 Die Frage, wann die **Außenprüfung beendet** ist, ist nicht allgemein zu
beantworten. Sie stellt sich immer im Hinblick auf bestimmte Rechtsfolgen.

606 Durch die Zusendung des Prüfungsberichts **erledigt** sich in der Regel
die **Prüfungsanordnung**[314]. Sie ist nicht mehr mit der Beschwerde

---

vom 21. 11. 1974, EFG 1975, 131: Ende der Ablaufhemmung, wenn seit Ablauf des Kalenderjahres, in dem die Bp. begann, weitere 5 Jahre verstrichen
sind.

313 **Steuerbereinigungsgesetz 1986** vom 19. 12. 1985, BGBl. 1985 I, 2436, BStBl.
1985 I, 735; **Inkrafttreten:** vgl. Art. 25 des Gesetzes vom 19. 12. 1985.

314 Vgl. BFH I R 214/82 vom 17. 7. 1985, DB 1985, 2490.

anfechtbar; allerdings kann ihre Rechtswidrigkeit noch festgestellt werden (vgl. Tz. 234).

Die durch die Außenprüfung erzeugte **Ablaufhemmung** der Festset- 607
zungsfrist läßt diese Frist nicht eher ablaufen, bevor die aufgrund der Außenprüfung zu erlassenden Steuerbescheide unanfechtbar gewor-
den sind oder nach Bekanntgabe der Mitteilung nach § 202 Abs. 1 S. 3 (vgl. Tz. 555, 557) drei Monate verstrichen sind (vgl. § 171 Abs. 4 AO). S. Tz. 591 ff., in Tz. 600 auch zur neueingeführten absoluten Zeitgrenze.

Soweit die Außenprüfung zu einer Sperre bzgl. der **Selbstanzeige** führt 608
(§ 371 Abs. 2 Nr. 1a AO; Tz. 262 f.), endet die Sperre nach hA mit der Zustellung der Auswertungsbescheide[315].

Die Folgen des § 164 Abs. 3 AO – **Aufhebung** des **Vorbehalts** der 609
Nachprüfung nach einer Außenprüfung (Tz. 577) – sind im Anschluß an den Betriebsprüfungsbericht bzw. der Feststellung, daß sich keine Änderung der Besteuerungsgrundlagen ergibt, zu ziehen.

Der **gesteigerte Bestandsschutz** des § 173 Abs. 2 AO (Tz. 582) tritt mit 610
den Auswertungsbescheiden (Tz. 570 ff.) bzw. der Mitteilung ein, daß die Außenprüfung zu keiner Änderung der Besteuerungsgrundlagen geführt hat (Tz. 555, 557).

---

315 STEUERFAHNDUNG, Tz. 227.

Dritter Teil
Einzelthemen im Zusammenhang

A. Rechtsbehelfe und Rechtsschutz in der Außenprüfung

I. Allgemeines; Verweisungen

611 Ist der Beginn der **Prüfung akzeptiert, treten** das Recht und die **förmlichen Rechtsstreitigkeiten zurück.** Die Prüfungstätigkeit wird als faktisches Handeln begriffen, bei dem die rechtlichen Formen und Möglichkeiten nur selten sichtbar sind. Das gleiche gilt für die Information des Prüfers und für Gespräche, Diskussionen und Einigungen mit dem Prüfer. Dies ist für den Regelfall richtig. Als **Rechtsnetz** (in das man fällt, wenn das gute tatsächliche Klima versagt) sollte man jedoch die **Rechtsbehelfsmöglichkeiten** beherrschen.

612 Mit den **Rechtsbehelfen** kann sich der geprüfte Unternehmer gegen **alle Maßnahmen** der Außenprüfung zur Wehr setzen. Es gibt förmliche und nicht förmliche Rechtsbehelfe. Die **förmlichen Rechtsbehelfe** setzen ein formalisiertes Verwaltungsverfahren in Gang, das später in ein Gerichtsverfahren einmünden kann. Die **nicht förmlichen** Rechtsbehelfe veranlassen, daß tatsächlich, ohne förmliches Verfahren, eine Verwaltungsmaßnahme überprüft wird.

613 Bereits in der Darstellung des Ablaufs der Außenprüfung habe ich Rechtsbehelfe behandelt. Ich **verweise** hier auf die Anfechtung der Prüfungsanordnung (Tz. 227 ff.), die Anfechtung der Ausdehnung des Prüfungszeitraums (Tz. 137 ff.), Rechtsbehelfe gegen die Anordnung von Mitwirkungspflichten im Laufe der Prüfung (Tz. 405 ff.), Rechtsbehelfe von hinzugezogenen Dritten (Tz. 439 ff.), Rechtsbehelfe bei Kontrollmitteilungen (Tz. 469 ff.), Rechtsbehelfe bzgl. der Schlußbesprechung (Tz. 490), bzgl. des Prüfungsberichts (Tz. 565), Rechtsbehelfe bei Ermittlungen außerhalb des Prüfungszeitraums (Tz. 687 ff.), Rechtsbehelfe bei Ermittlungen im Ausland und für das Ausland (eingearbeitet in die Tz. 774 ff.).

II. Gegenvorstellung

614 Die Gegenvorstellung ist ein **nicht förmlicher Rechtsbehelf.** Mit ihr wendet sich der Steuerpflichtige an den Beamten und die Dienststelle,

deren Verhalten er beanstandet. Ist der Unternehmer mit einer Maßnahme des Prüfers nicht einverstanden und bittet er den Prüfer oder seinen Sachgebietsleiter um Überprüfung, so ist dies eine Gegenvorstellung.

Die Gegenvorstellung bedarf **keiner Form;** sie ist auch telefonisch möglich. 615

Die Gegenvorstellung ist an **keine Frist** gebunden. 616

Mit der Gegenvorstellung kann **alles gerügt** werden: Verwaltungsakte und tatsächliches Verhalten, sachliche Entscheidungen und persönliches Benehmen des Prüfers. 617

In der **Praxis** ist die Gegenvorstellung äußerst **häufig,** ohne daß die Beteiligten ihr Verhalten unter diesem Begriff verstehen. Jedes „Sich-Wehren" gegen eine Prüfungsmaßnahme innerhalb der Betriebsprüfung ist eine Gegenvorstellung. 618

Eine fast schon formalisierte Gegenvorstellung ist die **Stellungnahme** zum **Prüfungsbericht.** 619

III. Antrag auf schriftliche Ausfertigung

Der Antrag auf schriftliche Ausfertigung eines Verwaltungsakts ist **kein Rechtsbehelf;** gleichwohl wird er hier behandelt, da er in der Praxis ein notwendiges **Vorbereitungsmittel** für ein Rechtsbehelfsverfahren sein sollte. 620

Abgesehen von den Steuerbescheiden können **Verwaltungsakte** im Steuerverfahren regelmäßig auch **mündlich** ergehen. Gerade in der Außenprüfung sind mündliche Verwaltungsakte häufig. Jeder mündliche Verwaltungsakt „ist **schriftlich** zu **bestätigen,** wenn hieran ein berechtigtes Interesse besteht und der Betroffene dies unverzüglich verlangt" (§ 119 Abs. 2 S. 2 AO). Ein Interesse wird man immer dann bejahen müssen, wenn der Steuerpflichtige erwägt, den Verwaltungsakt förmlich anzufechten; denn die Grundlage des Streits kann nur durch die schriftliche Fixierung klargelegt werden. 621

Praxisempfehlung daher: Soll ein mündlicher Verwaltungsakt mit der Beschwerde angefochten werden, so ist neben dem Antrag auf Aussetzung der Vollziehung (Tz. 651 ff.) auch der Antrag auf schriftliche Ausfertigung zu stellen. 622

Einspruch und Beschwerde

623 Wird der Antrag auf schriftliche Ausfertigung **abgelehnt,** so ist hiergegen die **Beschwerde** gegeben.

IV. Einspruch

624 Der Einspruch ist ein **förmlicher Rechtsbehelf.**

625 Der Einspruch wird gegen die **Verwaltungsakte** eingelegt, die in § 348 **Abs. 1 AO** aufgezählt sind. Hierzu zählen insbesondere alle **Steuerbescheide.**

626 Der Einspruch ist **schriftlich** einzulegen oder zur **Niederschrift** bei dem **Finanzamt** zu erklären; Einlegung durch Telegramm ist zulässig (§ 357 Abs. 1 AO).

627 Der Einspruch muß innerhalb eines **Monats** eingelegt werden (§ 355 AO). Enthält der Verwaltungsakt **keine Rechtsbehelfsbelehrung,** kann der Einspruch innerhalb eines **Jahres** eingelegt werden (§ 356 Abs. 2 AO). Im Gegensatz zu den Verwaltungsakten, die mit der Beschwerde anzufechten sind (Tz. 630 ff.), sind jedoch die Verwaltungsakte, die mit dem Einspruch anzufechten sind, in aller Regel mit einer Rechtsbehelfsbelehrung versehen.

628 Über den Einspruch **entscheidet** das **Finanzamt** durch Einspruchsentscheidung. Hiergegen ist die **Klage** vor dem Finanzgericht gegeben.

629 Das Einspruchsverfahren und spätere Klageverfahren sind die **richtigen Rechtsbehelfsverfahren,** um sich gegen **Feststellungen** und **Rechtsfolgen** der **Außenprüfung** förmlich zu **wehren,** sofern die nicht förmliche Stellungnahme zum Bp.-Bericht (s. Tz. 564) keinen Erfolg hat.

V. Beschwerde

630 Die Beschwerde ist ein **förmlicher Rechtsbehelf.**

631 Die Beschwerde wird gegen **alle Verwaltungsakte** eingelegt, die **nicht** mit dem **Einspruch** anzufechten sind (§ 349 Abs. 1 AO). Damit ist die Beschwerde der **Regelrechtsbehelf** im Bereich der Außenprüfung (Tz. 641 ff.).

632 Mit der Beschwerde sind **beispielsweise** anzufechten: Ablehnung des Antrags, eine Außenprüfung durchzuführen; Prüfungsanordnungen; Ablehnung des Antrags, eine Außenprüfung zu verschieben; Anforde-

rungen des Prüfers, bestimmte Unterlagen vorzulegen; Auskunftsverlangen des Prüfers; Anforderungen, einen Raum zum Prüfen zur Verfügung zu stellen; Ablehnung einer Schlußbesprechung; Abbruch einer Prüfung.

Die Anfechtung mit der Beschwerde setzt einen **Verwaltungsakt** voraus. Folglich können nicht mit der Beschwerde angefochten werden: Betriebsprüfungsberichte, sonstige Berichte wie Rotbericht und Grünbericht (Tz. 568 f.); Rechtsansichten und Diskussionsbeiträge des Prüfers; Vermutungen und Annahmen des Prüfers; tatsächliche Erkenntnisse des Prüfers.   633

Die Rechtsprechung des BFH neigt dazu, die **Schwelle zum Verwaltungsakt** bei der Prüfungstätigkeit äußerst **niedrig** anzusetzen (vgl. Tz. 687).   634

Die Beschwerde wird bei dem Finanzamt oder der zuständigen Oberfinanzdirektion **schriftlich,** zur **Niederschrift** oder per Telegramm eingelegt (§ 357 Abs. 1 AO).   635

Die Beschwerde muß innerhalb eines **Monats** eingelegt werden (§ 355 Abs. 1 AO).   636

Ergeht der Verwaltungsakt **schriftlich** und enthält er **keine Rechtsbehelfsbelehrung,** so kann die Beschwerde innerhalb eines **Jahres** eingelegt werden (§ 356 Abs. 2 AO)[316].   637

Die mit der Beschwerde anzufechtenden Verwaltungsakte innerhalb der Betriebsprüfung (Anforderung von Unterlagen usw.) werden in der Regel **nicht schriftlich** erteilt, so daß für die Anfechtung tatsächlich nur ein **Monat** zur Verfügung steht.   638

Ergehen die Verwaltungsakte schriftlich, ist auch hier eine **alsbaldige Anfechtung ratsam,** da eine spätere Beschwerde, die formell noch rechtsmöglich ist, nach Treu und Glauben als verwirkt angesehen werden kann, zumal dann, wenn der angefochtene Verwaltungsakt vollzogen ist. Vgl. hierzu zB Tz. 232.   639

Die Außenprüfung kann der **Beschwerde abhelfen.** Hilft sie ihr nicht ab, so entscheidet über die Beschwerde die nächsthöhere Behörde durch Beschwerdeentscheidung. Dies ist in der Regel die Oberfinanzdirektion, dort, wo durch eine Dienststelle der OFD geprüft wird (Tz. 36), das Finanzministerium. Vgl. § 368 AO.   640

---

316 Diese gesetzliche Möglichkeit schließt die Wiedereinsetzungsnorm des § 110 Abs. 1 AO aus (BFH I R 214/82 vom 17. 7. 1985, BStBl. 1986 II, 21).

Einsatz der Beschwerde

641 Das Beschwerdeverfahren ist das **Regelverfahren** gegen alle Entscheidungen, Anforderungen und Verfügungen der Außenprüfung, sofern es sich um Verwaltungsakte handelt und keine mit dem Einspruch anzufechtenden Bescheide, insbesondere Steuerbescheide, vorliegen. Hieraus könnte man ableiten, daß Beschwerdeverfahren in der Außenprüfung häufig sind. Das Gegenteil ist der Fall. Im Verhältnis zur Masse der anfechtbaren Verwaltungsakte ist die **Beschwerde selten.** Hier erweist sich, daß die Prüfung einen Teil des Besteuerungsverfahrens darstellt, der in erster Linie nicht von den normierten Regeln des Streitverfahrens, sondern vom „fair-play" beherrscht wird. Stets vor der Beschwerde die Diskussion, die Erörterung, das nicht förmliche Sich-Wehren. Die Beschwerde ist die **ultima ratio.**

642 Kommt man allerdings mit einem Prüfer nicht zurecht, etwa weil dieser selbst den hoheitlichen Förmlichkeiten Vorrang vor einer angemessenen Prüfungsart einräumt, kann der Geprüfte die Außenprüfung mit **Beschwerden „einhageln".** Denkt man daran, daß jede Anforderung des Prüfers einen anfechtbaren Akt darstellt[317], dessen schriftliche Bestätigung verlangt werden kann (s. Tz. 620 ff.), der mit der Beschwerde anfechtbar ist und dessen Aussetzung der Vollziehung (dazu Tz. 651 ff.) begehrt werden kann, ist unschwer vorstellbar, daß jeder geprüfte Steuerpflichtige der hoheitlichen Attitüde die Mühseligkeit der Rechtsbehelfsverfahren entgegensetzen kann.

643 Zur **Steuerung** einer Prüfung durch Beschwerden s. Tz. 308 ff.

644 Die Verwaltungsakte der Prüfer ergehen in der Regel **ohne Rechtsbehelfsbelehrung.** Es handelt sich ohne Zweifel um ein „wesentliches" Recht des Steuerpflichtigen, alle Anforderungs-Verwaltungsakte des Prüfers anfechten zu können. Gleichwohl fehlt in dem Merkblatt der Finanzverwaltung[318] „über die wesentlichen (!) Rechte und Mitwirkungspflichten des Steuerpflichtigen bei der Außenprüfung" die Belehrung über die Rechtsbehelfsmöglichkeit der Beschwerde. Gerade da die Einzelanforderung nahezu ausschließlich ohne Rechtsbehelfsbelehrung erfolgt, hätte es sich zwingend aufdrängen müssen, in das Merkblatt diese Rechtsbehelfsbelehrung aufzunehmen. Was fürchtet hier die Finanzverwaltung: Den Rechtsstreit oder die rechtliche Überprüfung[319]?

---

317 Vgl. WENZIG, StBp. 1981, 80.
318 Vgl. BStBl. 1982 I, 657; Anlage 4.
319 Nach WENZIG, StBp. 1981, 120, wird sich die Finanzverwaltung auch in diesem Bereich mit Rechtsbehelfsbelehrungen anfreunden müssen.

VI. Untätigkeitsbeschwerde

Die Untätigkeitsbeschwerde ist als **förmlicher Rechtsbehelf** eine Unterart der **Beschwerde**. Mit ihr kann nach § 349 Abs. 2 AO geltend gemacht werden, daß über einen gestellten Antrag auf Erlaß eines Verwaltungsakts ohne Mitteilung eines zureichenden Grundes binnen angemessener Frist sachlich nicht entschieden worden ist.

645

Angreifbar ist **jede Untätigkeit** des Finanzamts hinsichtlich des Antrags, einen Verwaltungsakt zu erlassen, auch wenn der begehrte Verwaltungsakt selbst mit dem Einspruch oder der Beschwerde anzufechten ist. Aus dem **Bereich** der **Außenprüfung** kommen in Betracht: Antrag, eine Prüfung durchzuführen, bestimmte Ermittlungen vorzunehmen, eine abgebrochene Außenprüfung fortzusetzen.

646

Entscheidet die Finanzbehörde **nicht** über einen **außergerichtlichen Rechtsbehelf** (über einen Einspruch oder eine Beschwerde), so kann dies nicht mit der Untätigkeitsbeschwerde angegriffen werden (§ 349 Abs. 2 S. 2 AO). Für diese Untätigkeit gibt es die **Untätigkeitsklage** nach § 46 FGO.

647

Die Untätigkeit muß sich auf einen **Verwaltungsakt** beziehen. Folglich fällt nicht in den Bereich der Untätigkeitsbeschwerde das Verlangen, der Prüfer möge bestimmte tatsächliche Handlungen (schlechtes Benehmen, arrogantes Auftreten etc.) unterlassen; hier hilft nur die Gegenvorstellung (Tz. 614 ff.), die Dienstaufsichtsbeschwerde (Tz. 658 ff.) und der Befangenheitsantrag (Tz. 665 ff.).

648

Die Untätigkeitsbeschwerde wird **wie** die **Beschwerde eingelegt** (s. Tz. 635).

649

Die Untätigkeitsbeschwerde ist erst zulässig, wenn eine **angemessene Frist,** innerhalb der die Behörde tätig werden kann, **verstrichen** ist. Diese Frist ist im Gesetz nicht bestimmt; hierin liegt das entscheidende Problem der Untätigkeitsbeschwerde, da niemand weiß, wo die Fristgrenze zu setzen ist. In der **Praxis** hat die Untätigkeitsbeschwerde keine Bedeutung. Gleichwohl sollte sie im Einzelfall eingesetzt werden. Auch wenn um die Angemessenheit der Frist gestritten wird, auch wenn der Finanzbehörde die Angemessenheit der Frist bestätigt wird, führt die Untätigkeitsbeschwerde tatsächlich dazu, daß das Finanzamt wirksam gedrängt wird, schneller zu arbeiten. Insoweit kann die Untätigkeitsbeschwerde auch dort angebracht sein, wo sie selbst unzulässig ist.

650

VII. Aussetzung der Vollziehung

651 Der Antrag auf Aussetzung der Vollziehung ist selbst kein förmlicher Rechtsbehelf. Es handelt sich jedoch um einen **notwendigen Begleiter.**

652 Verwaltungsakte des Finanzamts, gleichgültig, ob sie mit dem Einspruch oder der Beschwerde anfechtbar oder angefochten worden sind, können von dem Finanzamt idR sofort vollzogen, dh. erzwungen werden. Die Steuern aufgrund eines Steuerbescheids sind zu der gesetzten Frist zahlbar; die Geschäftsunterlagen, deren Vorlage der Prüfer verlangt, sind sofort vorzulegen. **Einspruch** und **Beschwerde hemmen nicht** die **Vollziehung** (§ 361 Abs. 1 AO). Die **Vollziehung kann** jedoch **ausgesetzt** werden, wenn ernstliche Zweifel an der Rechtmäßigkeit des angefochtenen Verwaltungsakts bestehen oder wenn die Vollziehung für den Betroffenen eine unbillige, nicht durch überwiegende öffentliche Interessen gebotene Härte zur Folge hätte (§ 361 Abs. 2 AO).

653 Die Aussetzung der Vollziehung erfolgt von **Amts wegen** oder auf **Antrag.**

654 **Lehnt** das Finanzamt die Aussetzung der Vollziehung **ab,** so kann dies mit der **Beschwerde** angefochten werden. Über die Beschwerde entscheidet die Oberfinanzdirektion. Hiergegen ist der Klageweg gegeben.

655 Alternativ kann sich der Steuerpflichtige nach § 69 FGO **unmittelbar** an das **Finanzgericht** wenden. Verfahrensrechtliche Voraussetzung ist, daß das Finanzamt die Aussetzung der Vollziehung verweigert (vgl. Art. 3 § 7 FG-Entlastungsgesetz).

VIII. Klageverfahren

656 Soweit die förmlichen Rechtsbehelfe vor den Finanzbehörden ausgeschöpft sind, kann sich der Steuerbürger an die **Finanzgerichte** wenden. Im Einzelfall ist auch ein unmittelbares Anrufen der Finanzgerichte möglich. Auf die Einzelheiten gehe ich in dieser Schrift nicht ein.

IX. Einstweilige Anordnung

Der einstweiligen Verfügung des zivilgerichtlichen Verfahrens entspricht die **einstweilige Anordnung** im Steuerverfahren (§ 114 FGO). Auch insoweit beschränke ich mich hier nur auf den Hinweis.   657

X. Dienstaufsichtsbeschwerde

Die Dienstaufsichtsbeschwerde ist ein **nicht förmlicher** Rechtsbehelf.   658

Mit der Dienstaufsichtsbeschwerde rügt der Steuerpflichtige ein bestimmtes **persönliches Verhalten** des Beamten. Hier geht es nicht um eine sachliche Streitfrage, sondern um Verhaltensweisen, die unmittelbar mit der Person eines Beamten verbunden sind.   659

Die Dienstaufsichtsbeschwerde wird bei dem **Vorgesetzten** des Beamten bzw. bei der **vorgesetzten Behörde** eingelegt. Sie kann auch unmittelbar der Dienststelle eingereicht werden, der der Beamte angehört, gegen den sie sich richtet. Über die Dienstaufsichtsbeschwerde entscheidet der Beamte bzw. die Behörde, in deren Hände die Dienstaufsicht liegt.   660

Das Verfahren der Dienstaufsichtsbeschwerde ist insgesamt **nicht geregelt.**   661

In der Praxis ist die Dienstaufsichtsbeschwerde nie als Regelrechtsbehelf, allenfalls als „**Notbremse**" ratsam. Sie führt häufig zu einem äußeren Zusammenschluß des Beamtencorps, da man einen Angriff auf die Person eines Kollegen abwehren will. Die häufig vom Steuerpflichtigen mit der Dienstaufsichtsbeschwerde gesuchte Befriedigung, der Beamte möge offen getadelt werden, wird man selten erreichen. Allenfalls erhält er intern einen Rüffel, während man als äußere Antwort auf die Dienstaufsichtsbeschwerde das Gegenteil erfährt. Die sachliche Gegenvorstellung und förmliche Rechtsbehelfe sind stets sinnvoller, da sie das äußere Gewand der Sachlichkeit wahren.   662

In der Hand eines **Beraters** kann die Dienstaufsichtsbeschwerde schnell **stumpf** werden. Nach einem bekannten Juristenwort ist sie formlos, fristlos, folgenlos. Wer als Berater häufig Dienstaufsichtsbeschwerden einlegt, gerät in die Gefahr, als Querulant zu gelten.   663

Ist gleichwohl eine Dienstaufsichtsbeschwerde im Einzelfall angebracht, sollte sie vom **Steuerpflichtigen selbst,** nicht vom Berater eingelegt werden. Der Ausdruck des „gerechten Bürgerzorns" wird aus der Bürgerfeder ernster genommen als aus einem Schriftsatz des Beraters.   664

XI. Befangenheitsantrag

665 „Liegt ein Grund vor, der geeignet ist, **Mißtrauen** gegen die **Unpartei-lichkeit** des Amtsträgers zu rechtfertigen oder wird von einem Betei-ligten das Vorliegen eines solchen Grundes behauptet, so hat der Amtsträger den Leiter der Behörde oder den von ihm Beauftragten zu unterrichten und sich auf dessen Anordnung der Mitwirkung zu ent-halten" (§ 83 Abs. 1 S. 1 AO).

666 Erfolgversprechender als die Dienstaufsichtsbeschwerde ist der **Befan-genheitsantrag** nach § 83 AO. Voraussetzung ist, daß ein Grund vor-liegt oder behauptet wird, der gegen die Unparteilichkeit des Prüfers spricht. Hier geht es nicht um eine konkret nachgewiesene Pflichtver-letzung des Beamten. Es reicht aus, wenn Sachverhaltsumstände vor-liegen, die dem Steuerpflichtigen den Schluß aufdrängen, der Prüfer könne nicht mehr unparteiisch – mag er in Wirklichkeit auch korrekt handeln – prüfen. Ist eine Außenprüfung völlig zerstritten, so ist mE re-gelmäßig ein Befangenheitsgrund gegeben.

667 Über den Befangenheitsantrag **entscheidet** der **Leiter** der Behörde. Be-trifft ihn selbst das Verfahren, so entscheidet die Aufsichtsbehörde (§ 83 Abs. 1 AO). Die Entscheidung ist – **entgegen** BFH und der **herr-schenden Lehre**[320] – mit der Beschwerde **anfechtbar**[321].

668 **Zur Praxis:** Selbst dann, wenn offenbar ein Befangenheitsgrund vor-liegt, sollte ernsthaft überlegt werden, ob der Antrag nach § 83 AO ge-stellt wird. Es gibt Sachgebietsleiter der Außenprüfung, die dem An-trag sofort folgen. Anstelle des „unmöglichen", „widerborstigen" usw. Prüfers tritt ein – auch im Benehmen – exzellenter Prüfer, dessen Prü-fungsergebnisse jedoch sehr viel schärfer ausfallen können. Wenn ein Außenprüfer Energie in der persönlichen Auseinandersetzung ver-schwendet, fehlt ihm diese Energie für die sachliche Prüfung.

XII. Schadensersatz

669 Die schuldhafte Amtspflichtverletzung durch den Außenprüfer ver-pflichtet das Land zum **Schadensersatz** nach den Regeln der **Amts-pflichtverletzung** (§ 839 BGB, Art. 34 GG)[322].

---

320 BFH IV B 60/80 vom 7. 5. 1981, BStBl. 1981 II, 634; Nds. FG VI 244/80 vom 1. 9. 1980, EFG 1981, 3; TIPKE/KRUSE, § 83 Anm. 2 (Nov. 1979); HELSPER in Koch, § 83 Anm. 5.

321 GlA KLEIN/ORLOPP, Anm. zu § 83.

322 S. hierzu zB die BGH-Entscheidung III ZR 149/72 vom 6. 2. 1975, DStR 1975, 587, mit Anm. von BERGER.

Zur fehlenden Entschädigungspflicht des Steuerpflichtigen bei der **In-** **670** **anspruchnahme** durch die **Prüfung** s. Tz. 408 f.; zur **Entschädigungspflicht** von **Dritten** s. Tz. 442 f.

B. Übergreifen der Außenprüfung auf Zeiträume außerhalb des Bp.-Zeitraums und auf Dritte

I. Auswirkungen der Prüfungsfeststellungen auf Zeiträume außerhalb des Prüfungszeitraums

Feststellungen aus Außenprüfungen können zu **steuerlichen Folgen** **671** **außerhalb des Prüfungszeitraums** führen. Wenn der Prüfer die Bemessungsgrundlage der AfA oder Rückstellungen ändert, hat dies Auswirkungen auf die nachfolgenden Jahre. Wenn der Prüfer feststellt, daß Privatanteile falsch bemessen sind, so regt er indirekt damit eine Überprüfung der Privatanteile der Vor- und Nachjahre an.

Soweit der Prüfer ausdrücklich in **Berichtsform** auf Änderungen in **672** Vor- und Nachjahren hinweist, geschieht dies in einzelnen Bundesländern durch sog. **Grünberichte** (vgl. auch Tz. 569). Dieser Grünbericht richtet sich nicht an den Steuerpflichtigen, sondern an den Veranlagungsbezirk und bezweckt Korrekturen der Veranlagungen außerhalb des Prüfungszeitraums.

Diese „**Kontrollmitteilungen**" innerhalb des **Besteuerungsverfahrens** **673** **eines Steuerpflichtigen** sind mE grundsätzlich zulässig[323]. Unzulässig sind sie nur dann, wenn die Feststellungen für die nachfolgenden Jahre in einer Weise getroffen werden, daß eine Außenprüfung ersetzt wird (vgl. hierzu auch die Einschränkung bei Kontrollmitteilungen in Tz. 460).

Folgerungen für nachfolgende Jahre können nur gezogen werden, **674** wenn die **Veranlagung** noch **offen** ist oder verfahrensrechtliche **Änderungsmöglichkeiten** vorliegen. Sind diese Bedingungen gegeben, ist die Berücksichtigung von einzelnen Bp.-Feststellungen in nachfolgenden Jahren unproblematisch.

Umstritten ist die Frage, ob mit dem Wissen des Prüfers auch in **offene** **675** **Vorjahre** hineingegangen werden kann. Kann zB aus einer Prüfung 1980 bis 1983 eine Änderung von Veranlagungen 1976 bis 1979 durchgeführt werden, ohne daß die Außenprüfung formell auf die Vorjahre

---

323 **AA** SCHICK in Hübschmann/Hepp/Spitaler, § 202 Anm. 69 ff. (April 1980).

ausgedehnt wird? Können zB punktuell aufgrund der Außenprüfung die Privatanteile, Mietwerte, Zinsen der Vorjahre korrigiert werden?

676 Sind die Vorjahre **bestandskräftig veranlagt,** so ist eine Korrektur nur nach § 173 Abs. 1 Nr. 1 AO möglich.

677 Aus dem formellen Verfahrensrecht bestehen keine Schranken, in die Vergangenheit zu gehen, wenn die Veranlagungen der Vorjahre nach § 164 AO noch unter dem **Vorbehalt** der **Nachprüfung** stehen.

678 Ist eine **Korrektur** verfahrensrechtlich **möglich,** so heißt dies noch nicht, daß die **Finanzverwaltung** von ihr **Gebrauch machen** soll und **muß.** Allgemein durch die Regelung der BpO und konkret durch die Prüfungsanordnung hat sie sich aufgrund einer möglichen Ermessensentscheidung für bestimmte ausgewählte Jahre entschieden, die geprüft werden sollen. Dies führt zu einer **Selbstbindung,** die nicht dadurch unterlaufen werden darf, daß aus der Außenprüfung zumindest punktuell eine Prüfung der Vorjahre wird[324]. Wenn Mittelbetriebe nur für die letzten drei Jahre geprüft werden sollen (Tz. 110), so darf diese klare Selbstbeschränkung nicht durch Einzelkorrekturen der Vorjahre fiskalisch verbessert werden. Diese Selbstbindung wird in einer Verfügung der OFD Düsseldorf anerkannt; sie erlaubt nur eine Verwertung solcher Informationen, die auch ein Sachbearbeiter im Finanzamt erfahren oder ermittelt hätte[325]. Es ist hypothetisch festzustellen, ob der Sachbearbeiter des Innendienstes ohne Außenprüfung die gleichen Informationen erhalten hätte; ist diese Frage zu bejahen, können sie verwertet werden. Soweit die Frage die Gerichte erreicht hat, wird allerdings der Finanzverwaltung die nahezu uneingeschränkte Verwertung von Prüfungsinformationen in Vorprüfungszeiträumen erlaubt[326].

---

324 Vgl. Bundessteuerberaterkammer vom 12. 1. 1983, StB 1983, 37; STRECK, KÖSDI 1981, 4359; DERS. in Felix (Hrsg.), Steuerkontrolle Folge 1, Anm. 686, - und DERS. in Streck (Hrsg.), Steuerkontrolle Folge 2, Anm. 70.

325 Vgl. OFD Düsseldorf, StEK AO 1977 § 193 Nr. 7 (1980); die Verfügung gilt nach NOTTHOFF, DB 1985, 1499, in Nordrhein-Westfalen; ähnlich auch FG Düsseldorf II 333/80 A und 334/80 A, KÖSDI 1981, 4018; NOTTHOFF, aaO, selbst schränkt die Wirkung der Verfügung ein.

326 Vgl. FG Münster III 3911/79 vom 7. 5. 1981, EFG 1982, 111 (Einzelermittlungen im Vorjahr betreffend; s. auch Tz. 684 u. FN 330); Nds. FG XII (VI) 2, 112/81 vom 26. 11. 1982, EFG 1983, 266; Nds. FG V 481/82 vom 17. 3. 1983, EFG 1983, 267; glA HEGER, StBp. 1983, 279; HFR-Anm. zu BFH I R 188/82 vom 14. 8. 1985, HFR 1986, 68 = BStBl. 1986 II, 2.

II. Ermittlungen des Prüfers außerhalb des Prüfungszeitraums

Während es in dem vorangegangenen Abschnitt um die Frage geht, ob 679
Informationen aus der Prüfung eines bestimmten Prüfungszeitraums in
anderen Veranlagungszeiträumen verwertet werden dürfen, geht es
hier um die **unmittelbare Prüfungstätigkeit** des Prüfers **außerhalb**
seines **Prüfungszeitraums.**

Führt der Prüfer außerhalb seines Prüfungszeitraums eine Prüfungstä- 680
tigkeit durch, die der Außenprüfung entspricht, so ist dies nur **aufgrund** einer **Prüfungsanordnung** möglich (Tz. 150 ff.).

Einzelermittlungen des Prüfers außerhalb des Prüfungszeitraums wer- 681
den für **zulässig** gehalten, ohne daß für diese Jahre außerhalb des Prüfungszeitraums die Zulässigkeitsbedingungen für eine Außenprüfung
vorliegen müssen; insoweit ist auch keine Prüfungsanordnung erforderlich. Der Prüfer stützt sich insoweit auf die generelle Ermittlungsbe-
fugnis des Finanzamts (§§ 88 ff. AO)[327].

Nur dann, wenn der Prüfer in eine **systematische Überprüfung** eines au- 682
ßerhalb seines Prüfungszeitraums liegenden Jahres übergeht („umfassende Überprüfung der Besteuerungsgrundlagen"[328]), er also tatsächlich die
Prüfung ausdehnt, überschreitet er die Grenzen, die die Abgabenordnung
selbst und die Finanzverwaltung sich in der BpO gezogen haben. Eine formelle Ausdehnung durch eine Prüfungsanordnung ist erforderlich.

Die **Differenzierung** ist **schwierig.** Eine einzige Sachverhaltsfrage 683
kann als Einzelermittlung erkannt werden; dies gilt auch noch für mehrere Sachverhaltsfragen; bei irgendeiner Summe der Einzelanfragen
wird jedoch die Einzelermittlung zu einer Außenprüfung. Bereits wegen dieser Abgrenzungsschwierigkeiten sollte sich der Prüfer bei Einzelermittlungen außerhalb des Prüfungszeitraums zurückhalten[329].

Im übrigen stellt sich auch hier die Frage, ob die Einzelermittlungen in 684
einem Veranlagungszeitraum, der vor dem Prüfungszeitraum liegt,
nicht die **BpO unterläuft.** Die formelle Zulässigkeit kann hier im Er-
messensbereich eingeschränkt sein. Allerdings verneinen Finanzverwaltung und – soweit bisher entschieden – die Finanzgerichte eine entsprechende Einschränkung[330].

---

327 Vgl. BFH IV R 244/83 vom 5. 4. 1984, BStBl. 1984 II, 790; IV R 154/82 vom
     23. 2. 1984, BStBl. 1984 II, 512. S. dazu NOTTHOFF, DB 1985, 1497.
328 BFH IV R 244/83, aaO (FN 327).
329 Vgl. auch PAPPERITZ, Inf. 1983, 343. Die Problematik entspricht der Frage,
     wann Kontrollmitteilungen in eine Außenprüfung übergehen (Tz. 460).
330 Vgl. FG Münster III 3911/79 vom 7. 5. 1981, EFG 1982, 111. Siehe weiter
     oben Tz. 678.

Einzelermittlungen

685 Der Betriebsprüfer muß dem Steuerpflichtigen gegenüber **deutlich** zu **erkennen** geben, ob er bezüglich eines Jahres, das außerhalb des Prüfungszeitraums liegt, im Rahmen einer Außenprüfung prüfen will oder im Wege von Einzelermittlungen tätig wird[331].

686 Das Ergebnis von **Einzelermittlungen** ist grundsätzlich **nicht** in den **Prüfungsbericht** aufzunehmen, da dieser ausschließlich den Ergebnissen der Außenprüfung vorbehalten ist. Geschieht dies gleichwohl, führt dies allerdings nicht zur Rechtswidrigkeit der Einzelmaßnahme[332].

687 Der Steuerpflichtige kann sich gegen die **Verwertung** von Ergebnissen aus **Einzelermittlungen** nur dadurch zur Wehr setzen, daß er die **Einzelmaßnahme selbst angreift.** Unterläßt er dies, kann die Rechtmäßigkeit dieser Einzelmaßnahme im Einspruchsverfahren gegen die Auswertungsbescheide nicht mehr überprüft werden[333]. **Daraus folgt**[334]: Jede Prüfungstätigkeit des Prüfers, die den Prüfungszeitraum überschreitet, muß angefochten werden, will man ihre Auswertung hindern. Der BFH hat hierzu auch die notwendige Rechtsqualifikation geliefert[335]: Die Prüfungstätigkeit ist insoweit ein angreifbarer Verwaltungsakt (und nicht ein nicht anfechtbarer Realakt).

688 Hat die **Anfechtung Erfolg,** erkennt also bereits die Finanzverwaltung oder später das Gericht, daß es sich um eine rechtswidrige Maßnahme handelt, so sind bereits **erzielte Ergebnisse nicht verwertbar.** Darüber hinaus kann die Einzelmaßnahme nicht wiederholt werden; andernfalls wäre die Erkenntnis über die Rechtswidrigkeit ohne Sinn[336].

689 Ist die **Prüfungstätigkeit** im Einzelfall **nicht angreifbar,** ist die **Auswertungsveranlagung** auch bezüglich der unzulässigen Maßnahmen des Prüfers anfechtbar[337].

---

331 Vgl. BFH IV R 244/83 vom 5. 4. 1984, BStBl. 1984 II, 790.

332 BFH IV R 244/83, aaO (FN 331).

333 BFH I R 210/79 vom 27. 7. 1983, BStBl. 1984 II, 285; IV R 154/82 vom 23. 2. 1984, BStBl. 1984 II, 512: Die Prüfung bei einem Einzelunternehmer kann auch zur auswertbaren Annahme einer Mitunternehmerschaft führen – ohne erneute Prüfungsanordnung gegenüber der Mitunternehmerschaft –, wenn der Einzelunternehmer die Prüfung der Mitunternehmerschaft nicht angegriffen hat (dazu auch Tz. 161); RENZ, StBp. 1985, 20.

334 Siehe BFH IV R 154/82, aaO (FN 333). Vgl. auch OFFERHAUS, StBp. 1986, 22: **Im Zweifel** sollte die **Zulässigkeit** der **Anfechtung angenommen** werden.

335 So BFH IV R 154/82, aaO (FN 333); in der Tendenz anders der I. Senat zur **faktischen Ausdehnung** einer Prüfung, die nicht als Verwaltungsakt begriffen wird (Tz. 194).

336 Nds. FG IX 125/80 vom 6. 12. 1984, EFG 1985, 266; aA WENZIG, DStZ 1984, 175.

337 BFH I R 210/79, aaO (FN 333); IV R 154/82, aaO (FN 333); Nds. FG, aaO (FN 336); RENZ, StBp. 1985, 20. S. auch Tz. 153.

III. Übergreifen der Außenprüfung auf Dritte

Problematisch und nicht abschließend geklärt ist die Möglichkeit des   690
Übergreifens der Außenprüfung auf **Dritte.**

Gesetzlich geregelt ist die Möglichkeit, **Kontrollmitteilungen** zu   691
schreiben; s. Tz. 455 ff.

Nach der insoweit problematischen Rechtsprechung des Bundesfinanz-   692
hofs können darüber hinaus **Prüfungsergebnisse** bei **Dritten verwertet** werden unabhängig davon, ob die Prüfungsanordnung bei dem Geprüften Bestand hat oder nicht; vgl. hierzu im einzelnen Tz. 161 ff.

Soweit der Prüfer für das für Ermittlungen zuständige Finanzamt han-   693
delt, kann er **Einzelermittlungsmaßnahmen** bei dem Dritten für dessen Besteuerung durchführen. Weiten sich diese Ermittlungen zu einer
Betriebsprüfung bei dem Dritten aus, so finden die Vorschriften der
§§ 193 ff. AO Anwendung.

C. Auskünfte, Zusagen und Treu-und-Glauben-Bindung

Auskünfte des Finanzamts, auch der Außenprüfung, über Tatsachen   694
oder über eine Rechtslage sind **unverbindliche Erklärungen**[338]. Sie
führen zu keiner Bindung der Steuerbehörde. Es handelt sich nicht um
angreifbare Verwaltungsakte[339]. Die Finanzbehörden sind zu solchen
Auskünften im Rahmen ihrer Zuständigkeit berechtigt. Eine Pflicht zur
Auskunftserteilung besteht nur, soweit dies gesetzlich vorgeschrieben
ist oder eine Ermessenseinengung dahingehend eingetreten ist, daß
das Finanzamt sein Ermessen zur Auskunftserteilung nur dahingehend
ausüben kann, daß die Auskunft zu erteilen ist.

Das für die Auskunft Gesagte gilt auch für die **Beratung** durch das **Fi-**   695
nanzamt oder die **Außenprüfung.**

Durch die **Zusage** will sich die Finanzbehörde zu einem bestimmten   696
künftigen Verhalten **verpflichten**[340]. Die Zusage ist bindend. Es handelt sich um einen mit der Beschwerde anfechtbaren Verwaltungsakt[341].

---

338 TIPKE/KRUSE, Vor § 204 Anm. 3 (Dez. 1981); SCHICK in Hübschmann/Hepp/
     Spitaler, Vor § 204 Anm. 6 ff. (Juni 1977).
339 TIPKE/KRUSE, aaO (FN 338), Anm. 5; SCHICK, aaO (FN 338), Anm. 10.
340 TIPKE/KRUSE, aaO (FN 338), Anm. 6; SCHICK, aaO (FN 338), Anm. 23.
341 TIPKE/KRUSE, aaO (FN 338), Anm. 13 ff.; SCHICK, aaO (FN 338), Anm. 36;
     KIENEMUND, DB 1984, 1433.

697 Die Finanzbehörde ist **berechtigt, Zusagen** zu **erteilen.** Eine Pflicht kann sich aus dem Gesetz ergeben. Im übrigen liegt die Möglichkeit zur Zusage im pflichtgemäßen **Ermessen** der Finanzbehörde, das sich im Einzelfall dahin einengen kann, daß die Zusage erteilt werden muß[342].

698 In der Praxis ist die **Zusage** nicht die Regel, sondern die **Ausnahme,** obwohl der Steuerpflichtige ein unmittelbares und drängendes Interesse an Zusagen haben kann (zB bei Neugründungen von Gesellschaften oder bei Umgründungen).

699 Die **Zusage** ist an eine **Form** nicht gebunden. Sie kann mündlich, telefonisch oder schriftlich, im Einzelfall auch konkludent erfolgen.

700 **Gesetzlich** geregelte **Zusagen** sind die verbindliche Zolltarifauskunft (§ 23 ZG), die Zusage einer Zollermäßigung (§ 26 ZG) und die Lohnsteueranrufungsauskunft nach § 42e EStG.

701 Im **Rahmen** der **Außenprüfung** regeln §§ **204 ff. AO** eine verbindliche Zusage im Anschluß an eine Außenprüfung[343].

702 Die Finanzbehörde **kann** (ab 1. 1. 1987: **soll**)[344] dem Steuerpflichtigen auf **Antrag nach** einer **Außenprüfung verbindlich zusagen,** wie ein für die Vergangenheit geprüfter und im Prüfungsbericht dargestellter **Sachverhalt** in Zukunft **steuerrechtlich behandelt** wird, wenn die Kenntnis der künftigen steuerrechtlichen Behandlung für die geschäftlichen Maßnahmen des Steuerpflichtigen von Bedeutung ist (§ 204 AO). § 205 AO regelt die Form der verbindlichen Zusage; sie wird schriftlich erteilt und als verbindlich gekennzeichnet. Der Sachverhalt muß wiedergegeben werden, die Entscheidung über den Antrag einschließlich der dafür maßgebenden Gründe. Außerdem muß bestimmt werden, für welche Steuern und für welchen Zeitraum die verbindliche Zusage gilt. Aus der Zusage folgt die in § 206 AO im einzelnen bestimmte Bindungswirkung. § 207 AO regelt das Außerkrafttreten, die Aufhebung und die Änderung der verbindlichen Zusage.

703 Die Zusage des § 204 AO ist mit dem **Einspruch** anzufechten (§ 348 Abs. 1 Nr. 6 AO).

---

342 Vgl. Schick, aaO (FN 338), Anm. 26; Tipke/Kruse, aaO (FN 338), Anm. 7 ff.

343 Vgl. hierzu auch den Einf.Erlaß AO 1977, StEK AO 1977 Vor § 1 Nr. 1 Zu §§ 204 ff. (1976).

344 Änderung durch das Steuerbereinigungsgesetz 1986 vom 19. 12. 1985, BGBl. 1985 I, 2436, BStBl. 1985 I, 735. Zum Inkrafttreten s. Art. 25 des Gesetzes vom 19. 12. 1985.

Die Zusage nach §§ 204 ff. AO hat in der **Praxis** bisher noch nicht die   704
Bedeutung erlangt, die ihr vom Gesetzgeber beigemessen wurde. Das
Finanzamt ist zur Zusage nicht verpflichtet. Folglich kann auch hier die
Unlust der Finanzämter wirken, irgendwelche Zusagen zu geben. Ob
die **Änderung ab 1. 1. 1987** (Tz. 702) der Zusage eine größere Praxisbe-
deutung einräumen wird, ist fraglich. Selten werden Bürokratien durch
die gesetzliche Änderung eines Wortes bewegt. Zu begrüßen wäre eine größere Zusagefreudigkeit aus der Sicht des Steuerbürgers auf jeden Fall.

Auch **ohne** eine **ausdrückliche Zusage** kann das Finanzamt, kann die   705
Außenprüfung nach **Treu und Glauben gebunden** sein[345]. Die Bindung kann aus einer Erklärung resultieren, aus einer fortlaufenden
Praxis oder aus einem in anderer Weise gesetzten Rechtsscheintatbe-
stand. Regelmäßig wird verlangt, daß sich der Steuerpflichtige auf eine
solche Bindung nur dann berufen kann, wenn er Vermögensdispositio-
nen im Vertrauen auf ein bestimmtes Verhalten der Finanzbehörde getroffen hat[346]. Die Rechtsprechung des Bundesfinanzhofs ist sehr zurückhaltend, eine Selbstbindung der Finanzbehörde anzunehmen. Die
Finanzgerichte sind nach meiner Erfahrung eher geneigt, das Finanzamt in die Pflicht zu nehmen.

Die Frage, ob eine solche Selbstbindung eingetreten ist, kann nur dem   706
Einzelfall entnommen werden. Hier ist zu prüfen, ob besondere Erklärungen, Umstände oder Verhaltensweisen zu dem Urteil führen, daß
das Finanzamt treuwidrig handeln würde, wenn es ein verursachtes
Vertrauen nicht rechtfertigen würde.

In diesen systematischen Zusammenhang gehört die Frage, ob **Ab-**   707
sprachen in der **Außenprüfung,** insbesondere in der **Schlußbespre-**
chung, bindend sind.

Handelt es sich um Erklärungen eines entscheidungsbefugten Beam-   708
ten, die den Charakter einer **Zusage** (Tz. 696 ff.) haben, tritt eine Bindungswirkung ein[347].

---

345 Streitig ist, ob diese Treu-und-Glauben-Bindung neben der verbindlichen
    Zusage steht oder ob diese Zusage die Treu-und-Glauben-Bindung darstellt
    (im letzteren Sinn Tipke/Kruse, aaO (FN 338), Anm. 13 mwN; Klauser, BB
    1983, 829; Hildebrandt, StBp. 1983, 87, lassen eine solche Bindung neben
    der Zusage zu; so auch die Praxis).
346 Tipke/Kruse, aaO (FN 338), Anm. 16 mwN und Ablehnung dieser Bedin-
    gung; ablehnend insoweit auch Schick, aaO (FN 338), Anm. 48.
347 Tipke/Kruse, § 201 Anm. 4 (Okt. 1982).

709   Im übrigen **verneint** die **Rechtsprechung** regelmäßig eine Zusagewirkung oder eine Treu-und-Glauben-Bindung von Absprachen in der Schlußbesprechung; dies gilt zugunsten und zu Lasten aller Parteien[348].

710   Soweit es um die **steuerliche Behandlung** für die **Zukunft** geht, enthalten die §§ 204–207 AO ein Sonderrecht für Zusagen in der Außenprüfung (Tz. 701 ff.). Allgemeine Zusagen neben diesem normierten Recht werden nur selten anzunehmen sein[349].

711   Eine neue Rechtsentwicklung kann durch die Rechtsprechung eingeleitet sein, die die Bindungswirkung einer **tatsächlichen Verständigung** annimmt. Hierzu verweise ich auf Tz. 493.

712   Heute muß die Beratungspraxis noch davon ausgehen, daß die **Einigung** in der **Schlußbesprechung** in einzelnen Punkten und in allen Punkten **regelmäßig nicht** zu einer **Rechtsbindung** führt. Wegen der Rechtsprechung zur Bindungswirkung einer tatsächlichen Verständigung ist jedoch dort Vorsicht geboten, wo die Bindung auf seiten des Steuerpflichtigen nicht gewollt ist (vgl. Tz. 495).

713   Die **nicht bindende Einigung** gehört zum „fair play" der Außenprüfung. Sowohl das Finanzamt als auch der Berater wären schlecht beraten, wenn sie leichtfertig von einer solchen Einigung abweichen würden, auch wenn dies rechtlich möglich ist. Haben die Partner häufiger eine Abkehr von einer Einigung erlebt, wird der Partner schon bald als nicht einigungsfähig eingestuft. Der vernünftige Umgang miteinander wird schwieriger.

714   Schließlich sei noch auf den gesetzlich normierten Vertrauensschutz des **§ 176 AO** hingewiesen: Bei der Aufhebung oder Änderung eines Steuerbescheides, auch wenn er unter dem Vorbehalt der Nachprüfung steht[350], darf nicht zuungunsten des Steuerpflichtigen berücksichtigt werden, daß das Bundesverfassungsgericht die Nichtigkeit eines Gesetzes feststellt, ein Oberster Gerichtshof des Bundes eine Norm nicht anwendet, weil er sie für verfassungswidrig hält, oder sich die Rechtsprechung eines Obersten Gerichtshofs des Bundes geändert hat, die bei der bisherigen Steuerfestsetzung von der Finanzbehörde angewandt worden ist. Ebenfalls darf nicht zuungunsten des Steuerpflichtigen berücksichtigt werden, daß eine

---

348 TIPKE/KRUSE, § 201 Anm. 4 (Okt. 1982) mwN; SCHICK, aaO (FN 338), Anm. 56 ff.; DERS. in Hübschmann/Hepp/Spitaler, § 201 Anm. 168 ff. (April 1980).
349 Vgl. KLAUSER, BB 1983, 829. Bindungswirkungen außerhalb des Verfahrens nach §§ 204 ff. AO ablehnend KIENEMUND, DB 1985, 1437.
350 TIPKE/KRUSE, § 176 Anm. 1, 2 (Nov. 1979).

allgemeine Verwaltungsvorschrift der Bundesregierung, einer obersten Bundes- oder Landesbehörde von einem Obersten Gerichtshof des Bundes als rechtswidrig bezeichnet worden ist.

D. Außenprüfung und Steuerstrafverfahren[351]

Der **Zweck** der **Außenprüfung** ist die Sicherung und Kontrolle der ordnungsmäßigen Besteuerung. Es wird überprüft, ob der Steuerpflichtige, insbesondere der Unternehmer, seine steuerlichen Pflichten erfüllt hat. Innerhalb der Außenprüfung ist er umfassend, ja restlos zur Mitwirkung verpflichtet (Tz. 345 ff.). Weigerungsrechte bestehen für den Steuerpflichtigen selbst nicht (Tz. 389).   715

§ 370 AO bestraft die **Steuerhinterziehung.** Auch durch diese Strafsanktion und durch die Steuerstrafverfolgung soll die Erfüllung der Steuerpflichten gesichert werden. Das Strafrecht verlangt keine Mitwirkungspflichten von dem Beschuldigten. Ihm muß die Straftat nachgewiesen werden. Er hat ein uneingeschränktes Schweige- und Weigerungsrecht[352].   716

Außenprüfung und **Steuerstrafverfahren** verfolgen weitgehend **dasselbe Ziel,** wenn auch mit unterschiedlichen Mitteln. In ihren beiden Verfahrensordnungen (Abgabenordnung und Strafprozeßordnung) geben sie dem Steuerbürger jedoch **gegenläufige Rechte.** Um es plastisch auszudrücken: Da das Strafverfahren Weigerungsrechte gibt, durchkreuzt es die Mitwirkungspflichten in der Außenprüfung. Einigungen in der Schlußbesprechung werden schwieriger, Einspruchsverfahren sind notwendig, Klagen werden häufiger; die Verdrossenheit über das Finanzamt nimmt zu – und die Steuerhinterziehung nimmt infolge dieser Disharmonie sicher nicht ab. Die Verfolgung der Steuerhinterziehung steht einer vernünftig durchgeführten Außenprüfung mithin häufig im Weg. Die Finanzverwaltung tritt sich hier selbst auf die Füße. Hierüber sollte häufiger nachgedacht werden.   717

Der **Außenprüfer** ist **vorrangig** als Steuerbeamter mit der Funktion betraut, Besteuerungsgrundlagen zu überprüfen und festzustellen. Er ist Finanzbeamter und nicht Strafverfolgungsorgan.   718

---

351 Vgl. hierzu STRECK, BB 1980, 1537; DERS., Über Betriebsprüfung und Steuerstrafverfahren im Widersinn, BB 1984, 199, mit Entgegnung von HILDEBRANDT, BB 1984, 1226. Zum Verhalten des Prüfers bei Nicht-Steuerstraftaten s. KRETZSCHMAR, StBp. 1983, 241.
352 Vgl. hierzu STEUERFAHNDUNG, Tz. 408 ff.

719   Gleichwohl hat das **Finanzamt** die **Befugnis, die Strafverfolgung in Steuersachen aufzunehmen** (§ 386 AO). Selbst dann, wenn die allgemeine Verfolgungsbefugnis auf zentralisierte Bußgeld- und Strafsachenstellen delegiert ist, behält das Finanzamt, damit auch die Außenprüfung, dieses Recht (§ 399 Abs. 2 AO). Der **Außenprüfer** hat folglich die **Berechtigung** des **ersten Zugriffs;** er kann – bei Gefahr im Verzuge – beschlagnahmen, durchsuchen und notfalls sogar verhaften; auf jeden Fall kann er gem. § 397 AO ein **Steuerstrafverfahren einleiten**[353].

720   Das **Steuerstrafverfahren** wird von dem Prüfer **eingeleitet, wenn** er eine **Maßnahme vornimmt,** die objektiv erkennbar darauf abzielt, **wegen** einer **Steuerstraftat** zu **ermitteln** (§ 397 AO).

721   Die Ermittlung erfährt der Betroffene nicht notwendig. Folglich unterscheidet das Gesetz zwischen der Einleitung und der **Mitteilung** der **Einleitung** des Steuerstrafverfahrens. Nach § 397 Abs. 3 AO ist die Einleitung des Strafverfahrens dem Beschuldigten spätestens dann mitzuteilen, wenn er aufgefordert wird, sich zur Sache zu äußern.

722   **Beschlagnahmt** der Prüfer oder **verhaftet** er, so ist das Steuerstrafverfahren eingeleitet (gleichzeitig dem Steuerpflichtigen regelmäßig mitgeteilt); aus der Eindeutigkeit dieser strafprozessualen Maßnahmen folgt die Einleitung des Strafverfahrens unmittelbar. Diese Eindeutigkeit der Einleitung ist jedoch in Prüfungen nicht immer gegeben. Zum Hinterziehungstatbestand gehört die Verkürzung von Steuern (§ 370 Abs. 1 AO). Diesen objektiven Tatbestand des § 370 AO prüft der Außenprüfer. Daraus folgt die **Problematik** der **Abgrenzung:** Wann ist das Ziel der Betriebsprüfung die steuerliche Kontrolle, wann die strafrechtliche Verfolgung? Wann zielt die Tätigkeit des Prüfers erkennbar darauf ab, wegen einer Steuerstraftat zu ermitteln? Prüfungshandlungen sind hier häufig doppelwertig. Die Grenzziehung ist äußerst schwierig[354].

723   **Außenprüfer sind in erster Linie Steuerbeamte,** nicht Strafverfolgungs-

---

353 KLEIN/ORLOPP, § 400 Anm. 11; GIESBERTS, Anm. 214; HILDEBRANDT, StBp. 1982, 267. Hierbei betonen Finanzverwaltung und ihre Vertreter, daß ein **Irrtum** über das Vorliegen der Gefahr im Verzuge die Eilmaßnahme nicht wirkungslos mache (vgl. HILDEBRANDT, aaO, 268), was fast einer Einladung zur Eilmaßnahme gleichkommt. – Zu den Aktenvermerken, die der Prüfer nach Einleitung eines Steuerstrafverfahrens zu fertigen hat, s. KRETZSCHMAR, StBp. 1983, 265.

354 Vgl. KLEIN/ORLOPP, aaO (FN 353).

organe (Tz. 718)³⁵⁵. Nach dem Normalverständnis der Geprüften und der Außenprüfung arbeitet der Prüfer im Steuerverfahren, sofern er nicht ausdrücklich oder durch typisch strafprozessuale Maßnahmen (zB eine Beschlagnahme) unverkennbar als Steuerpolizist aktiv wird. Diesem Selbstverständnis entspricht das rechtliche Gerüst. „Die Außenprüfung dient der Ermittlung der steuerlichen Verhältnisse des Steuerpflichtigen" (§ 194 Abs. 1 Satz 1 AO). Die Außenprüfung ist Teil der Finanzverwaltung und dient dem Fiskalzweck. Die strafrechtlichen Funktionen sind „auch" gegeben; sie sind jedoch nicht vorrangig. § 201 Abs. 2 AO – die gesetzliche Fixierung des strafrechtlichen Hinweises (vgl. Tz. 747) – unterstreicht dieses Rangverhältnis³⁵⁶. Prüfer sind auch für eine ständige strafrechtliche Überprüfung nicht ausgebildet. Folglich kann von dem Prüfer auch keine „laufende Verdachtsprüfung" verlangt werden³⁵⁷. Unverständlich sind Aufforderungen an den Prüfer, die Strafverfolgung auszudehnen³⁵⁸. Daraus folgt, daß stets vorrangig zu vermuten ist, daß der Prüfer im Steuerverfahren tätig wird.

Die **Finanzverwaltung** geht von diesem **Regel-Ausnahmeverhältnis** 724 aus. In § 9 BpO wird der Ausnahmetatbestand auch in formale Regeln gefaßt: „Ergibt sich während einer Betriebsprüfung der Verdacht einer Straftat, für deren Ermittlung die Finanzbehörde zuständig ist, so ist die für die Bearbeitung dieser Straftat zuständige Stelle unverzüglich zu unterrichten. Richtet sich der Verdacht gegen den Steuerpflichtigen, dürfen, soweit der Verdacht reicht, die Ermittlungen (§ 194 AO) bei ihm erst fortgesetzt werden, wenn ihm die Einleitung des Strafverfahrens mitgeteilt worden ist (§ 397 AO)." Während nach § 397 AO die Einleitung des Steuerstrafverfahrens und die Mitteilung der Einleitung zeitlich auseinanderfallen können und oft auch auseinanderfallen (Tz. 720 f.), sollen sie nach § 9 BpO innerhalb der Außenprüfung Hand in Hand gehen. Verfolgen die betriebsprüferlichen Ermittlungshandlungen strafrechtliche Ziele, so ist dem Steuerpflichtigen die Einleitung mitzuteilen. Auf diese Weise erreicht § 9 BpO die **Klarheit** und **Eindeutigkeit** des **Verfahrens**. Strafrechtliche Ermittlungen sind gegeben, wenn sie besonders angekündigt werden. Fehlt diese Ankündi-

---

355 GIESBERTS, Anm. 214; MÖLLINGER, StBp. 1979, 193, gegen BRENNER, StBp. 1979, 121, der sogar die Schlußbesprechung der Außenprüfung als eine verjährungsunterbrechende Vernehmung im Sinn des § 78 c Nr. 1 StGB qualifiziert.
356 Vgl. auch SCHICK in Hübschmann/Hepp/Spitaler, § 201 Anm. 234 (April 1980).
357 So WOLTER, StBp. 1972, 257; GIESBERTS, Anm. 214.
358 So aber BRENNER, StBp. 1976, 279.

gung, so wird nach dem Grundgedanken des § 9 BpO mit steuerlicher Zielsetzung ermittelt.

725 Nach **§ 9 BpO** sind Ermittlungen, wenn sich ein steuerstrafrechtlicher Verdacht aufdrängt, zu unterbrechen; der Prüfer soll Kontakt mit der Bußgeld- und Strafsachenstelle aufnehmen. Problematisch ist, in welchem **Umfang** dieses – von der Verwaltung sich selbst verordnete – **Ermittlungshindernis** eingreift. § 9 BpO spricht von einem Hindernis, „soweit der Verdacht reicht". Bezieht sich der Verdacht auf Zinseinkünfte, kann folglich – so könnte man meinen – hinsichtlich der gewerblichen Einkünfte weitergeprüft werden[359]. Diese Auslegung ist nicht richtig. Setzt der Prüfer seine Prüfungen fort, so geht der Steuerpflichtige davon aus, daß ein strafrechtlicher Verdacht nicht eingreift. Gerade um die Offenheit des Verfahrenszweckes sicherzustellen, wurde § 9 BpO geschaffen. Die Differenzierung nach einzelnen Sachverhaltskomplexen erzeugt Täuschungen, die gerade verhindert werden sollen. Denn ob der Prüfer die Zinseinkünfte (oder die Inventuren) nicht prüft, weil er den Verdacht der Hinterziehung hegt oder weil er sie erst nach der im Augenblick vorrangigen Prüfung der gewerblichen Einnahmen (oder der Betriebsausgaben) vornehmen will, ist dem Geprüften unmöglich zu wissen. Die faire Regelung der Eindeutigkeit des Verfahrens gebietet, daß § 9 BpO in voller Auswirkung auch bei einem Teilverdacht gilt. Hierbei darf mE auch nicht nach Prüfungsjahren unterschieden werden. Ergibt sich hinsichtlich irgendeines Punktes in der Außenprüfung ein Tatverdacht, ist die Prüfung insgesamt zu unterbrechen, um die Frage der Einleitung des Steuerstrafverfahrens abzuklären[360].

726 Was ich hier als rechtliche Notwendigkeit fordere, ist in der **Praxis** häufig anzutreffen, wenn nicht gar die Regel. Ergibt sich ein Tatverdacht, so wird die Prüfung insgesamt unterbrochen. Der Prüfer läßt sich hier, möglicherweise unbewußt, von dem Gedanken leiten, daß durch die Einleitung eines Steuerstrafverfahrens die Außenprüfung insgesamt eine Qualitätsänderung und eine Änderung der Haltung von Prüfer und Geprüften erfährt.

727 Die Einschaltung der Bußgeld- und Strafsachenstelle **verschiebt zeitlich** die **Einleitung** des **Strafverfahrens.** Das ist für die Praxis von entscheidender Bedeutung. Bei leichtfertiger Steuerverkürzung hindert die Prüfung nicht die **Selbstanzeige,** wohl aber die Einleitung des

---

359 So zB FROTSCHER, 96; GIESBERTS, Anm. 214; MÖLLINGER, StBp. 1979, 195.
360 Wie hier HENNEBERG, Wpg. 1967, 598.

Strafverfahrens (vgl. § 378 Abs. 3 AO). Es ist daher zu überlegen, ob zu diesem Zeitpunkt noch eine Selbstanzeige zu erstatten ist. Da anläßlich des Verdachts einer Steuerstraftat die Außenprüfung auch in ein **Steuerfahndungsverfahren** umschlagen kann, ist in die Beratung auch diese Möglichkeit aufzunehmen.

Der Prüfer weiß, daß ihn das Gesetz einerseits mit einem „Polizeiauge" 728 versehen hat, daß andererseits aber die Einleitung des Steuerstrafverfahrens die **Prüfung stört,** das **Klima** und die Atmosphäre **vergiftet.** Im übrigen will er nach seinem Selbstverständnis Steuer-, nicht Polizeibeamter sein (s. auch Tz. 723). Folglich übt er sich in steuerstrafrechtlicher Abstinenz. Ihn reut es nicht, wenn sein Polizeiauge erblindet oder an Sehschärfe verliert[361]. Die Finanzverwaltung kennt diese Schwäche des Prüfers. Sie könnte hierfür Verständnis haben, durchaus zum Nutzen der Steuererhebung (vgl. Tz. 717). Das ist jedoch nicht der Fall. Mit Strenge versucht sie, den Prüfer in die steuerstrafrechtliche Pflicht zu nehmen.

Ausdruck dieser Inpflichtnahme war der unglückliche und rechtswidrige Hartmann-Erlaß, der **katalogmäßig** Sachverhalte zusammenstellte, 729 in welchen der Prüfer das Steuerstrafverfahren einzuleiten hatte[362]. Ein solcher Katalog mit Einleitungstatbeständen ist äußerst problematisch und abzulehnen. Ob ein Verdacht besteht, ist nur aus dem Einzelfall abzuleiten. Die Frage entzieht sich der Katalogisierung. Eine solche Anweisung würde eine Vielzahl von ungerechtfertigten Einleitungen zur Folge haben. Die Prüfungspraxis wäre im Kern getroffen.

Kommt es während der Außenprüfung selbst nicht zur Einleitung des 730 Steuerstrafverfahrens, sorgt die Finanzverwaltung weiterhin für eine steuerstrafrechtliche Überprüfung. Sie veranlaßt, daß die **Prüfungsberichte** den **Strafverfolgungsorganen zugeleitet** werden[363]. Dies ist der Weg, auf dem es zu überraschenden Einleitungen von Steuerstrafverfahren kommt, die der Geprüfte anläßlich einer einvernehmlich abgeschlossenen Außenprüfung nicht erwartet hat.

---

361 Zu diesem **Konflikt** GLADE, StbJb. 1978/79, 545; LOHMEYER, Inf. 1974, 470; HAMMERSTEIN, Bericht über die Fachtagung '80 des IdW, Das Steuerrecht im Wandel, 1980, 99; PUTZ, StbKongrRep. 1982, 233 f.
362 OFD Freiburg vom 5. 1. 1979, StEK AO 1977 § 201 Nr. 1 mit Anm. von STRECK, und KÖSDI 1979, 3244. Der Erlaß wurde alsbald aufgehoben: OFD Freiburg vom 28. 5. 1979, StEK AO 1977 § 201 Nr. 2.
363 Vgl. hierzu zB Erlaß NRW vom 10. 2. 1977, StEK AO 1977 § 397 Nr. 1, und Erlasse Hamburg und Bremen vom 24. 8. 1979 und vom 31. 8. 1979, StEK AO 1977 § 397 Nr. 2.

731 Leitet der **Außenprüfer** ein **Steuerstrafverfahren nicht** ein, obwohl es eingeleitet werden **müßte,** so stellt sich die Frage, ob der **Berater** den Prüfer veranlassen muß, die Einleitung vorzunehmen. Teilweise wird dies empfohlen[364]. Ich habe Bedenken. Es ist nicht Aufgabe des Beraters, die steuerstrafrechtliche Verjährungsunterbrechung herbeizuführen (§ 78c Nr. 1 StGB). Außerdem gefährdet der Berater hier selbst das Klima der Außenprüfung. Schließlich nimmt er dem Steuerpflichtigen die Chance, daß der Prüfungsfall letztlich als Nichtsteuerstraffall behandelt wird. Damit soll dem Pflichtigen selbst der Schutz nicht genommen werden. Es ist Berateraufgabe, in solchen Fällen mit dem Mandanten „intern" das **Strafverfahren einzuleiten**[365]. Das Außenprüfungsverfahren ist von diesem Zeitpunkt an so zu begleiten und durchzuführen, als wäre das Strafverfahren eingeleitet.

732 Zur Frage des **Verwertungsverbots** bei einer **verspäteten Einleitung** des Steuerstrafverfahrens s. Tz. 760 ff.

733 Ist das **Steuerstrafverfahren eingeleitet** und befindet sich der geprüfte Steuerpflichtige sowohl in der Rolle des **strafrechtlich Beschuldigten** als auch in derjenigen des **Steuerpflichtigen,** so ist seine Rechtsstellung sowohl durch die Strafprozeßordnung als auch durch die Abgabenordnung bestimmt[366]. Die Abgabenordnung regelt das **Verhältnis beider Verfahrensordnungen** zueinander in § 393 Abs. 1 AO. Nach dieser Vorschrift stehen beide Verfahrensordnungen nebeneinander. Mitwirkungspflichten können jedoch nicht mehr erzwungen werden, wenn sich der Steuerpflichtige hierdurch einer Steuerstraftat bezichtigen müßte. Dies gilt allgemein, wenn das Steuerstrafverfahren eingeleitet ist.

734 Die Abgabenordnung scheint damit aussagen zu wollen, daß auch im Steuerstrafverfahren grundsätzlich die **Mitwirkungs-** und **Auskunftspflichten** – allerdings ohne Erzwingbarkeit – **bestehen** bleiben. Das im Strafprozeßrecht entwickelte Recht, sich nicht selbst belasten zu müssen, hat jedoch einen solchen Rang, daß es bei der Auslegung des § 393 Abs. 1 AO unmittelbar zu berücksichtigen ist. Das strafrechtliche Weigerungsrecht führt dazu, daß nicht erzwingbare steuerliche Pflich-

---

364 Vgl. zB STÄHLER, Korreferat zu dem Thema Rechte und Pflichten des Steuerpflichtigen und seines Beraters im Steuerstrafverfahren, Bericht über die Fachtagung '80 des IdW (FN 361), 104.

365 GlA BEHRENDT, StbKongrRep. 1982, 255; dagegen PUTZ, StbKongrRep. 1982, 243.

366 Vgl. **ausführlich** zu dem **Themenbereich** des **Verhältnisses** von Steuer- zum Steuerstrafrecht STEUERFAHNDUNG, Tz. 22 ff., mit ausführlichen Nachweisen.

ten dahingehend auszulegen sind, daß auch steuerrechtlich ein Weigerungsrecht besteht. Die **Praxis** geht auch tatsächlich von einem einheitlichen steuerlichen und strafrechtlichen Weigerungsrecht aus[367].

Macht der Steuerbürger von diesem Weigerungsrecht im Steuerverfah-   735
ren Gebrauch, so **hindert** dies **nicht** die **Steuerfestsetzung.** Notfalls ist
zu schätzen. Die Schätzungsnorm des § 162 AO setzt keine Pflichtverletzung voraus[368].

Nicht richtig ist es jedoch, bei der Ausübung des Rechts des § 393 AO,   736
dh. bei Berufung auf das steuerrechtliche Weigerungsrecht, von der
Möglichkeit einer **nachteiligen** und **verschärfenden Schätzung** zu reden. Das Verweigerungsrecht ist ein „Urrecht" im Strafverfahren. Es
darf auch nicht durch Steuersanktionen ausgehöhlt werden. Die Schätzung muß sich bemühen, das richtige Ergebnis zu treffen. Stellen sich
bei der Schätzung Alternativen, so kann – nach der Rechtsprechung
des BFH – zu Lasten des Steuerpflichtigen entschieden werden, wenn
ihm eine grobe Pflichtverletzung vorzuwerfen ist. Die Ausübung des
Rechts, sich selbst nicht einer Straftat zu bezichtigen, und das Auskunftsverweigerungsrecht können nicht als solche Pflichtverletzungen
gewertet werden. Selbst die Tatsache, daß der historische Gesetzgeber
von der nachteiligen Schätzungsmöglichkeit ausgegangen ist, muß vor
der bei der Auslegung zu vollziehenden rechtlichen Wertung zurück-
weichen, wonach die Selbstbezichtigung auch nicht mittelbar durch
Fiskaldruck angestrebt werden darf. Eine Schätzung, die gerade wegen
der Mitwirkungspflichtverletzung nachteilig ist, ist nicht möglich[369].

Ist das **Strafverfahren eingeleitet,** so befindet sich der geprüfte   737
Steuerpflichtige „vollständig" in der **Rolle** des **Beschuldigten.** Zwar
wird vertreten, daß strafrechtliche und rein steuerliche Ermittlungen
nebeneinandertreten können (vgl. Tz. 733 f.). Dies ist abzulehnen[370]. In
der Praxis akzeptiert die Betriebsprüfung regelmäßig die „Einheitsbe-
trachtung". Ein Disput um eine Aufteilung in strafrechtlich relevante
und strafrechtlich irrelevante Prüfungsbereiche findet nicht statt.

Eine **Selbstanzeige** ist bei einer **vorsätzlichen** Steuerhinterziehung   738
während einer Prüfung mit strafbefreiender Wirkung nicht möglich,
da das Erscheinen des Prüfers die Selbstanzeige sperrt (§ 371 Abs. 2
Nr. 1a AO).

---

367 Hierzu STEUERFAHNDUNG, Tz. 418 ff.
368 Hierzu STEUERFAHNDUNG, Tz. 425.
369 Hierzu STEUERFAHNDUNG, Tz. 426.
370 Hierzu STEUERFAHNDUNG, Tz. 22 ff., in Tz. 435 ff. auch zum **Verhältnis Be-
triebsprüfung/Steuerfahndung.**

Leichtfertige Steuerverkürzung

739   Eine Selbstanzeige ist auch bei **leichtfertiger Steuerverkürzung** möglich (§ 378 Abs. 3 AO). In Abweichung zu § 371 Abs. 2 AO gilt hier nur die Sperrwirkung der Einleitung eines Straf- oder Bußgeldverfahrens, **nicht** die **Sperre** des **Erscheinens** des **Prüfers** zur Prüfung. Folglich ist im Hinblick auf eine leichtfertige Steuerverkürzung eine Selbstanzeige auch noch während der Außenprüfung möglich. Dies führt zu dem Rechts- und Praxisproblem: Unter welchen Bedingungen ist eine Selbstanzeige während und nach einer Prüfung möglich und ratsam?

740   Auch wenn das gesamte **Ausmaß** einer leichtfertigen **Steuerverkürzung** im Zeitpunkt einer Selbstanzeige bereits von einem Prüfer **entdeckt** war, steht dies der bußgeldbefreienden Wirkung der Selbstanzeige nicht entgegen. Der Steuerpflichtige muß sich insoweit an den klaren Wortlaut des Gesetzes halten können[371].

741   Das BayObLG[372] hatte keine Gelegenheit, zu der Streitfrage Stellung zu nehmen, ob und in welchem Umfang bereits die **aktive Mitarbeit** bei der Prüfung oder das **streitlose Anerkenntnis** der Feststellungen des Prüfers als ausreichende Selbstanzeige zu werten sind[373]. Die Rechtsprechung ist nicht einheitlich: Der BGH fordert eine Tätigkeit, die über das bloße Anerkenntnis hinausgeht[374]; die Oberlandesgerichte lassen teilweise auch das Anerkenntnis genügen[375]. Ich selbst neige der Ansicht zu, daß weder die Mitarbeit noch das Anerkenntnis ausreichen. Beides entspricht bereits nicht dem Allgemeinverständnis des Begriffs „Selbstanzeige", das eine **besondere Erklärung** dem Finanzamt gegenüber umfaßt.

742   Für die **Beratungspraxis** folgt aus der Entscheidung: Es lohnt die Mühe, Entdeckungen des Prüfers, die die Möglichkeit einer leichtfertigen Steuerverkürzung umschließen, in einem besonderen Schreiben dem

---

371 Vgl. BayObLG 3 OB OWi 11/78 vom 30. 3. 1978, StRK AO 1977 § 378 R. 2, bestätigt in BayObLG 4 St 168/80 vom 2. 12. 1980, DB 1981, 874; zustimmend Klein/Orlopp, § 378 Anm. 7; Kohlmann, Steuerstrafrecht, § 378 Anm. 104 (Juli 1980); Streck, StRK-Anm. AO 1977 § 378 R. 2 (1979); aA Franzen/Gast/Samson, Steuerstrafrecht, 3. Aufl., 1985, § 378 Anm. 55 ff.; Müller, DB 1981, 1480.
372 AaO (FN 371).
373 Zum Streit vgl. Franzen/Gast/Samson, aaO (FN 371), § 378 Anm. 58: Anerkenntnis nicht ausreichend; Vorlage von Belegen kann ausreichen.
374 BGH 3 StR 398/52 vom 13. 11. 1952, BGHSt. 3, 373, 375; 2 StR 683/53 vom 24. 9. 1954, BStBl. 1954 I, 528; s. Nachweise zur älteren OLG-Rechtsprechung bei Streck, aaO (FN 371).
375 Vgl. OLG Düsseldorf Ss 822/58 vom 10. 12. 1958, DB 1960, 458.

Finanzamt als Selbstanzeige mitzuteilen. In dem Sachverhalt, der vor dem BayObLG[376] zur Entscheidung anstand, hatte der Prüfer die Selbstanzeige selbst angeregt. Dies ist guter Prüfungsstil.

Für den **Berater** bleiben **Probleme.** Ich erwähne hier zwei: 743

Hat der Prüfer erst einen „ersten Zipfel" einer Tat entdeckt, stellt sich 744 für den Betroffenen die **Frage,** ob er den **gesamten Sachverhalt offenbaren** soll oder nur das Teilstück, das der Prüfer mutmaßlich entdecken wird. Der erste Weg ist strafrechtlich sicher und steuerlich teuer; der zweite Weg ist vielleicht steuerlich billiger, aber strafrechtlich gefährlicher.

Die **Abgrenzung** der **vorsätzlichen Hinterziehung** von der **fahrlässigen Verkürzung** ist allenfalls theoretisch „klar", nicht aber in der Besteuerungswirklichkeit. Eine Grenzziehung ist hier kaum möglich. Welcher Verteidiger hat nicht schon vor dem Beamten einer Bußgeld- und Strafsachenstelle gesessen und hier mehr um die Annahme einer Ordnungswidrigkeit gebeten als argumentiert. Das gilt für Bilanzierungsfragen ebenso wie für nichterklärte Zinsen. In einer solchen Verhandlung kann eine Selbstanzeige gem. § 378 Abs. 3 AO für den Beamten der Bußgeld- und Strafsachenstelle fast zum Zwang werden, eine vorsätzliche Hinterziehung anzunehmen. Er will die Sanktion, zu der er aber nur über § 370 AO gelangt, da § 378 AO durch die Selbstanzeige insoweit „leer" läuft. In derartigen Fällen ist auch der Betroffene hin und wieder bereit, eine Sanktion zu akzeptieren, sofern es keine Strafe ist; die Selbstanzeige wird für ihn zum selbstgelegten Stolperstein. Natürlich bleibt die Möglichkeit, die Selbstanzeige zu übersehen, was aber angesichts ihres zwingend befreienden Charakters rechtswidrig ist und möglicherweise den korrekten Beamten große Überwindung kostet. Es bleibt die Möglichkeit, von Beginn an auf die Selbstanzeige zu verzichten, um den Weg zu § 378 AO nicht zu verbauen. Dies setzt aber ein geübtes Verteidigerauge voraus, das, ausgehend von einem bestimmten Sachverhalt, die hier beschriebene Konfliktlage voraussieht. 745

Auch bei nach § 378 Abs. 3 AO **wirksamer Selbstanzeige** bleibt die 746 **Möglichkeit** einer Bußgeldahndung wegen **Steuergefährdung** (§ 379 AO)[377] und wegen Gefährdung von **Abzugsteuern** (§ 380 AO)[378]. Seit

---

376 BayObLG vom 30. 3. 1978, aaO (FN 371).
377 Vgl. OLG Celle 2 Ss (OWi) 313/78, StRK AO 1977 § 379 R. 1; aA KOHL-MANN, Wpg. 1982, 72.
378 BayObLG 4 St 266/79 vom 3. 3. 1980, StRK AO 1977 § 380 R. 2; glA KOHL-MANN, Wpg. 1982, 72.

langem wird hier gefordert, die Wirkung der befreienden Selbstanzeige auch auf diese Bußgeldtatbestände auszudehnen[379]. Es ist wenig sinnvoll, wegen leichtfertiger oder vorsätzlicher Hinterziehung von einer Strafe abzusehen, während das Bußgeld in diesen Fällen möglich bleibt. Bis heute ist der Gesetzgeber dieser Anregung nicht gefolgt.

747 Kommt es **nicht** zur **Einleitung** des **Steuerstrafverfahrens,** verpflichtet **§ 201 Abs. 2 AO** den Prüfer, den Geprüften auf die Möglichkeit der strafrechtlichen Überprüfung hinzuweisen. Hinsichtlich der rechtlichen Erheblichkeit läßt sich über diesen sog. **strafrechtlichen Hinweis** trefflich streiten[380]. Es mag auch sein, daß die Vorschrift rechtlich wenig sinnvoll ist. In der Prüfungspraxis zählt „das Wort"; hier gelten „Gebote der Fairneß". In diese Spielregeln läßt sich der Hinweis einbetten, daß Prüfungsfeststellungen, die zu einem übereinstimmenden Ergebnis führen, noch der strafrechtlichen Überprüfung unterliegen.

748 Um der Bußgeld- und Strafsachenstelle eine strafrechtliche Überprüfung zu erleichtern, fertigt der Prüfer einen begleitenden Bericht für die Bußgeld- und Strafsachenstelle, in dem er über strafrechtlich erhebliche Umstände berichtet (sog. **Rotbericht**). Zur Problematik dieses Berichts s. Tz. 568.

E. Verwertungsverbote und Fernwirkung

I. Verwertung rechtswidriger Sachverhaltsfeststellungen im Steuerverfahren

749 Problematisch ist, ob **rechtswidrig ermittelte Sachverhalte Steuerveranlagungen** und anderen Steuerverwaltungsakten **zugrunde** gelegt werden können oder ob ihnen ein **Verwertungsverbot** entgegensteht[381]. Die Frage der Verwertbarkeit solcher Tatsachen stellt sich einmal in der allgemeinen Form, zum anderen im besonderen bei Anwen-

---

379 Vgl. Bundessteuerberaterkammer, DStR 1980, 543, und Deutscher Steuerberaterverband, Stbg. 1981, 12.

380 Kritisch zB BRENNER, StBp. 1979, 121; WOLTER, StBp. 1972, 257; SCHICK in Hübschmann/Hepp/Spitaler, § 201 Anm. 230 ff. (April 1980); ohne Kritik TIPKE/KRUSE, § 201 Anm. 6 (Nov. 1985).

381 Vgl. hierzu grundsätzlich, auch zum **Meinungsstand,** RÜPING, Beweisverbote; DERS., Steuerfahndungsergebnisse, 29 ff.; SÖHN in Hübschmann/Hepp/Spitaler, § 88 Anm. 108 ff. (Okt. 1983); SCHICK in Hübschmann/Hepp/Spitaler, Vor § 193 Anm. 337 ff. (Aug. 1985) betr. Außenprüfung; TIPKE/KRUSE, § 88 Anm. 7 (Okt. 1982); EHLERS in HBP 6055 (1985); HÜBNER, in: 50 Jahre Steuerbeamten-Ausbildung in Herrsching, 1985, 43.

dung einzelner Normen, die Rechtsfolgen an die Feststellung bestimmter Tatsachen knüpfen (Beispiel: § 173 AO, dh. Bestandskraftdurchbrechung bei neuen Tatsachen).

Die **Rechtslage** ist **umstritten,** unübersichtlich und – dies ist für den 750 Berater wichtig – für die **Beratung** im **Einzelfall wenig ergiebig,** da es im allgemeinen Recht der steuerlichen Verwertungsverbote zwingende, von der Gegenseite anerkannte Verwertungsverbote kaum gibt. Auf diesem Hintergrund ist die **Rechtsprechung** zur **Prüfungsanordnung** und zur **prüferlichen Einzelermittlung** (Tz. 150 ff., 687 ff.), wonach eine erfolgreiche Anfechtung zu einem Verwertungsverbot führt, für die Beratungspraxis zu begrüßen, da sie insoweit zumindest verfahrensmäßige Klarheit schafft[382]. Im übrigen habe ich die Frage der Verwertung und Nichtverwertung von Prüfungsergebnissen an anderer Stelle, nämlich an den eben angegebenen Textziffern, behandelt. Hier werden allgemeine Grundsätze zur Verwertung rechtswidriger Sachverhaltsfeststellungen im Steuerverfahren dargestellt.

Grundsätzlich zeigt das Abgabenrecht **Zurückhaltung,** aus der **Rechts-** 751 **widrigkeit** von Ermittlungs- und **Prüfungsmaßnahmen** ein **Verwertungsverbot** herzuleiten; nach überwiegender Ansicht und der Praxis sind idR auch rechtswidrig ermittelte Tatsachen verwertbar[383]. Daß aus der Rechtswidrigkeit nicht notwendig die Nichtverwertbarkeit folgt, ergibt sich einmal aus § 127 AO, wonach Zuständigkeits-, Form- und Verfahrensfehler dann unerheblich sind, wenn in der gleichen Sache nicht eine andere Entscheidung hätte ergehen können. Zum anderen wird allgemein ein Verwertungsverbot bei Verletzung von sogenannten Form- und Ordnungsvorschriften nicht angenommen[384].

Fraglich ist, **wann** eine **Form-** oder **Ordnungsvorschrift vorliegt.** Nach 752 SÖHN[385] soll sie anzunehmen sein, wenn das Ergebnis bei ihrer Beachtung nicht anders ausgefallen wäre; gefordert wird ein hypothetisches Urteil.

---

382 Zur Kritik s. aber die Darstellung von SÖHN, aaO (FN 381).
383 Vgl. BFH I B 10/69 vom 2. 7. 1969, BStBl. 1969 II, 636; I R 40/72 vom 30. 10. 1974, BStBl. 1975 II, 232; FÖRSTER in Koch, § 173 Anm. 15; ZWANK in Koch, § 196 Anm. 10; HELSPER in Koch, § 85 Anm. 5; SCHICK in Hübschmann/ Hepp/Spitaler, Vor § 193 Anm. 341 ff. (Aug. 1985); SÖHN in Hübschmann/ Hepp/Spitaler, § 88 Anm. 115 ff. (Okt. 1983); OFD Bremen vom 12. 7. 1978, StEK AO 1977 § 196 Anm. 2.
384 SÖHN in Hübschmann/Hepp/Spitaler, § 88 Anm. 121 (Okt 1983); TIPKE/ KRUSE, § 88 Anm. 7 (Okt. 1982); KLEIN/ORLOPP, § 193 Anm. 6.
385 SÖHN in Hübschmann/Hepp/Spitaler, § 88 Anm. 121 (Okt. 1983); glA TIPKE/ KRUSE, § 88 Anm. 7 (Okt. 1982); T. G. SCHMIDT, BB 1970, 1389, 1390.

Verletzung von Form- und Ordnungsvorschriften

ME kann man SOHN nur zustimmen, wenn dieses hypothetische Urteil zu einem völlig sicheren Ergebnis gelangt; ist eine sichere Erkenntnis nicht möglich, bleibt die Verknüpfung von Rechtsverletzung und Ergebnis möglich. RUPING[386] stellt auf die Funktion der verletzten Norm ab; soll der Steuerbürger geschützt werden, begründet der Verstoß ein Verwertungsverbot. Letztlich lassen sich nach dem heutigen Stand der Erkenntnis die Rechtsfolgen bei rechtswidriger Sachverhaltsfeststellung nur durch eine Einzelanalyse der verletzten Norm, die die Schwere der Verletzung und die Funktion der Norm wertet, gewinnen[387].

753 Die **Formvorschriften** der Außenprüfung, zB die §§ 197, 198 AO, sollen weitgehend reine Form- und Ordnungsvorschriften sein, die ein **Verwertungsverbot** nicht auslösen[388]. Die Frage der **Zulässigkeit** der **Prüfung** schlechthin und von Prüfungshandlungen im einzelnen hingegen berührt die Rechtsstellung des Bürgers in einer Intensität, die aus der Rechtswidrigkeit ein Verwertungsverbot folgen läßt (s. Tz. 150 ff. und Tz. 679 ff.). Einen Überblick gibt SCHICK[389], dessen Erkenntnisse allerdings auf dem Hintergrund seiner äußerst zurückhaltenden Haltung gegenüber Verwertungsverboten zu werten sind[390].

754 Die Verletzung der Vorschriften über die **Auskunftsverweigerungsrechte** führt idR zu Verwertungsverboten[391].

755 Werden **grundrechtlich geschützte Positionen** verletzt, greifen auf jeden Fall schützend Verwertungsverbote ein[392].

Beispiele:
– Auskunftserlangung durch Täuschung, Drohung oder Gewalt (§ 136 a StPO, Art. 1 GG)[393];

---

386 RUPING, Beweisverbote, 32.
387 Vgl. insoweit SOHN in Hübschmann/Hepp/Spitaler, § 88 Anm. 120, 121 ff. (Okt. 1983); TIPKE/KRUSE, § 88 Anm. 7 (Okt. 1982); PAPPERITZ, FR 1979, 600.
388 Vgl. TIPKE/KRUSE, Vor § 193 Anm. 11 (Okt. 1982).
389 In Hübschmann/Hepp/Spitaler, Vor § 193 Anm. 330 ff. (Aug. 1985).
390 Vgl. FN 383.
391 Vgl. TIPKE/KRUSE, Vor § 101 (Nov. 1979); § 88 Anm. 7 (Okt. 1982); SOHN in Hübschmann/Hepp/Spitaler, § 88 Anm. 129 ff. (Okt. 1983); RUPING, Beweisverbote, 42 ff.; Einzelfragen sind umstritten, vgl. TIPKE/KRUSE, SOHN, RUPING, aaO, mwN.
392 SOHN in Hübschmann/Hepp/Spitaler, § 88 Anm. 125 f. (Okt. 1983); TIPKE/KRUSE, § 88 Anm. 7 (Okt. 1982) u. Vor § 193 Anm. 11 (Nov. 1985); RUPING, Beweisverbote, 39; SCHICK in Hübschmann/Hepp/Spitaler, Vor § 193 Anm. 370 ff. (Aug. 1985). Einschränkend HILDEBRANDT, DStR 1982, 20, 24.
393 SCHICK in Hübschmann/Hepp/Spitaler, Vor § 193 Anm. 371 (Aug. 1985); SOHN in Hübschmann/Hepp/Spitaler, § 88 Anm. 117 ff. (Okt. 1983).

- Sachverhaltsermittlung, obwohl das Strafverfahren rechtswidrig nicht eingeleitet wird (§ 136 a StPO; Art. 1 GG; s. Tz. 760 ff.);
- Vorlage von Unterlagen aufgrund von Gewaltanwendung oder Täuschung (§ 136 a StPO analog; Art. 1 GG)[394];
- Eindringen in die Intimsphäre (Art. 1 GG)[395], zB durch heimliches Abhören von Ehegattengesprächen[396];
- heimliche Tonbandaufnahmen (Art. 2 GG)[397];
- nicht gestattete Besichtigung oder Durchsuchung der Wohn- und Betriebsräume (Art. 13 GG)[398];
- folglich auch die heimliche Besichtigung der Wohn- und Betriebsräume[399];
- nicht gestattete Wegnahme von Unterlagen (Art. 14 GG)[400];
- folglich jede „Selbstbedienung" hinsichtlich Akten und Unterlagen durch den Prüfer, die der Geprüfte nicht gestattet[401];
- unberechtigtes Abhören des Telefons (Art. 10 GG)[402];
- unberechtigte Entgegennahme von Telefongesprächen im Betrieb durch den Prüfer (Art. 10 GG)[403];
- unberechtigtes Öffnen der Post (Art. 10 GG)[404].

Soweit die **AO** oder **StPO** die vorgenannten Maßnahmen **erlauben** – 756 zB Durchsuchung, Beschlagnahme etc. –, sind sie gerechtfertigt; ein Verwertungsverbot scheidet aus. Rechte der AO geben idR kein Recht, das Gebotene unmittelbar zu verwirklichen. Der Verletzungstatbestand ist mE daher auch dann gegeben, wenn das Finanzamt die Handlung beanspruchen kann.

---

394 SÖHN in Hübschmann/Hepp/Spitaler, § 88 Anm. 126 (Okt. 1983); s. auch unten Tz. 760 ff.
395 RÜPING, Beweisverbote, 39 f.
396 Vgl. BFH 2 StR 775/82 vom 16. 3. 1983, BGHSt. 31, 296, u. JZ 1984, 385, mit Anm. von GÖSSEL, JZ 1984, 361.
397 Vgl. BVerfG 2 BvR 454/71 vom 31. 1. 1973, BVerfGE 34, 238, ein Steuerstrafverfahren betreffend.
398 SCHICK in Hübschmann/Hepp/Spitaler, Vor § 193 Anm. 371 (Aug. 1985).
399 STRECK in HBP 6045, 3 (1981).
400 SCHICK in Hübschmann/Hepp/Spitaler, Vor § 193 Anm. 371 (Aug. 1985).
401 STRECK in HBP (FN 399); s. auch Tz. 361 und FN 199.
402 SCHICK in Hübschmann/Hepp/Spitaler, Vor § 193 Anm. 371 (Aug. 1985); RÜPING, Beweisverbote, 39; SÖHN in Hübschmann/Hepp/Spitaler, § 88 Anm. 125 (Okt. 1983).
403 S. FN 402.
404 SCHICK in Hübschmann/Hepp/Spitaler, Vor § 193 Anm. 371 (Aug. 1985).

Verzögerte Einleitung des Strafverfahrens

757 Soweit die Finanzbehörden, auch die Außenprüfung, durch **strafbare Handlungen** Ermittlungsergebnisse erlangen, sind sie ausnahmslos unverwertbar[405].

758 Streitig ist, ob ein eingreifendes **Verwertungsverbot unmittelbar** wirkt, dh. unabhängig von der Anfechtung der rechtswidrigen Maßnahmen selbst, oder ob es, sofern möglich, der **Anfechtung** der **rechtswidrigen Maßnahmen bedarf.** Ich verweise auf die entsprechende Diskussion zur Notwendigkeit der Anfechtung einer Prüfungsanordnung (Tz. 150 ff.); idR wird auf die allgemeine Fragestellung die gleiche Antwort wie auf die besondere zur Prüfungsanordnung gegeben[406]. Für Prüfungsanordnungen und Prüferanforderungen gilt für den Berater, daß er sie anfechten muß, um ein Verwertungsverbot zu erreichen (vgl. Tz. 150 ff. und Tz. 227 ff.).

II. Verwertung rechtswidriger Sachverhaltsfeststellungen im Strafverfahren sowie Verwertung von im Steuer- bzw. Strafverfahren ermittelter Sachverhalte im jeweils anderen Verfahren

759 Dieser Problembereich ist **ausführlich** in der Schrift STEUERFAHNDUNG, Tz. 825 ff., **behandelt.**

III. Die verzögerte Einleitung eines Steuerstrafverfahrens während der Außenprüfung

760 **Unterlassen Betriebsprüfung,** Steuerfahndung oder Bußgeld- und Strafsachenstelle die Einleitung des Strafverfahrens, obwohl es hätte eingeleitet werden müssen, und unterbleibt auch die Belehrung nach § 393 Abs. 1 S. 4 AO und § 9 BpO, so ist fraglich, ob ein steuerliches und strafrechtliches **Verwertungsverbot** besteht.

761 Im Strafprozeßrecht ist streitig, ob aus der **Verletzung** von **strafprozessualen Belehrungspflichten** ein Verwertungsverbot herzuleiten ist. Die Rechtsprechung des BGH erkennt ein Verwertungsverbot an, wenn feststeht oder nicht auszuschließen ist, daß bei der Belehrung die

---

405 Vgl. SÖHN in Hübschmann/Hepp/Spitaler, § 88 Anm. 127 (Okt. 1983), mit dem **Beispiel,** wonach ein Außenprüfer sich steuerlich relevante **Unterlagen** rechtswidrig aneignet, sprich: **stiehlt.**

406 Vgl. zur Entsprechung der Antwort SÖHN in Hübschmann/Hepp/Spitaler, § 88 Anm. 139 ff. (Okt. 1983); RÜPING, Beweisverbote, 50 f.; DERS., Steuerfahndungsergebnisse, 41 f.; TIPKE/KRUSE, § 88 Anm. 7 (Okt. 1982).

Aussage unterblieben wäre[407]. Dies gilt für § 393 Abs. 1 S. 4 AO entsprechend. IdR ist hier ein Verwertungsverbot anzunehmen. Denn gerade der Steuerpflichtige wird häufig sagen können, daß er bestimmte Auskünfte nicht erteilt hätte, wenn er gewußt hätte, der Prüfer ermittele bereits steuerstrafrechtlich[408]. Dem Verwertungsverbot im Strafverfahren entspricht ein Verwertungsverbot im Steuerverfahren[409].

Eindeutiger ist das Verwertungsverbot aus § 136a StPO wegen **Täu-** 762
schung herzuleiten. Der Unternehmer geht während der Prüfung davon aus, daß der Prüfer im Steuerverfahren ermittelt. Folglich weiß er um seine absolute Mitwirkungspflicht. Ermittelt der Prüfer bereits den Hinterziehungstatbestand, befindet sich der Steuerpflichtige in einem eindeutigen Irrtum über seine Mitwirkungspflicht. Er ist getäuscht. Die Täuschung wird in der Außenprüfung durch § 9 BpO verstärkt. Die Finanzverwaltung ordnet ein bestimmtes Verfahren an, wenn der Verdacht der Hinterziehung besteht (Tz. 724 ff., 728 ff.); die Verwaltung will „klare Verhältnisse"[410]. Wird dieses Verfahren nicht eingeleitet, so kann der Steuerpflichtige folgern, ein Verdacht hinsichtlich einer Steuerstraftat liege nicht vor. Die Täuschung wird weiter durch die Merkblätter der Finanzverwaltung zur Außenprüfung[411] intensiviert[412]. Hier betont die Finanzverwaltung, der Verdacht einer Steuerstraftat führe zu besonderen Reaktionen. Liegen diese nicht vor, so kann der Steuerpflichtige davon ausgehen, daß von einem Verdacht einer Straftat nicht die Rede sein kann.

---

407 S. zB BGH 1 StR 625/67 vom 30. 4. 1968, BGHSt. 22, 129; 4 StR 19/68 vom 31. 5. 1968, BGHSt. 22, 170; 1 StR 366/73 vom 14. 5. 1974, BGHSt. 25, 325. Vgl. im übrigen HANACK in Löwe/Rosenberg, Strafprozeßordnung und Gerichtsverfassungsgesetz, 24. Aufl., § 136 Anm. 53 ff. (Aug. 1984) mwN; E. SCHMIDT, NJW 1968, 1209.

408 Für ein **Verwertungsverbot allgemein** bei Verletzung der Belehrungspflicht zB: TIPKE, StKongrRep. 1976, 139; HENNEBERG, Inf. 1980, 294; WANNEMACHER, StbJb. 1980/81, 430 ff.; FINKEN/HEILMAIER, StbKongrRep. 1979, 187, 206 ff.

409 **Zu § 393 Abs. 1 S. 4 AO: Für** ein steuerliches Verwertungsverbot bei Verletzung der Belehrungspflicht SCHICK in Hübschmann/Hepp/Spitaler, Vor § 193 Anm. 385 (April 1980); FINKEN/HEILMAIER, StbKongrRep. 1979, 187, 206 ff. **Gegen** ein Verwertungsverbot zB ZELLER in Koch, § 393 Anm. 17; KLEIN/ORLOPP, § 393 Anm. 6. Zur Auswirkung strafrechtlicher Verwertungsverbote im Steuerrecht s. im übrigen STEUERFAHNDUNG, Tz. 825 ff.

410 Vgl. STRECK, BB 1980, 1540.

411 Bp.-Merkblatt, BStBl. 1978 I, 425 – dazu die beißende Kritik von WENZIG, DB 1978, 1763 – und das überarbeitete Bp.-Merkblatt Anlage 4.

412 FINKEN/HEILMAIER, StbKongrRep. 1979, 187, 208.

763 § 136a StPO führt nur dann zum Verwertungsverbot, wenn der Vernehmende „in Richtung auf den **Irrtum ursächlich hinwirkt**"[413]. Das „Hinwirken" auf den Irrtum kann auch in einem Unterlassen bestehen. In der Literatur zu § 136a StPO ist anerkannt, daß der Vernehmende einen Irrtum über die Aussagefreiheit und Aussagepflicht nicht ausnutzen darf[414]. Auch der BGH hält die Anwendung des § 136a StPO bei unterlassener Belehrung für möglich[415]. Glaubt der geprüfte Unternehmer, zur Auskunft im Steuerverfahren – erzwingbar – verpflichtet zu sein, obwohl bereits die Schutzrechte des Strafverfahrens und des § 393 AO eingreifen, ist die Voraussetzung des § 136a StPO gegeben.

764 Es besteht weitgehende Einmütigkeit, daß es bei einem Irrtum über Rechte oder die eigene Rechtssituation **nicht darauf ankommt,** ob der Irrtum des Betroffenen **absichtlich** verursacht wurde[416]. Zutreffend wird darauf hingewiesen[417], daß bereits der Irrtum, ob im Bußgeldverfahren oder im Strafverfahren ermittelt werde, nicht von einer Täuschungsabsicht abhänge[418]; um wieviel mehr muß der Steuerpflichtige geschützt werden, der glaubt, er komme seinen steuerrechtlichen Pflichten nach, während gegen ihn bereits strafrechtlich vorgegangen wird. Auf eine Täuschungsabsicht des Prüfers kommt es daher nicht an[419].

765 Es entspricht inzwischen der **hM,** bei objektiv pflichtwidriger Nichteinleitung des Strafverfahrens ein **Verwertungsverbot** nach § 136a Abs. 3 StPO anzunehmen[420].

---

413 MEYER in Löwe/Rosenberg, aaO (FN 407), 23. Aufl., 1975 ff., § 136a Anm. 30, unter Bezug auf E. SCHMIDT, NJW 1962, 665; die 24. Aufl. verlangt noch deutlicher die Zweckrichtung der Täuschung, vgl. HANACK, aaO (FN 407) Anm. 41 f. (Aug. 1984).

414 HANACK in Löwe/Rosenberg, aaO (FN 407), § 136a Anm. 36 (Aug. 1984) mwN; KLEINKNECHT/MEYER, StPO, 37. Aufl., 1985, § 136a Anm. 14.

415 BGH 4 StR 19/68 vom 31. 5. 1968, BGHSt. 22, 170.

416 HANACK in Löwe/Rosenberg, aaO (FN 407), § 136a Anm. 42 (Aug. 1984); KLEINKNECHT/MEYER, aaO (FN 414), § 136a Anm. 12 ff.

417 STÄHLER, in: Bericht über die Fachtagung '80 des IdW, Das Steuerrecht im Wandel, 1980, 103.

418 Vgl. HANACK in Löwe/Rosenberg, aaO (FN 407), § 136a Anm. 42 (Aug. 1984).

419 So WOLTER, StBp. 1972, 259; LEISE, Steuerverfehlungen, § 393 Anm. 1 E (Mai 1984); STÄHLER, aaO (FN 417), 103; HENNEBERG, DB 1971, 2435; STRECK, BB 1980, 1540; aA MÖLLINGER, StBp. 1979, 196; PÜTZ, StbKongrRep. 1982, 242.

420 TIPKE/KRUSE, § 200 Anm. 8 (Nov. 1985); RÜPING, Beweisverbote, 52 ff.; FINKEN/HEILMAIER, StbKongrRep. 1979, 186; STÄHLER, aaO (FN 417), 103;

Das Verwertungsverbot gilt **strafprozessual** und **steuerrechtlich,** da der Grund des § 136a StPO als Ausformung des Art. 1 GG allgemein wirkt[421].

766

Im Prüfungsverfahren erfüllt der Geprüfte Mitwirkungspflichten, **ohne** gleichzeitig **verbal Auskünfte** zu geben.

767

Er legt **Konten, Unterlagen, Bücher** etc. **vor.** Auch diese Mitwirkungspflichten können gemäß § 393 AO nach der Einleitung des Strafverfahrens steuerlich nicht mehr erzwungen werden; strafrechtlich gibt es keine Herausgabepflicht[422]. Insoweit kann sich ebenfalls die Täuschungssituation des § 136a Abs. 1 StPO aktualisieren, wenn ein Strafverfahren nicht eingeleitet oder die Belehrung nicht erteilt wird. Die auf diese Weise herausgegebenen Unterlagen sind nicht verwertbar[423].

768

IV. Problem der Fernwirkung

Verwertungsverbot heißt, daß eine bestimmte Aussage oder eine bestimmte Auskunft nicht verwertet werden darf. Das Verwertungsverbot ist folglich kein Mittel, Ermittlungsergebnisse insgesamt, insbesondere einen Prüfungsbericht insgesamt, als nicht verwertbar zu qualifizieren.

769

Nach überwiegender, aber streitiger Ansicht im **Strafprozeßrecht hindert** das **Verwertungsverbot** nicht **weitere Ermittlungen** aufgrund und unter Benutzung der nicht verwertbaren Aussage. Das Verwertungsverbot hat **keine Fernwirkung.** In solchen Fällen kann ein Ver-

770

MEYER-ARNDT, StbJb. 1979/80, 143 FN 2; LEISE, Steuerverfehlungen, § 393 Anm. 1 E (Mai 1984); BRENNER, StBp. 1976, 281, und StBp. 1979, 123; THOMA, StB 1970, 10; WOLTER, StBp. 1972, 258; MITTELBACH, StBp. 1974, 104; HENNEBERG, DB 1971, 2435, DStR 1980, 67, und Inf. 1980, 294; PFAFF, StBp. 1980, 158; STRECK, BB 1980, 1537; PÜTZ, StbKongrRep. 1982, 241 (der allerdings die objektive Pflichtverletzung für den Regelfall verneint). Für erwägenswert halten das Verwertungsverbot KLEIN/ORLOPP, § 393 Anm. 6; GESCHWANDTNER, 89.

421 BGH 1 StR 578/53 vom 16. 2. 1954, BGHSt. 5, 332; TIPKE/KRUSE, § 88 Anm. 7 (Okt. 1982); SÖHN in Hübschmann/Hepp/Spitaler, § 88 Anm. 117 ff. (Okt. 1983). Zur Auswirkung strafrechtlicher Verwertungsverbote im Steuerrecht s. im übrigen STEUERFAHNDUNG, Tz. 825 ff.

422 Vgl. Tz. 733 f.

423 S. hierzu STRECK, BB 1980, 1541. Dort wird auf bestehende Querverbindung mit dem Problem der Fernwirkung (s. u. Tz. 769 ff.) hingewiesen. Die Annahme eines allgemeinen Verwertungsverbots scheint mir inzwischen eher dem Gedanken des § 136a StPO zu entsprechen.

wertungsverbot also nur dann wirken, wenn die nicht verwertbare Aussage selbst die einzige Erkenntnisquelle ist. Beispiel: Bekennt der Steuerpflichtige, in der Schweiz über ein Wertpapierdepot zu verfügen, und ist diese Information nicht verwertbar, so fehlt der Finanzverwaltung die Möglichkeit, die Information auf andere Weise zu beschaffen.

771 Auch im **Steuerrecht** stellt sich die Frage der **Fernwirkung.** Das Steuerrecht kennt nicht den im Strafrecht geläufigen Strengbeweis. Wird der Ausschluß der Fernwirkung aus dem Strafprozeßrecht übernommen, wird das Verwertungsverbot in vielen Fällen leerlaufen. Entfällt die Auskunft des Steuerpflichtigen, so erlaubt die Aussage regelmäßig, die steuerlich ausreichenden Mittel der Glaubhaftmachung verfahrensrechtlich einwandfrei zu besorgen. Auch wird es schwierig sein zu hindern, daß Auskünfte und Angaben, die einem Verwertungsverbot unterliegen, in Schätzungen einfließen. Nach meiner Ansicht kann aus einem Verwertungsverbot steuerlich nur die radikale Nichtverwertbarkeit gefolgert werden. Das rechtswidrig erfahrene Wissen darf in keiner Weise verwendet werden.

772 Speziell in der **Außenprüfung** ist diese **radikale Fernwirkung** im übrigen **anerkannt.** Soweit um die Rechtmäßigkeit der Prüfung oder einer Einzelermittlung gestritten wird, weil dies verfahrensrechtlich erforderlich ist (Tz. 150 ff.), führt die Anerkennung der Rechtswidrigkeit von seiten der Finanzverwaltung bzw. die Feststellung der Rechtswidrigkeit durch die Finanzgerichte zu dem Verbot, die Ermittlungsergebnisse insgesamt – auch mit Fernwirkung – zu verwerten.

773 Mit der Fernwirkung habe ich mich im übrigen in der Schrift STEUERFAHNDUNG, Tz. 846 ff., befaßt. Dort auch **weitere Ausführungen** und **Nachweise.**

F. Steuerermittlungen im Ausland und für das Ausland – Auskünfte für das Ausland und von dem Ausland

I. Fiskalische internationale Rechts- und Amtshilfe

1. Allgemeines

774 Zur Vermeidung von Verwirrungen: Die **Begriffe „Amtshilfe",** **„Rechtshilfe", „Amts- und Rechtshilfe"** sind deckungsgleich. Der unterschiedliche Gebrauch führt nicht zu unterschiedlichen Rechtsfolgen.

Von seiten der Finanzverwaltung liegt der **Entwurf** eines **Erlasses** 775
über den **„zwischenstaatlichen Auskunftsverkehr in Steuersachen"**[424] vor, der noch nicht Erlaß geworden ist, aber über die Ansichten der Verwaltung Auskunft gibt[425]. Zitiert wird der Erlaßentwurf hier
mit EE. Bereits verfügt ist der BdF-Erlaß vom 15. 9. 1975[426] betr. die
„Zentrale Sammlung und Auswertung von Unterlagen über steuerliche
Auslandsbeziehungen – Beziehungen eines Steuerinländers zum Ausland und eines Steuerausländers zum Inland".

Der Bereich **Vollstreckung** und **Zustellung** der internationalen 776
Rechts- und Amtshilfe ist durch den Erlaß vom 13. 12. 1976 auf das
Bundesamt für Finanzen gemäß § 5 Abs. 1 Nr. 5 FVG übertragen[427].

Die deutsche **Finanzverwaltung** darf im **Ausland nicht ermitteln.** Die 777
ausländische Finanzverwaltung darf im Inland nicht ermitteln. Die **Hoheitsmacht endet** an der **Staatsgrenze**[428]. Da jedoch die Finanzämter
auch Auslandssachverhalte steuerlich beurteilen, decken sich Verwal-
tungsauftrag und Verwaltungskönnen nicht[429].

Diese Begrenzung gilt **allgemein,** zB für 778

– Auskunfts- und Vorlageersuchen,

– tatsächliche Beweiserhebungen,

– Augenscheineinnahmen,

– Zustellungen,

– Vollstreckungen.

Die Begrenzung gilt auch für die **Steuerfahndung.** Hierzu siehe STEUER- 779
FAHNDUNG, Tz. 569 ff.

Die Unzulässigkeit wird **nicht** durch die **Zustimmung** des Betroffenen 780
oder die Mitwirkungswilligkeit eines Zeugen beseitigt. Ein „Privatmann" kann nicht die Hoheitsgrenzen ändern.

Nur der **ausländische Staat** kann die Unzulässigkeit aufheben[430]. 781

---

424 Vgl. BMF IV C 5 – S 1320 – Stand: 20. 9. 1982, neugefaßt – ohne Datum –
    1983.
425 Zur Verwaltungsansicht auch DRESSLER, StBp. 1982, 205, 233; BOOCHS, DStZ
    1984, 319. Siehe weiter FISCHER, DB 1984, 738; FRIAUF, StbJb. 1984/85, 317.
426 BdF-Erlaß vom 15. 9. 1975, BStBl. 1975 I, 1018.
427 BStBl. 1977 I, 33.
428 Vgl. BVerfG 2 BvR 475/78 vom 22. 3. 1983, RIW/AWD 1983, 703, 705.
429 Vgl. SÖHN in Hübschmann/Hepp/Spitaler, § 117 Anm. 3 (Juli 1980); TIPKE/
    KRUSE, § 117 Anm. 1 (Mai 1984).
430 Vgl. BVerfG 2 BvR 475/78 vom 22. 3. 1983, RIW/AWD 1983, 703, 705.

782 Die deutsche Finanzbehörde kann sich allerdings im Ausland **"wie ein Privater"** bewegen[431]. So kann sie zB einen **Detektiv** im Ausland mit Ermittlungen beauftragen. Ausländische Auskunfteien können in Anspruch genommen, ausländische Zeitungen und Register (zB Handelsregister) ausgewertet werden.

783 Problematisch ist der **Versand** durch die **Post,** zB von Formularen, Briefen, Mahnungen usw. Hier bedient sich die Finanzverwaltung eines jedermann offenstehenden Wegs; sie knüpft nur – innerstaatlich – an die Versendung bestimmte steuerrechtliche, damit hoheitliche Folgen. Da die Finanzverwaltung hier wie ein Privatmann handelt, soll die formlose Übersendung von Verwaltungsakten, zB **Steuerbescheiden,** kein Hoheitsakt im Ausland sein. Als Beleg für diese Argumentation – kein Hoheitsakt im Ausland, jedoch hoheitliche Wirkung im Inland – kann die Zustellungsfiktion des § 123 AO herangezogen werden[432]. Die möglichen innerstaatlichen hoheitlichen Wirkungen des formlos "privat" zugesandten Verwaltungsakts im Ausland sind jedoch nicht unbestritten[433].

784 Zur **Praxis** auf dem Hintergrund dieser rechtlichen Rahmenbedingungen: Gerade im Grenzgebiet können Finanzbeamte oft nicht der Versuchung widerstehen, im fremden Territorium Ermittlungen anzustellen, zB Ortsbesichtigungen durchzuführen, Anschriften zu überprüfen oder willige Zeugen zu vernehmen[434]. Derartige Ermittlungen sind rechtswidrig und dürfen nicht verwertet werden. Bekannt ist, daß zB die Schweiz äußerst empfindlich reagiert, wenn sie derartige Privatermittlungen feststellt; Fahndungsbeamte sind zB zur Verhaftung ausgeschrieben[435].

785 Schwierig ist es allerdings, aus einer solchen Rechtswidrigkeit **Folgerungen** für die **Rechtsvertretung** zu ziehen. Denn idR stützt sich das Finanzamt nicht unmittelbar auf seine privaten Auslandsermittlungen, sondern zieht hieraus nur Schlüsse für weitere, sodann erlaubte Nachforschungen und Beweisbeschaffungen. Hier zeigt sich der Mangel,

---

431 Vgl. Söhn in Hübschmann/Hepp/Spitaler, § 117 Anm. 3 (Juli 1980).

432 Anerkannt von BFH III 133/57 U vom 5. 12. 1958, BStBl. 1959 III, 179.

433 **Für** die Zulässigkeit Söhn in Hübschmann/Hepp/Spitaler, § 117 Anm. 3 (Juli 1980); Tipke/Kruse, § 117 Anm. 1 (Mai 1984); so auch die **Praxis** der Finanzämter. **Zweifel** bei BVerfG 2 BvR 475/78 vom 22. 3. 1983, RIW/AWD 1983, 703, 708; Kluge, Internationales Steuerrecht der BRD, 2. Aufl., 1983, 257; **ablehnend** Vogel, DBA, 1983, Einl. Anm. 8.

434 Vgl. Tipke/Kruse, § 117 Anm. 1 (Mai 1984).

435 Vgl. Vogel, aaO (FN 433), Einl. Anm. 8.

daß idR Rechtsverstöße in Ermittlungsverfahren keine Fernwirkung auf die durch die rechtswidrige Handlung verursachten rechtmäßigen Ermittlungen haben (vgl. Tz. 769 ff.). Soweit jedoch die Auslandsermittlungen Eingang in die Akte und den Bericht gefunden haben (Zitatbeispiel aus einem Bericht: „... konnte festgestellt werden, daß sich unter der Anschrift in Holland ein Stundenhotel verbirgt..."), muß die Nichtbeachtlichkeit mit Nachdruck vorgetragen werden.

Die Ermittlungen im Ausland und für das Ausland sind möglich, wenn 786 der **ausländische Staat** dem inländischen Beamten oder der inländische Fiskus dem ausländischen Beamten die **Ermittlungen erlaubt**. Diese Erlaubnis wird – wiederum insbesondere im Grenzbereich – vereinfacht dadurch hergestellt, daß ein ausländischer Beamter an den Ermittlungen des deutschen Beamten teilnimmt. Beispiel: Die Zeugenvernehmung wird von dem deutschen Beamten in Venlo in Anwesenheit eines holländischen Beamten durchgeführt.

Soweit der deutsche Staat durch seine Finanzbeamten die **Ermittlun-** 787 **gen zugunsten** des **ausländischen Fiskus** erlaubt, können jedoch die Rechte, die die Abgabenordnung dem Finanzamt einräumt und die die deutsche Steuererhebung bezwecken, nicht zum Zweck einer ausländischen Besteuerung oder einer anderen Zweckverfolgung eingesetzt werden[436].

Praxisbeispiel einer solchen Rechtswidrigkeit: Ein badisches Finanz- 788 amt verlangt von einer badischen Volksbank Unterlagen eines Kontos; angegebene Rechtsgrundlage: § 93 AO. Anlaß: Ersuchen der französischen Botschaft mit dem zu vermutenden und hier unterstellten Zweck der Aufdeckung eines französischen Devisenvergehens.

Die rechtliche Situation ändert sich, wenn aufgrund **zwischenstaatli-** 789 **cher** oder **multinationaler Vereinbarungen** die Staaten sich verpflichten, bestimmte Rechts- und Amtshilfen zu gewähren. Auf diese Weise kann das deutsche Finanzamt verpflichtet sein, die Mittel der Abgabenordnung auch für den ausländischen Staat einzusetzen (vgl. auch § 117 Abs. 2 AO und nachfolgend)[437].

Ob der **ausländische Staat** seine rechtlichen Möglichkeiten für den 790 deutschen Fiskus einsetzt, richtet sich nach dem Recht des ausländischen Staates.

---

436 Vgl. BFH VII R 16/78 vom 20. 2. 1979, BStBl. 1979 II, 268.
437 So BFH VII R 16/78 vom 20. 2. 1979, BStBl. 1979 II, 268, betr. das deutsch-schwedische Abkommen über Rechts- und Amtshilfe in Steuersachen.

2. Zwischenstaatliche Abkommen und Europäische Gemeinschaft

791 Um die zwischenstaatlichen Abkommen zur internationalen Rechts- und Amtshilfe richtig zu würdigen, muß folgendes vorangeschickt werden: Die Abkommen geben der Bundesrepublik einen **völkerrechtlichen Anspruch** auf Rechts- und Amtshilfe; sie sind zugleich innerstaatlich die **Rechtsgrundlage** für die Gewährung von Rechts- und Amtshilfe für den ausländischen Staat.

792 Die Abkommen **beschränken** jedoch **keinen Staat** bei der Gewährung internationaler Rechts- und Amtshilfe[438]. Auch wenn die Bundesrepublik gegenüber dem Staat Costa Rica keinen Anspruch auf eine bestimmte Hilfehandlung hat, kann Costa Rica sie gewähren. Entsprechendes gilt für die Bundesrepublik völkerrechtlich, wo innerstaatlich die Bindung nach § 117 Abs. 3 AO gegeben ist.

793 Dieser Aspekt ist von großer Bedeutung für die Frage der **Kalkulierbarkeit ausländischer Staaten.** Diese Berechenbarkeit kann nicht zwingend aus Abkommen hergeleitet werden (nach der Maßgabe, der ausländische Staat werde nicht ein Mehr an Informationen geben als in dem Abkommen umschrieben). Das mögliche „Mehr" ist allenfalls aus bekannten Üblichkeiten, nicht aber rechtlich sicher zu bewerten.

794 Als zwischenstaatliche Abkommen kommen in erster Linie die **Doppelbesteuerungsabkommen** in Betracht[439].

795 In der DBA-Praxis unterscheidet man zwischen der „kleinen" und der „großen" Auskunftsklausel[440]. Die kleine Klausel verpflichtet nur zur Rechts- und Amtshilfe zur Durchführung des vereinbarten DBA, die große Klausel ist nicht an die DBA-Durchführung gebunden, sondern berechtigt und verpflichtet – im einzelnen unterschiedlich – die Staaten zur allgemeinen Rechts- und Amtshilfe in Steuersachen.

796 Darüber hinaus gibt es **besondere Abkommen** der Rechts- und Amtshilfe; sie sind mit folgenden Staaten geschlossen[441]:

---

438 Vgl. Söhn in Hübschmann/Hepp/Spitaler, § 117 Anm. 17 (Juli 1980); Vogel, aaO (FN 433), Art. 26 Anm. 54.

439 Vgl. hierzu die kommentierte Sammlung Korn/Debatin, Doppelbesteuerungsabkommen.

440 Vgl. aus dem DBA-Bereich Art. 26 OECD-Musterabkommen 1977 über den Informationsaustausch; Tz. 1.3.1. EE; Überblick bei Tipke/Kruse, § 117 Anm. 3 ff. (Mai 1984); zum Stand der Praxis s. auch Becker, JbFfSt. 1980/81, 122.

441 Hier nach Söhn in Hübschmann/Hepp/Spitaler, § 117 Anm. 37 (April 1985).

Abkommen		RGBl./BGBl. II		RStBl./BStBl. I		unter das Abkommen fallende Steuern
mit	vom	Jg.	S.	Jg.	S.	
Dänemark	31. 3. 65	—	—	65	170	die unter das DBA fallenden Steuern
Finnland	25. 9. 35	36	28	36	94	alle Bundes- und Landessteuern
Italien	9. 6. 38	39	124	39	377	die unter das DBA fallenden Steuern
Norwegen	17. 4. 64	—	—	64	382	die unter das DBA fallenden Steuern
Österreich	4. 10. 54	55	834	55	434	alle Steuern
Schweden	14. 5. 35	35	866	36	87	die unter das DBA fallenden Steuern und alle übrigen Bundes- und Landessteuern

Die **EG** strebt eine **multinationale Regelung** des Auskunftsverkehrs 797
an[442]. Die Finanzverwaltung ist der Ansicht, sie könne den Richtlinien-
gehalt bereits über den unveränderten § 117 AO realisieren[443]. Die EG-
Richtlinie wurde zum 20. 12. 1985 durch das Steuerbereinigungsgesetz
1986 in das nationale Recht übernommen (EG-Amtshilfe-Gesetz)[444].

Rechtsgrundlagen für die Auskunftsbeschaffung können auch **straf-** 798
rechtliche Rechts- und Amtshilfeabkommen sein; allerdings ist hier
häufig ein Vorbehalt für Fiskaldelikte vereinbart[445].

Die DBA-Vereinbarungen verpflichten idR nur zu Auskünften[446], 799
während in den besonderen Abkommen auch **sonstige Amts- und**

---

442 Vgl. EG-Richtlinie über die gegenseitige Amtshilfe zwischen den zuständigen Behörden der Mitgliedstaaten im Bereich der direkten Steuern
vom 19. 12. 1977, ABlEG Nr. L 336 S. 15 vom 27. 12. 1977, abgedruckt in
Hübschmann/Hepp/Spitaler, § 117 Anm. 215 ff. (Juli 1980); TIPKE/KRUSE,
§ 117 Anm. 8 (Mai 1984); ergänzt durch die Richtlinie vom 6. 12. 1979, ABl-
EG Nr. L 331 S. 8. Siehe dazu auch BOOCHS, DStZ 1984, 321.
443 Vgl. VOGEL, aaO (FN 433), Art. 26 Anm. 79.
444 Steuerbereinigungsgesetz 1986 vom 19. 12. 1985, BGBl. 1985 I, 2436, BStBl.
1985 I, 735. Dazu Stellungnahme IdW, DB 1984, 745; MUUSS, StbJb. 1984/85,
295; RUNGE, DB 1986, 191. **Inkrafttreten:** Art. 25 des Gesetzes vom 19. 12.
1985.
445 Vgl. VOGEL, aaO (FN 433), Art. 26 Anm. 80 f., und STEUERFAHNDUNG, Tz.
569 ff.
446 Vgl. VOGEL, aaO (FN 433), Art. 26 Anm. 20.

Rechtshilfehandlungen vereinbart sind, zB Zustellungen und Vollstreckungen.

800 Was **Auskünfte** anbetrifft, kennen die Vereinbarungen **folgende Formen**[447]:

- Ersuchen in bestimmten Einzelfällen;

- automatische Unterrichtung aufgrund entsprechender Vereinbarungen, zB systematische Übermittlung von Informationen über bestimmte Arten von Einkünften, die aus einem Staat in den anderen Staat geflossen sind;

- spontane Unterrichtung zur Übermittlung von Informationen, von denen angenommen werden kann, daß sie für die Besteuerung im anderen Staat von Bedeutung sein können; hierbei handelt es sich um „**internationale Kontrollmitteilungen**" (dazu auch weiter unten Tz. 835 ff.).

3. Rechts- und Amtshilfe für die Bundesrepublik durch das Ausland

801 Die Finanzämter, auch die Außenprüfung und die Steuerfahndung, „**können zwischenstaatliche Rechts- und Amtshilfe** nach Maßgabe des deutschen Rechts in **Anspruch nehmen**" (§ 117 Abs. 1 AO).

802 Daraus folgt: Die Finanzämter sind grundsätzlich aufgrund des Rechts, Sachverhaltsermittlungen durchzuführen (§ 88 AO), auch zur **Inanspruchnahme** internationaler Rechts- und Amtshilfe **berechtigt**, und zwar gleichgültig, ob ein Abkommen besteht oder nicht[448]. Dem Finanzamt kann mithin nicht verwehrt werden, sich an einen ausländischen Staat wegen Amtshilfe zu wenden, weil ein Abkommen fehlt.

803 Soweit der **ausländische Staat** auf diese Weise **freiwillig** mehr Informationen liefert, als er zu geben verpflichtet ist, können die deutschen Finanzbehörden nach § 117 Abs. 1 AO diese Ermittlungsergebnisse folglich ohne weiteres verwerten. § 117 Abs. 3 AO gilt nicht für diese freiwillige Hilfe des ausländischen Staats[449].

804 In der Regel wird jedoch das Finanzamt die **Rechte** eines **Abkommens** in Anspruch nehmen (Tz. 791 ff.).

805 **Vorherige Ermittlungen:** Die Amts- und Rechtshilfe „soll erst in An-

---

447 Vgl. hierzu Tz. 1.3.4. EE.
448 Vgl. SÖHN in Hübschmann/Hepp/Spitaler, § 117 Anm. 17 (Juli 1980).
449 Vgl. SÖHN in Hübschmann/Hepp/Spitaler, § 117 Anm. 31 (April 1985).

spruch genommen werden, wenn die Sachverhaltsaufklärung durch den inländischen Beteiligten nicht zum Ziel führt oder keinen Erfolg verspricht (§ 93 Abs. 1 Satz 3 AO)". So Tz. 2.1.2. EE mit Ausnahmen für die Steuerfahndung[450]. Verletzt das Finanzamt diese Rangfolge, hat dies jedoch kein Verwertungsverbot zur Folge.

Eine grundsätzliche **Pflicht** zur **Unterrichtung** und **Anhörung** des Steuerpflichtigen ist nicht vorgesehen[451]. Nach Tz. 2.1.4. EE soll der Steuerpflichtige auf die grundsätzliche Möglichkeit der Ersuchen in geeigneten Fällen hingewiesen werden. Außerdem ist er anzuhören, wenn ihm durch das Ersuchen Nachteile entstehen, zB wegen Devisenvergehen im Ausland. Die richtige Besteuerung im Ausland ist kein solcher Nachteil. Könnte die Anhörung den Erfolg des Ersuchens vereiteln – regelmäßig bei steuerstrafrechtlichen Ermittlungen –, entfällt die Unterrichtung. Ohne strafrechtlichen Hintergrund ist jedoch die Unterrichtung die Regel[452].   806

Für die Ersuchen um Rechts- und Amtshilfe muß der **Dienstweg** eingehalten werden[453].   807

Ein **unmittelbarer Verkehr** zwischen den Finanzämtern ist nur für **Schweden**[454] und **Österreich**[455] vereinbart, kann jedoch auch von dem BdF im Einvernehmen mit den Ländern gestattet werden. Daneben steht die Delegationsmöglichkeit nach § 5 Abs. 1 Nr. 5 FVG, die die Zuständigkeit des Bundesamts für Finanzen begründen kann.   808

Dienstweg heißt: Das Finanzamt wendet sich an die OFD; die OFD gibt die Sache über das Landesfinanzministerium an den BdF. In der Regel ist eine Übersetzung erforderlich. Sodann wird das ausländische Ministerium bemüht, welches die Sache an die Unterbehörde weitergibt. Die Beantwortung und das Ergebnis des Ersuchens gehen den umgekehrten Weg. Das Verfahren ist äußerst umständlich und nimmt dem Ersuchen häufig einen beträchtlichen Teil seiner möglichen Effizienz.   809

---

450 Vgl. auch TIPKE/KRUSE, § 117 Anm. 2 (Mai 1984).
451 So BARANOWSKI, Besteuerung von Auslandsbeziehungen, 1978, 455; im einzelnen streitig, siehe SÖHN in Hübschmann/Hepp/Spitaler, § 117 Anm. 74 ff. (Juli 1980).
452 Vgl. BARANOWSKI, aaO (FN 451).
453 Vgl. Tz. 1.3.5. EE; SÖHN in Hübschmann/Hepp/Spitaler, § 117 Anm. 71 (Juli 1980).
454 Vgl. Art. III Abkommen vom 14. 5. 1935 (s. o. Tz. 796).
455 Siehe unten Tz. 882 ff.

810 Bei der **praktischen Bewertung** eines Rechts- und Amtshilfeersuchens in das Ausland ist durch den Berater (oder Verteidiger) zu berücksichtigen:

- Der Dienstweg ist umständlich.
- Ersuchen und Antwort müssen in der Regel übersetzt werden. Die doppelte Übersetzung kann zu Informationsverlusten führen.
- Aus der Pflicht, für den anderen Staat tätig zu werden, folgt nicht eine hinreichende Qualität der Pflichterfüllung. Der ausländische Beamte wird für den deutschen Fiskus mit geringerer Motivation tätig als für den eigenen Fiskus.
- Stößt das Ersuchen bei Dritten auf Schwierigkeiten (zB die ausländische Bank wehrt sich, Unterlagen herauszugeben), wird der ausländische Beamte den Widerstand eher hinnehmen oder als berechtigt ansehen, da es sich um eine – für ihn – ausländische Forderung handelt.

811 **Darüber hinaus:** Die **Antwort** befriedigt idR nicht nur den deutschen Beamten nicht, sie kann auch von dem deutschen Berater leicht „umfragt" werden. Da er nämlich häufig weder das Ersuchen im Wortlaut kannte noch auf die Beantwortung (zulässigen) Einfluß nehmen kann, ist es verständlich, daß er mit einem Bündel von weiteren Fragen auf eine bekanntgegebene Antwort eingeht. Dies zwingt gegebenenfalls zur erneuten Amtshilfe im Ausland. Auch bei vorsichtiger Beurteilung wird die ausländische Behörde dies eher als Last denn als Lust empfinden.

812 In Tz. 2.2.3. EE heißt es (Hervorhebungen von mir): „Das Ersuchen ist so abzufassen, daß der ersuchten ausländischen Steuerbehörde die **Arbeit möglichst erleichtert** wird...; von unangemessen detaillierten Fragelisten ist abzusehen..." Hier schimmern die Probleme durch: Die Motivation des Ausländers soll durch Mittel erhöht werden, die dem Ersuchen möglicherweise die Wirksamkeit nehmen.

813 **Fazit:** Soweit es nicht um gezielte Einzelinformationen mit **klarer Beantwortbarkeit** geht, sind die Ergebnisse internationaler Rechts- und Amtshilfeersuchen noch in keiner Weise mit den Mitteln innerstaatlicher Ermittlungen vergleichbar[456].

814 Die an den ausländischen Staat gerichteten Ersuche sind **keine anfechtbaren Verwaltungsakte.** Hat jedoch das Ersuchen der deutschen

---

456 Vgl. auch Vogel, aaO (FN 433), Art. 26 Anm. 23.

Behörde unmittelbare Auswirkungen bei dem inländischen Steuerpflichtigen, ändert sich die Rechtsqualität; das Ersuchen ist als Verwaltungsakt mit der Beschwerde (§ 349 AO) angreifbar. Eine solche unmittelbare Rechtsverletzung kann vorliegen, wenn die Behörde verpflichtet ist, sich zuerst an den Steuerpflichtigen zu wenden, und dies möglich gewesen wäre. Die Fragen sind äußerst streitig[457].

Problematische Anfechtungsmöglichkeit heißt für den **Berater,** daß   815
er, falls die Kontrolle gefordert wird, sich für den Rechtsbehelf entscheiden soll. Im konkreten Fall mag sodann über die Zulässigkeit entschieden werden. Behördlich wird ein Fall oft auch dann vollständig überprüft, wenn der Rechtsbehelf unzulässig sein sollte.

4. Rechts- und Amtshilfe für das Ausland

Der deutsche Fiskus leistet Amtshilfe für ausländische Staaten in   816
Steuersachen aufgrund **völkerrechtlicher Vereinbarungen** und bestimmter Rechtsakte der **Europäischen Gemeinschaft,** außerdem aufgrund des **EG-Amtshilfe-Gesetzes** (§ 117 Abs. 2 AO).

Die Vereinbarungen begründen eine völkerrechtliche **Verpflichtung**   817
zur Rechts- und Amtshilfe. Maßgebend ist die **jeweils getroffene Vereinbarung.** Der Berater muß den Wortlaut des **DBA** oder des Abkommens einsehen.

Das **EG-Amtshilfe-Gesetz** (Tz. 797) ist unmittelbar geltendes Recht.   818
Amtshilfe darf aufgrund dieses Gesetzes nur insoweit gewährt werden, als es das Gesetz selbst zuläßt.

Die **Tatbestandsmäßigkeit** eines ausländischen Ersuchens hinsichtlich   819
der angewandten Rechtsgrundlage ist zB bei der Verfolgung von **Devisenvergehen** von Bedeutung. Vereinbarte Rechts- und Amtshilfe in Steuersachen kann nicht für Devisenzwecke eingesetzt werden. Realistisch muß man allerdings sehen: Steuer- und Devisenvergehen haben häufig solche Berührungen und Überschneidungen, daß eine überprüfbare Trennung oft nicht möglich ist.

Da der deutsche Staat durch die Abkommen nicht beschränkt ist, die   820
Abkommensregelung überschreitende Rechts- und Amtshilfe zu ge-

---

457 Vgl. hierzu Söhn in Hübschmann/Hepp/Spitaler, § 117 Anm. 81 f. (Juli 1980); Söhn und Tipke/Kruse, § 117 Anm. 11 (Mai 1984), geben die Unterlassungsklage; andere verneinen die Rechtsbehelfsmöglichkeit, so wohl Klein/Orlopp, § 117 Anm. 2.

währen (siehe Tz. 792), kann **freiwillig** der **Abkommensrahmen überschritten** oder neben dem EG-Amtshilfe-Gesetz § 117 AO angewandt werden.

821   Diese völkerrechtliche Möglichkeit ist **innerstaatlich** durch § 117 **Abs. 3 AO eingeschränkt.** Die Finanzverwaltung hat die Ermessensmöglichkeit der freiwilligen Hilfe, wenn die hier formulierten Bedingungen im einzelnen gegeben sind.

822   Über die Möglichkeit des § 117 Abs. 3 AO „entscheidet der **BdF** im Einvernehmen mit den zuständigen obersten Finanzbehörden" (siehe Gesetz).

823   „Da die Eröffnung des Auskunftsverkehrs zu einem Staat eine umfassende Beurteilung seines Besteuerungssystems, des Rechtsschutzes seiner Steuerpflichtigen und des Schutzes vor Doppelbesteuerungen voraussetzt, wird sich der Auskunftsverkehr auf **Ausnahmefälle** beschränken." So Tz. 1.3.1.3. EE.

824   Soweit die deutschen Finanzämter Amtshilfe gewähren, haben sie die **gleichen Rechte** wie hinsichtlich der **deutschen Steuern.** Die Abgabenordnung steht für die ausländische Besteuerung zur Verfügung; vgl. § 117 Abs. 4 AO. So hat der BFH eine deutsche Bank verpflichtet, Auskünfte aufgrund des deutsch-schwedischen Abkommens vom 14. 5. 1935 über Depotkunden aufgrund von § 93 AO (bzw. § 175 RAO) dem anfordernden deutschen Finanzamt zu geben[458].

825   Selbst eine **Außenprüfung** soll zugunsten der ausländischen Besteuerung möglich sein[459].

826   § 117 Abs. 4 Satz 3 AO normiert die entsprechende Geltung des § 91 AO, wobei die Verpflichtung zur Anhörung verschärft wird. Die „**Beteiligten**" sind zu **hören.**

827   **Beteiligter** ist, in dessen Rechte oder rechtlich geschützte Interessen durch die Auskünfte an das Ausland möglicherweise eingegriffen wird[460]. Das Beteiligtsein ist weit auszulegen[461].

---

458 Vgl. BFH VII R 16/78 vom 20. 2. 1979, BStBl. 1979 II, 268.

459 Vgl. Einf.Erlaß AO 1977, StEK AO 1977 Vor § 1 Nr. 1 Zu § 194 (1976); Tz. 3.2.3. EE; SÖHN in Hübschmann/Hepp/Spitaler, § 117 Anm. 152 (Juli 1980); ablehnend jedoch mE zutreffend wegen der der Prüfung innewohnenden Gesamtüberprüfung SCHICK in Hübschmann/Hepp/Spitaler, § 194 Anm. 81 ff. (April 1980).

460 SÖHN in Hübschmann/Hepp/Spitaler, § 117 Anm. 159 (Juli 1980).

461 RUNGE, RIW/AWD 1979, 73, 83.

Soweit **Geschäftsgeheimnisse** oder **Bankinformationen**[462] weiterge- 828
geben werden, ist der Betroffene vorher anzuhören. Das gleiche gilt,
soweit Informationen die Grenze überschreiten sollen, die unter dem
Schutz des Steuergeheimnisses (§ 30 AO) stehen; eine Rechtsverletzung ist hier möglich, da nur die rechtmäßige Rechts- und Amtshilfe
§ 30 AO durchbrechen kann.

Soweit nach § 91 Abs. 2, 3 AO eine Anhörung **unterbleiben** kann, gilt 829
dies auch für § 117 Abs. 4 AO; allerdings werden diese Bedingungen
bei reinen Steuerverfahren selten sein[463]; sie sind allenfalls in Hinter-
ziehungs- und Gewinnverlagerungsfällen denkbar[464].

„**Im Zweifel** ist eine **Anhörung** durchzuführen"[465]. 830

Soweit die Finanzämter aufgrund des ausländischen Ersuchens tätig 831
werden, können sich die hiervon Betroffenen dagegen mit den **Rechts-**
behelfen der AO wehren. Bereits die Auskunft an den ausländischen
Staat kann angegriffen werden[466]. Die Aufforderung, Auskünfte zu geben, kann mit der Beschwerde angegriffen werden. Betroffen ist auch
der Ausländer, in dessen Sache das Ersuchen erfolgt; auch er kann mE
Beschwerde einlegen.

Mit der **Beschwerde** kann **geltend** gemacht werden, daß die Rechts- 832
und Amtshilfe dem Grunde nach und/oder in ihrer Durchführung
rechtswidrig ist.

Soweit kein Verwaltungsakt vorliegt, ist eine **vorbeugende Unterlas-** 833
sungsklage nach § 40 FGO gegen die Weitergabe von Informationen
möglich[467].

Zur **Empfehlung,** bei zweifelhaften Rechtsbehelfen sich für die Zuläs- 834
sigkeit des Rechtsbehelfs zu entscheiden, siehe oben Tz. 815.

---

462 Zum Schutz s. § 117 Abs. 3 Nr. 4 AO u. Tz. 3.3.4. EE; dazu FRIAUF, StbJb.
   1984/85, 324 ff.
463 TIPKE/KRUSE, § 117 Anm. 25 (Mai 1984).
464 Vgl. Tz. 3.3.6.3. EE.
465 Vgl. Tz. 2.2.6.2. EE; zur Bedeutung der Anhörung FRIAUF, StbJb. 1984/85,
   344 ff.
466 FRIAUF, StbJb. 1984/85, 345 ff.
467 Vgl. Tz. 3.3.7. EE.

5. Internationale Kontrollmitteilungen

835 **Internationale Kontrollmitteilungen** sind **spontane Auskünfte** zwischen Staaten, die diese sich ohne Ersuchen und vereinbarte Systematik geben.

836 Auch für diese Kontrollmitteilungen gelten die **Ausführungen zu Tz. 801 ff. und 816 ff.**

837 Nicht einschlägig ist **§ 194 Abs. 3 AO,** da hier nur innerstaatliche Kontrollmitteilungen gemeint sind (dazu Tz. 455 ff.)[468].

838 Besteht **keine Abkommensregelung,** ist für die deutsche Behörde, die Kontrollmitteilungen ins Ausland versenden will, **§ 117 Abs. 3 AO** maßgebend; hier ist von Gesetzes wegen zwingend ein Ersuchen Voraussetzung, so daß spontane Kontrollmitteilungen entfallen[469].

839 Die internationale Kontrollmitteilung muß nach der **völkerrechtlichen Vereinbarung möglich** sein. Der Umfang dieser Möglichkeit ist umstritten. Die Finanzverwaltung legt **Auskunftsklauseln** weit aus und bejaht schnell die Möglichkeit spontaner Auskünfte[470]. In der Literatur wird vertreten, sofern die Spontanauskunft nicht ausdrücklich erwähnt sei, setze Rechts- und Amtshilfe stets ein Ersuchen voraus; die Spontanauskunft sei mithin unzulässig[471]. Das FG Düsseldorf[472] bejaht aufgrund des DBA Deutschland/Belgien eine Spontanauskunft nach Belgien.

840 Das in Tz. 797 erwähnte Gesetz zur Durchführung der EG-Amtshilferichtlinie **(EG-Amtshilfe-Gesetz)** sieht innerhalb der EG ausdrücklich die Spontanauskunft vor.

841 **Zuständig** für die **Versendung** der Kontrollmitteilungen ist der BdF oder die von ihm beauftragten Behörden, insbesondere das Bundesamt für Finanzen[473].

---

468 Vgl. SCHICK in Hübschmann/Hepp/Spitaler, § 194 Anm. 84 (April 1980); FROTSCHER in HBP 4800, 7 (1979).

469 Vgl. SÖHN in Hübschmann/Hepp/Spitaler, § 117 Anm. 199 (Juli 1980); RUNGE, RIW/AWD 1979, 79; Tz. 1.2.4. EE; aA TIPKE/KRUSE, § 117 Anm. 24 (Mai 1984) unter Änderung der Ansicht der Vorlieferung.

470 Vgl. RUNGE, RIW/AWD 1979, 79 f.; BARANOWSKI, Besteuerung von Auslandsbeziehungen, 1978, 460; Tz. 4.2.3. EE; VOGEL, aaO (FN 433), Art. 26 Anm. 34.

471 So SÖHN in Hübschmann/Hepp/Spitaler, § 117 Anm. 144 f., 221 (Juli 1980); aA TIPKE/KRUSE, § 117 Anm. 2 (Mai 1984).

472 FG Düsseldorf V 327/81 vom 20. 4. 1982, EFG 1982, 604.

473 Vgl. RUNGE, RIW/AWD 1979, 80; zum Bundesamt für Finanzen s. BdF, BStBl. 1975 I, 1018, Tz. 4.2. Entsprechend § 1 Abs. 4 EG-Amtshilfe-Gesetz (Tz. 797).

Über die **Zusendung** von **Kontrollmitteilungen aus dem Ausland** ist 842
in der Bundesrepublik nicht zu rechten und zu richten. Die deutsche
Finanzverwaltung wird hier jede Auskunft verwerten, und zwar über
das Bundesamt für Finanzen[474].

Wird die Kontrollmitteilung aus dem Bereich eines Steuerpflichtigen 843
genommen und ist der Steuerpflichtige in seinen Rechten betroffen, so
ist er **vorher zu hören;** dies folgt aus § 117 Abs. 4 AO in Verbindung
mit § 91 AO[475]. Zur Anhörungspflicht siehe weiter Tz. 826 ff.; das dort
Gesagte gilt auch hier.

Dient die Kontrollmitteilung **auch der inländischen Besteuerung,** gilt 844
nach Tz. 4.2.4. EE das zu Tz. 806 betreffend die Anhörung Gesagte entsprechend.

Problematisch ist die **Anfechtungsmöglichkeit** der **Kontrollmittei-** 845
lung in das Ausland (siehe auch Tz. 831 ff.). In dem Fall FG Düsseldorf[476] wurde dem geprüften deutschen Steuerpflichtigen mitgeteilt,
man werde Kontrollmitteilungen nach Belgien schicken. Finanzamt,
OFD und Finanzgericht gingen von der Zulässigkeit der Rechtsbehelfe
aus, möglicherweise aber auch deshalb, um sich den Weg zu dem Problem selbst nicht zu verbauen.

Wo Kontrollmitteilungen in das Ausland denkbar sind, sollte der Bera- 846
ter auf **vorherige Unterrichtung bestehen** und ggf. unabhängig von
der Zweifelhaftigkeit der Zulässigkeit eines Rechtsbehelfs Beschwerde
oder (evtl. zur Absicherung: und) Unterlassungsklage einlegen.

Soweit die deutsche Finanzverwaltung Informationen weitergibt, die 847
keinem Betroffenen zuzurechnen sind (Beispiel: gesammelte Zei-
tungsinformationen über Ausländer), ist eine Anfechtung nicht denkbar.

Aus der **Praxis** ist bekannt, daß **Spontanauskünfte** zumindest mit 848
nachfolgenden **Ländern** ausgetauscht werden: Belgien, Frankreich,
Großbritannien, Holland, Italien, Kanada, Schweden (bzw. allen skan-
dinavischen Ländern), USA.

In der Praxis ist weiter bemerkbar, daß **rechtliche Grenzen** nur sehr 849
bedingte Wirksamkeit haben. So kenne ich Fälle, in denen Kontroll-

---

474 BdF, BStBl. 1975 I, 1018, Tz. 4.4.
475 Vgl. Tz. 4.2.4. EE; Söhn in Hübschmann/Hepp/Spitaler, § 117 Anm. 206
   iVm. Anm. 160 (Juli 1980); Baranowski, aaO (FN 470), 460.
476 Vgl. FN 472.

Vollstreckung im und für das Ausland

mitteilungen über die Grenze, die nur zu Steuerzwecken versandt worden waren, im Ausland auch devisenrechtliche Überprüfungen veranlaßten. Naturgemäß ist dies idR nur zu erahnen, nicht zu beweisen. Denn – ähnlich wie bei deutschen Steuerverfahren – interessiert nach begonnenen Ermittlungen selten noch ihr Anlaß.

6. Vollstreckung von Steuerforderungen

850 **Vollstreckung** wegen deutscher Steuerforderungen im **Ausland** und wegen ausländischer Steuerforderungen im **Inland** ist grundsätzlich nur möglich, falls ein **Abkommen** besteht, das die Vollstreckung mitumfaßt. Dies ist zZ der Fall[477]:

851 **Belgien:** DBA vom 11. 4. 1967, BStBl. 1969 I, 38, 468 (Art. 26 und 27 iVm. Art. 2). S. auch Tz. 867 f.

852 **Dänemark:** DBA vom 30. 1. 1962, BStBl. 1963 I, 756; 1964 I, 236 (Art. 23 iVm. Art. 1); Vereinbarung zur Durchführung vom 31. 3. 1965, BStBl. 1965 I, 170. S. auch Tz. 867 f.

853 **Finnland:** DBA und Abkommen über Rechtsschutz und Rechtshilfe in Steuersachen vom 25. 9. 1935, RStBl. 1936, 94 (Art. 1, 3); Wiederanwendung ab 1. 1. 1953, BStBl. 1954 I, 404.

854 **Frankreich:** DBA vom 21. 7. 1959, BStBl. 1961 I, 343, 712 (Art. 23); Zusatzprotokoll vom 21. 7. 1959, BStBl. 1961 I, 360; Notenwechsel vom 21. 7. 1959, BStBl. 1961 I, 361. Änderung vom 9. 6. 1969, BStBl. 1970 I, 900, 1072. S. auch Tz. 867 f.

855 **Italien:** Abkommen über Amts- und Rechtshilfe in Steuersachen vom 9. 6. 1938, RStBl. 1939, 377 (Art. 1, 2); Durchführungs-Verordnung vom 20. 2. 1939, RStBl. 1939, 377; Wiederanwendung ab 1. 10. 1954, BStBl. 1957 I, 142. S. auch Tz. 867 f.

856 **Luxemburg:** DBA vom 23. 8. 1958, BStBl. 1959 I, 1023; 1960 I, 398 (Art. 24 iVm. Art. 1); Änderung vom 15. 6. 1973, BStBl. 1979 I, 83. S. auch Tz. 867 f.

857 **Norwegen:** DBA vom 18. 11. 1958, BStBl. 1959 I, 1033; 1960 I, 286 (Art. 22, 23 iVm. Art. 1); Vereinbarung zur Durchführung der Art. 22 und 23 des DBA vom 17. 4. 1964, BStBl. 1964 I, 381.

858 **Österreich:** Vertrag über Rechtsschutz und Rechtshilfe in Abgaben-

---

477 Nach Schwarz in Hübschmann/Hepp/Spitaler, § 250 Anm. 28 (Juni 1984); Tipke/Kruse, Anm. zu § 250 (Dez. 1981).

sachen vom 4. 10. 1954, BStBl. 1955 I, 433 (Art. 1, 3); Verwaltungsanordnung vom 21. 3. 1958, BStBl. 1958 I, 76; Änderung der Verwaltungsanordnung vom 18. 11. 1963, BStBl. 1963 I, 795. S. Tz. 882 ff.

Schweden: Vertrag über Amts- und Rechtshilfe in Steuersachen vom   859
14. 5. 1935, RStBl. 1936, 87 (Art. I, II); Durchführungs-Verordnung vom
7. 1. 1936, RStBl. 1936, 90. Dazu BdF vom 23. 1. 1962, BStBl. 1962 I, 461.

Das Vollstreckungsrecht richtet sich, soweit wegen ausländischer   860
Steueransprüche im Inland vollstreckt wird, nach **deutschem Vollstreckungsrecht.**

Wegen ausländischer Steueransprüche darf im Inland in Amtshilfe nur   861
vollstreckt werden, wenn die Steuern **unanfechtbar** festgesetzt sind.
Ausnahme: Das Abkommen mit Schweden gestattet die Vollstreckung
auch wegen nichtbestandskräftig festgesetzter Steuern.

Liegen die Vollstreckungsvoraussetzungen wegen der fehlenden Un-   862
anfechtbarkeit noch nicht vor, können **Sicherungsmaßnahmen** getroffen werden, zB dinglicher Arrest (§ 324 AO).

Die Abkommen mit Finnland, Italien und Schweden beschränken die   863
Zwangsvollstreckung auf **Angehörige** des **ersuchten Staats.** Beispiel:
Italien leistet Amtshilfe bei der Vollstreckung deutscher Steuern, die
ein Italiener dem deutschen Fiskus schuldet. Nicht vollstreckt wird dagegen gegen einen Deutschen wegen deutscher Steuerforderungen.
Die übrigen Abkommen sehen eine Beschränkung auf die Nationalität
nicht vor. Gegen Deutsche wird zB in Österreich vollstreckt.

Es muß eine **Vollstreckbarkeitserklärung** des ersuchenden Landes   864
vorliegen. Liegen die Voraussetzungen für die Vollstreckung nach dem
jeweiligen Abkommen vor, wird das Vollstreckungsersuchen übernommen. Es ist sodann dem Vollstreckungsschuldner das Leistungsgebot
(§ 254 Abs. 1 AO) bekanntzugeben.

Das Vollstreckungsverfahren bestimmt sich nach dem Vollstreckungs-   865
recht des Staates, in dem vollstreckt wird. Im Inland gelten mithin die
§§ 249 ff. AO. Folglich kann **Vollstreckungsaufschub** gewährt werden.
Dagegen ist die vollstreckende Behörde nicht befugt, die Steuer zu erlassen, zu stunden oder niederzuschlagen.

Umstritten ist, ob über die Abkommen hinaus **freiwillige Amtshilfe** in   866
Vollstreckungsverfahren geleistet werden kann[478].

---

478 Vgl. bejahend SCYMCZAK in Koch, § 250 Anm. 5; FÖRSTER in Koch, § 117
    Anm. 3; ablehnend SCHWARZ in Hübschmann/Hepp/Spitaler, § 250 Anm. 26
    (Aug. 1976).

Einzelne Länder

867 Umfangreicher ist, umfangreicher wird die **Vollstreckungsmöglichkeit** innerhalb der **Europäischen Gemeinschaft.**

868 Aufgrund des **EG-Beitreibungsgesetzes** vom 10. 8. 1979 idF des 1. Änderungsgesetzes vom 7. 8. 1981 können innerhalb der EG Abschöpfungen, Interventionen, Zölle, Verbrauchsteuern, insbesondere aber **Umsatzsteuern,** beigetrieben werden[479].

II. Strafrechtliche internationale Rechts- und Amtshilfe

869 Siehe hierzu STEUERFAHNDUNG, Tz. 589 ff.

III. Besonderheiten einzelner Länder

870 Nachfolgend gebe ich zu den einzelnen Ländern einige **Hinweise,** ohne das Rechts- und Amtshilferecht jeweils geschlossen darzustellen.

1. EG-Staaten

871 Zur **Ausdehnung** der Rechts- und Amtshilfe siehe Tz. 797. Zur **Vollstreckung** von Steuerforderungen innerhalb der EG siehe Tz. 868.

2. Belgien

872 Es besteht **Vollstreckungsmöglichkeit;** siehe Tz. 851.

3. Dänemark

873 Es besteht ein **besonderes** Rechts- und Amtshilfeabkommen (siehe Tz. 796), außerdem **Vollstreckungsmöglichkeit** (Tz. 852).

4. Finnland

874 Es besteht ein **besonderes** Rechts- und Amtshilfeabkommen (Tz. 796), außerdem **Vollstreckungsmöglichkeit** (Tz. 853).

---

479 Vgl. die Gesetze vom 10. 8. 1979 (BGBl. 1979 I, 1429) und vom 7. 8. 1981 (BGBl. 1981 I, 807; BStBl. 1981 I, 566). Text und Erläuterung dieser Gesetze bei SCHWARZ in Hübschmann/Hepp/Spitaler, Anh. zu § 250 (Febr. 1982).

5. Frankreich

Es besteht **Vollstreckungsmöglichkeit** (Tz. 854).   875

6. Italien

Es besteht ein **besonderes** Amts- und Rechtshilfeabkommen (Tz. 796).   876

Die **Erfahrung** lehrt, daß die Amts- und Rechtshilfe mit Italien wenig   877
effizient ist. Anders, wenn Devisenvergehen möglich sind; in solchen
Fällen kann Italien in kürzester Zeit handeln.

Es besteht **Vollstreckungsmöglichkeit** (Tz. 855).   878

7. Liechtenstein

Liechtenstein leistet **keine** Rechts- und Amtshilfe in Steuersachen[480].   879

8. Luxemburg

Steuerforderungen können **vollstreckt** werden (Tz. 856).   880

9. Norwegen

Es besteht ein **besonderes** Rechts- und Amtshilfeabkommen (siehe   881
Tz. 796) und **Vollstreckungsmöglichkeit** (Tz. 857)

10. Österreich

Im Verhältnis zu Österreich gilt der **Vertrag** zwischen der Bundesre-   882
publik Deutschland und der Republik Österreich über Rechtsschutz
und Rechtshilfe in Abgabesachen vom 4. 10. 1954, BGBl. 1955 II, 833,
BStBl. 1955 I, 433, der die Verwaltung in Deutschland und Österreich
zur weitgehenden Rechts- und Amtshilfe verpflichtet; dazu gibt es die
Verwaltungsanordnung vom 21. 3. 1958, BStBl. 1958 I, 76, mit Änderung vom 18. 11. 1963, BStBl. 1963 I, 795.

Die in dem Abkommen vom 4. 10. 1954 ausgeschlossenen **Zölle**, Ver-   883
brauchsteuern und Monopolsachen sind in dem Abkommen vom 29. 7.
1971, BGBl. 1971 II, 1001, geregelt. Mit diesem Abkommen und seiner
Verfassungsmäßigkeit hat sich das Bundesverfassungsgericht beschäftigt[481]. Hier gehe ich nicht näher auf das Abkommen ein.

---

480 Vgl. HABENICHT, wistra 1982, 174.
481 Vgl. BVerfG 2 BvR 475/78 vom 22. 3. 1983, RIW/AWD 1983, 703.

Abgekürzte Außenprüfung

884 Neben diesem Abkommen steht die Zusammenarbeitsvereinbarung nach Art. 20 **DBA** Österreich/Deutschland.

885 Nach dem Abkommen vom 4. 10. 1954 sind Rechtshilfeersuchen möglich zur Bewirkung von **Zustellungen, Ermittlungen, Vollstreckungen,** außerdem **Anzeigen,** also Kontrollmitteilungen.

886 Wesentlich im Abkommen vom 4. 10. 1954 ist, daß die Ersuchen auf deutscher Seite zwar von der Oberfinanzdirektion vermittelt werden müssen, Art. 4 Abs. 2 des Abkommens jedoch auch in breitem Rahmen den **Finanzämtern** die Möglichkeit des Ersuchens einräumt (zB immer bei Gefahr im Verzuge).

887 Nimmt man die Ähnlichkeit der Steuerrechte und die gemeinsame Sprache hinzu, so ist verständlich, daß in Fragen der Rechts- und Amtshilfe die österreichischen und deutschen Finanzbehörden wie die **Behörden eines Staates** untereinander verkehren[482].

11. Schweden

888 Es besteht ein **besonderes** Rechts- und Amtshilfeabkommen (siehe Tz. 796), außerdem **Vollstreckungsmöglichkeit** (siehe Tz. 859).

12. Schweiz

889 In **Steuersachen** gibt die Schweiz **keine** Rechts- und Amtshilfe **über** das bestehende **Doppelbesteuerungsabkommen hinaus.** Steuerforderungen werden in der Schweiz nicht vollstreckt. Zur weitergehenden Möglichkeit im Steuerstrafverfahren s. STEUERFAHNDUNG, Tz. 595 ff.

G. Besonderheiten bei Sonderprüfungen

I. Abgekürzte Außenprüfung

890 „Bei Steuerpflichtigen, bei denen die Finanzbehörde eine Außenprüfung in regelmäßigen Zeitabständen nach den Umständen des Falles nicht für erforderlich hält, kann sie eine **abgekürzte Außenprüfung** durchführen. Die Prüfung hat sich auf die wesentlichen Besteuerungsgrundlagen zu beschränken" (§ 203 Abs. 1 AO).

891 Die Vorschrift soll in **kleinen Fällen** eine **schnelle** Prüfung ermöglichen[483].

---

482 Vgl. VOGEL, aaO (FN 433), Art. 26 Anm. 23.
483 Zur **Kritik** an § 203 AO siehe TIPKE/KRUSE, § 203 Anm. 1 ff. (Okt. 1982): „Die Vorschrift (bereitet) uE unüberwindliche Auslegungsschwierigkeiten".

In der **Praxis** hat sie nicht die Bedeutung erfahren, die ihr der Gesetz- 892
geber zukommen lassen wollte.

Auch für die abgekürzte Außenprüfung gelten die **allgemeinen Vor-** 893
schriften, insbesondere diejenigen über die Prüfungsanordnung[484]. Eine Schlußbesprechung ist nicht erforderlich (§ 203 Abs. 2 S. 3 AO). Der
Steuerpflichtige kann nicht verlangen, daß ihm die Bp.-Ergebnisse vorher in Berichtsform mitgeteilt werden (§ 203 Abs. 2 S. 3 AO). Gleichwohl ist der Steuerpflichtige vor Abschluß der Prüfung darauf hinzuweisen, inwieweit von der Steuererklärung oder den Steuerfestsetzungen abgewichen werden soll (§ 203 Abs. 2 S. 1 AO).

Vorschriften, die an eine **Außenprüfung anknüpfen,** beziehen sich 894
auch auf die abgekürzte Außenprüfung[485].

II. Konzernprüfung

„**Unternehmen,** die zu einem **Konzern gehören** oder durch ein herr- 895
schendes Unternehmen verbunden sind, sind im Zusammenhang, unter einheitlicher Leitung und nach einheitlichen Gesichtspunkten zu
prüfen, wenn die Außenumsätze der Konzernunternehmen insgesamt
mindestens 50 Mio. DM im Jahr betragen" (§ 13 Abs. 1 S. 1 BpO)[486].
§ 18 BpO erweitert diese Möglichkeit im Einzelfall auch auf Konzerne,
die die Umsatzgrenze nicht erreichen, und auf Unternehmen, die nicht
zu einem Konzern gehören, aber wirtschaftlich miteinander verbunden
sind, zB durch verwandtschaftliche Beziehungen der Beteiligten oder
gemeinschaftliche betriebliche Tätigkeiten. Nach § 19 BpO kann
schließlich eine einheitliche Konzernprüfung auch für ausländische
Unternehmen erfolgen.

Die Konzernprüfung erfolgt regelmäßig durch **besondere Prüfungs-** 896
dienste der Finanzverwaltung, die sog. **Konzern-Betriebsprüfung.**

§§ 13 bis 17 BpO enthalten besondere Organisationsvorschriften für 897
die einheitliche Prüfung.

Bei Konzernen findet § 4 Abs. 2 BpO keine Anwendung. Der Prüfungs- 898
zeitraum ist hier nicht beschränkt. Es erfolgt regelmäßig die sog. **An-**
schlußprüfung.

---

484 T{\scriptsize IPKE}/K{\scriptsize RUSE}, § 203 Anm. 5 (Okt. 1982).
485 T{\scriptsize IPKE}/K{\scriptsize RUSE}, § 203 Anm. 5 (Okt. 1982).
486 Vgl. hierzu zB C{\scriptsize LOOTH}, StBp. 1980, 259, und die Beiträge in HBP 7010 ff.
   Insbesondere der Konzernbetriebsprüfung ist auch das Buch von W{\scriptsize ENZIG},
   Die steuerliche Groß- und Konzernbetriebsprüfung, 1985, gewidmet.

899 Die Vorschriften der BpO zur Konzernprüfung haben keinen Einfluß auf die **Anwendung** des **allgemeinen Abgabenrechts.** Die Verjährung wird nach § 171 Abs. 4 AO in ihrem Ablauf zB nur bei dem Unternehmen gehemmt, bei dem die Prüfung tatsächlich beginnt (Tz. 598). Ebenfalls ist die Selbstanzeige nur bei dem Unternehmen des Konzerns ausgeschlossen, bei dem der Betriebsprüfer tatsächlich erschienen ist.

III. Umsatzsteuersonderprüfung

900 Die Umsatzsteuersonderprüfung ist eine Außenprüfung, die sich auf die **Besteuerungsgrundlagen** der **Umsatzsteuer** bezieht.

901 Die Umsatzsteuersonderprüfung ist nach **§§ 193 ff. AO** zulässig[487].

902 Nach § 1 Abs. 2 BpO gilt die **BpO** für die Umsatzsteuersonderprüfung grundsätzlich nicht. Im Einführungserlaß zur BpO ist jedoch angeordnet, daß die **§§ 5 bis 12 BpO** („Durchführung der Betriebsprüfung") entsprechend anzuwenden sind[488].

903 Nicht anwendbar für die Umsatzsteuersonderprüfung sind die **Vorschriften** über die **Größenklassen** der Betriebe und den zeitlichen Umfang der Außenprüfung (§§ 3, 4 BpO).

904 Die **Verwaltung** ist **bemüht,** sowohl in der Prüfungsanordnung als auch im Bericht den eingegrenzten Auftrag deutlich zu formulieren, um Bindungswirkungen auf die allgemeine Außenprüfung zu vermeiden. Zur Frage, ob nach einer Umsatzsteuersonderprüfung noch eine allgemeine Prüfung der Umsatzsteuer möglich ist, s. Tz. 82 ff.

905 Kennzeichnend für die Umsatzsteuersonderprüfung ist, daß sie sehr **zeitnah** die Prüfungsstelle erfaßt. Gerade diese zeitgerechte Umsatzversteuerung steht im Mittelpunkt der Prüfung (neben der Vorsteuerprüfung).

---

487 **Herrschende Praxis** und **Rechtsansicht;** vgl. zB GIESBERTS, Anm. 411 ff., 414 ff.; SCHWARZE in HBP 7550 (1979); vgl. auch die umfangreiche Dienstanweisung für die Umsatzsteuersonderprüfung, Baden-Württemberg vom 10. 5. 1983, StEK AO 1977 § 193 Nr. 14. Zwei **Gegenstimmen** seien hier erwähnt: AA SCHICK in Hübschmann/Hepp/Spitaler, § 194 Anm. 23 ff., 163 ff. (Aug. 1985), der die Umsatzsteuersonderprüfung dann für unzulässig hält, wenn sie nicht zu einer abschließenden Prüfung der Umsatzsteuer führt (wenn zB nur die Vorsteuer geprüft wird) (dagegen zutreffend TIPKE/KRUSE, § 194 Anm. 3 [Nov. 1985]). AA auch NOTTHOFF, DB 1985, 1500, der die Umsatzsteuersonderprüfung irrig als Einzelermittlung qualifiziert.

488 Vgl. die Erlasse zur BpO FN 9.

Soweit es um die **Fälligkeit** der **Umsatzsteuerschuld** geht –zB im Bau- 906
gewerbe –, ist der geprüfte Steuerpflichtige verführt, der Ansicht des
Prüfers, ein Umsatz sei früher zu erfassen, dann zuzustimmen, wenn
der Umsatz zu einem späteren Voranmeldungszeitraum bereits erklärt
ist und die Steuern bereits gezahlt sind. Hier ist Vorsicht am Platze.
Auch die verspätete Erklärung kann **Steuerhinterziehung** oder leichtfertige Steuerverkürzung sein. Auch in derartigen „Verschiebungsfäl-
len" wird nicht selten ein Steuerstrafverfahren eingeleitet. Sodann muß
in der Praxis um eine wirtschaftlich unsinnige „Rechtzeitigkeit" aufwen-
dig gestritten werden. Wären hier die Bußgeld- und Strafsachenstellen
großzügiger, könnten derartige Prüfungen reibungsloser ablaufen.

Zur **Verbindung** von **Umsatzsteuersonderprüfung** und **Lohnsteuer-** 907
Außenprüfung s. Tz. 910.

IV. Lohnsteuer-Außenprüfung

Gegenstand der Lohnsteuer-Außenprüfung ist die ordnungsmäßige 908
Einbehaltung, Übernahme und Abführung der Lohnsteuer durch den
Arbeitgeber[489].

Im Rahmen der Lohnsteuer-Außenprüfung prüft das Finanzamt auch 909
die **Kirchenlohnsteuer,** die Verpflichtungen des Arbeitgebers nach
dem **Vermögensbildungsgesetz,** die Vergünstigungen für **Berliner**
Arbeitslöhne und **Bergmannsprämien.**

Die Lohnsteuer-Außenprüfung kann auch **umsatzsteuerliche** Sachver- 910
halte **mitprüfen.** Betroffen sind hier in erster Linie umsatzsteuerbare
Vorgänge zwischen Arbeitgeber und Arbeitnehmern[490].

Teilweise wird im Rahmen der Lohnsteuer-Außenprüfung auch der 911
Steuerabzug bei **beschränkt Steuerpflichtigen nach § 50 a EStG** mitgeprüft (vgl. Tz. 926 ff.).

Für die Lohnsteuer-Außenprüfung gelten die **allgemeinen Vorschrif-** 912
ten der §§ 193 ff. AO (vgl. § 193 Abs. 2 Nr. 1 AO, Tz. 54 f.)[491], ergänzt
durch **§ 42 f EStG.**

---

489 Zur Lohnsteuer-Außenprüfung vgl. zB GERLOFF in HBP 7600 (1982);
     MIHATSCH, NWB F 6, 2541 (1984); DERS., DB 1985, 1099.
490 Vgl. BdF vom 11. 3. 1982, StEK AO 1977 § 193 Nr. 12; dazu auch HUSSMANN
     in HBP 7605 (1983).
491 Die §§ 193 ff. AO sind nicht „nach Abschn. 111 Abs. 1 S. 4 LStR" anzuwen-
     den (so MIHATSCH, DB 1985, 1099), sondern weil sie als Gesetz gelten (eine
     geradezu kennzeichnende Beamtenformulierung: das Gesetz gilt nur, wenn

913 Die **BpO** gilt grundsätzlich nicht, ist jedoch hinsichtlich der §§ 5 bis 12 BpO für anwendbar erklärt worden[492].

914 Die Vorschriften der BpO, wonach Betriebe in **bestimmten Zeiträumen** zu prüfen sind, finden auf die Lohnsteuer-Außenprüfung keine Anwendung. Hier entscheidet das Finanzamt nach nicht normiertem Ermessen, für welche Zeiträume (Regelfall) oder Sachverhalte (Ausnahme) Lohnsteuer-Außenprüfungen durchgeführt werden sollen[493].

915 Eine Selbstbindung ist in Abschn. 111 Abs. 1 S. 3 LStR geregelt, wonach **Haushalte,** in denen nur gering entlohnte Haushaltsgehilfen beschäftigt sind, in der Regel nicht zu prüfen sind.

916 Außerdem ist teilweise die **allgemeine Betriebsprüfung** beauftragt, bei **kleineren Betrieben** die Lohnsteuer mitzuprüfen[494].

917 Die **Lohnsteuer-Außenprüfung nach Lohnsteuer-Außenprüfung** ist mE unzulässig[495]. Das gilt unabhängig davon, ob aus dem geprüften lohnsteuerrechtlichen Sachverhalt ein Nachforderungsbescheid (gerichtet gegen den Arbeitgeber als Steuerschuldner, Tz. 920) oder ein Haftungsbescheid (gerichtet gegen den Arbeitgeber als Haftungsschuldner, Tz. 920) folgt, da sich die Zulässigkeit der Lohnsteuer-Außenprüfung nicht danach richtet, ob eine Steuer- oder Haftungsschuld zu realisieren ist. Eine Prüfung nach Prüfung kann idR auch nicht mit unterschiedlich geprüften Sachverhalten begründet werden, wenn die Prüfung selbst für bestimmte Zeiträume angeordnet ist[496]. Etwas anderes gilt dann, wenn nach der Prüfungsanordnung bestimmte Sachverhalte geprüft werden; in diesem Fall können innerhalb desselben Zeitraums später noch andere Sachverhalte geprüft werden.

918 Für die Außenprüfung der Lohnsteuer ist das **Betriebstättenfinanzamt zuständig** (§ 42 f Abs. 1 EStG).

919 Während in der allgemeinen Außenprüfung **Arbeitnehmer** unmittel-

---

es durch die Oberbehörde angeordnet wird). Zur Lohnsteuer-Außenprüfung als Außenprüfung iSd. §§ 193 ff AO: FG Rheinland/Pfalz V 97/79 vom 29. 10. 1979, EFG 1980, 189; Schick in Hübschmann/Hepp/Spitaler, Vor § 193 Anm. 171 ff. (Aug. 1985); Giesberts, Anm. 419 ff.

492 S. Abschn. 111 Abs. 5 S. 2 LStR, außerdem die Erlasse zur BpO FN 9.

493 In NRW soll ein **dreijähriger Turnus** angestrebt werden; vgl. Erlaß NRW vom 13. 4. 1981, StEK AO 1977 § 194 Nr. 3.

494 Vgl. zB Erlaß Bayern vom 30. 12. 1983, StEK AO 1977 § 193 Nr. 15.

495 S. hierzu ausführlich Tz. 82 ff.

496 Vgl. zB Mihatsch, DB 1985, 1102, allerdings betreffend § 173 Abs. 2 AO mwN. Dazu auch Tz. 922 f.

bar nur in Ausnahmefällen **angehört** werden können und sollen (Tz. 277 ff.), bestimmt § 42 f Abs. 2 EStG, daß die Arbeitnehmer des Arbeitgebers dem Außenprüfer in der Lohnsteuer-Außenprüfung jede gewünschte Auskunft über Art und Höhe ihrer Einnahmen zu geben haben. Dies gilt auch für Personen, bei denen problematisch ist, ob sie Arbeitnehmer des Arbeitgebers sind oder waren. Während im allgemeinen dem Außenprüfer also der „Zugriff" auf die Arbeitnehmer versagt ist, ist dies dem Lohnsteuer-Außenprüfer möglich.

Die Lohnsteuer-Außenprüfung endet mit einem **Nachforderungsbe-** 920 **scheid,** wenn Lohnsteuer nachzuerheben ist, für die der Arbeitgeber unmittelbar Steuerschuldner ist. Soweit der Arbeitgeber für nicht einbehaltene Lohnsteuer haftet, wird diese Haftung durch **Haftungsbescheid** geltend gemacht. Eines Haftungsbescheides bedarf es nicht, „soweit der Arbeitgeber ... nach Abschluß einer Lohnsteuer-Außenprüfung seine Zahlungsverpflichtung schriftlich anerkennt" (§ 42 d Abs. 4 Nr. 2 EStG).

Lohnsteueranmeldungen sind **Steuerfestsetzungen** unter dem **Vorbe-** 921 **halt der Nachprüfung** (§ 168 AO). Nach der Lohnsteuer-Außenprüfung ist der Vorbehalt der Nachprüfung aufzuheben (vgl. Tz. 577). Der Vorbehalt ist sowohl aufzuheben, wenn sich Änderungen nicht ergeben, als auch, wenn Nachforderungs- oder Haftungsbescheide zu verfügen sind[497]. Die Aufhebung des Vorbehalts steht einer Inanspruchnahme durch Haftungsbescheid nicht entgegen; hierauf soll ausdrücklich hingewiesen werden, um keinen entgegenstehenden Vertrauenstatbestand zu schaffen[498].

Umstritten sind bei **Nachforderungsbescheiden** Anwendung und Aus- 922 wirkung des § 173 **Abs. 2 AO.** Die Finanzverwaltung bezieht diese Vorschrift ausschließlich auf geprüfte Sachverhalte und hieran anknüpfende Nachforderungsbescheide; ist ein bestimmter Zeitraum geprüft, ein Nachforderungsbescheid bzgl. des Sachverhalts A verfügt, kann folglich später – bezogen auf denselben Zeitraum, jedoch auf einen anderen Sachverhalt – noch ein weiterer Nachforderungsbescheid verfügt werden[499]. Dies ist mE unzutreffend. Der Nachforderungsbescheid ist das Ergebnis des durch eine Prüfungsanordnung bestimmten Zeitraums; aus ihm resultiert daher bzgl. weiterer Nachforderungsbescheide die Sperre des § 173 Abs. 2 AO[500].

---

497 OFD Düsseldorf vom 16. 7. 1984, DB 1984, 1602.
498 OFD Düsseldorf, aaO (FN 497).
499 MIHATSCH, aaO (FN 496) mwN; NOTTHOFF, DB 1985, 1500.
500 SCHICK in Hübschmann/Hepp/Spitaler, Vor § 193 Anm. 171 ff. (Aug. 1985).

923 Auf **Haftungsbescheide** findet **§ 173 Abs. 2 AO keine** Anwendung, da es sich nicht um Steuerbescheide handelt[501]. Für Änderungen gelten die §§ 130, 131 AO[502], die auch ergänzenden und neuen Bescheiden entgegenstehen können[503].

924 Lohnsteuer-Außenprüfungen sind **ungeliebte Prüfungen.** Das Lohnsteuerrecht und die Rechtsanwendung erscheinen kleinlich und pfennigfuchserisch. Damit beschäftigen sich weder der Unternehmer noch der Berater gerne. Hinzu kommt, daß das Lohnsteuerrecht gerade im Detail wenig gesichert ist. Dies führt einmal dazu, daß die Betriebstättenfinanzämter eigene, höchst individuelle Partikularrechte entwikkeln. Dies führt auf der anderen Seite dazu, daß alles unternommen wird, um einem Rechtsstreit auszuweichen; Einigungen sind die Regel. Angesichts der ungeliebten Materie gehen diese Einigungen häufig zu Lasten des Unternehmers, der dies auch deshalb willig hinnimmt, weil die nachzuzahlende Lohnsteuer ertragsteuerlich abzugsfähig ist (soweit sie nicht vom Arbeitnehmer erstattet wird). Nach meiner Erfahrung könnten eine Vielzahl derartiger Einigungen bei sorgfältigerem und hartnäckigerem Widerstand günstiger ausfallen.

925 Die Nichterklärung von Lohnsteuer (§§ 370, 378 AO) oder die Nichtabführung von erklärter Lohnsteuer (§ 380 AO) wiegen im **Strafverfahren** oder im **Bußgeldverfahren** schwer. Dort läßt man sich von der „Treuhandstellung" des Arbeitgebers bestimmen, der mit der Einbehaltung und der Abführung der Lohnsteuer fremde Gelder verwaltet. Eine Pflichtverletzung erscheint besonders vorwerfbar; die Tatsache, daß der Arbeitgeber unentgeltlich für den Staat tätig wird (was nach allgemeinen Rechtsvorstellungen zu einem geringeren Haftungsmaßstab führen müßte[504]), hat man aus dem steuerstrafrechtlichen Bewußtsein nahezu vollständig verdrängt. Aus Einigungen in Lohnsteuer-Außenprüfungen über Nachzahlungen folgen mithin häufig Einleitungen von Steuerstraf- oder Bußgeldverfahren, eine oft nicht kalkulierte, überraschende Folgerung der schnellen Einigung. Gerade auch im Hinblick auf diese strafrechtliche oder bußgeldrechtliche Folge ist bei lohnsteuerlichen Einigungen mehr Vorsicht zu üben.

---

501 Klein/Orlopp, § 173 Anm. 3; aA mE unzutreffend Schick in Hübschmann/ Hepp/Spitaler, Vor § 193 Anm. 175 (Aug. 1985).

502 Klein/Orlopp, Vor §§ 130, 131 Anm. 2.

503 Vgl. BFH VII R 112/81 vom 22. 1. 1985, BStBl. 1985 II, 562.

504 Vgl. zB §§ 599, 690 BGB.

V. Prüfung des Steuerabzugs bei beschränkt Steuerpflichtigen

§ 50 a EStG kennt bei **Aufsichtsrats-** und anderen **Vergütungen** im 926
Rahmen der **beschränkten Steuerpflicht** einen Quellenabzug[505]. Nach
§ 73 d Abs. 2 EStDV ist bei Außenprüfungen zu prüfen, ob diese Quellensteuer ordnungsgemäß einbehalten und abgeführt worden ist.

Es handelt sich um eine **besondere Prüfung,** auf die die §§ 193 ff. AO 927
anzuwenden sind[506].

Teilweise wird diese Quellensteuer im Rahmen der **Lohnsteuer-Au-** 928
ßenprüfung mitgeprüft (Tz. 908 ff.).

VI. Kapitalverkehrsteuer-Sonderprüfung

Die Besteuerungsgrundlagen der **Kapitalverkehrsteuer** werden von 929
der Kapitalverkehrsteuer-Sonderprüfung geprüft.

Anwendbar sind die **§§ 193 ff. AO,** dh. die allgemeinen Vorschriften[507], 930
ergänzt durch Vorschriften des Kapitalverkehrsteuergesetzes und der
Kapitalverkehrsteuerverordnung, auf die hier nicht näher eingegangen
wird[508].

Die **BpO** ist grundsätzlich nicht anwendbar, jedoch bezüglich der §§ 5 931
bis 12 BpO ausdrücklich für anwendbar erklärt (s. Tz. 902).

VII. Versicherungsteuer-Sonderprüfung

Die Versicherungsteuer-Sonderprüfung befaßt sich mit der **Besteue-** 932
rungsgrundlage der Versicherungsteuer.

Es handelt sich um eine **Außenprüfung** im Sinn der **§§ 193 ff. AO**[509], 933
ergänzt um Vorschriften des Versicherungsteuergesetzes und des
Feuerschutzsteuergesetzes, auf die ich hier nicht näher eingehe[510].

---

505 Vgl. dazu HUSSMANN in HBP 7635 (1983).
506 SCHICK in Hübschmann/Hepp/Spitaler, Vor § 193 Anm. 195 ff. (Aug. 1985).
     Vgl. auch BFH I R 53/81 vom 23. 1. 1985, BStBl. 1985 II, 566.
507 Vgl. SCHICK in Hübschmann/Hepp/Spitaler, Vor § 193 Anm. 180 ff. (Aug.
     1985).
508 Vgl. SCHICK, aaO (FN 507).
509 Vgl. SCHICK in Hübschmann/Hepp/Spitaler, Vor § 193 Anm. 190 f. (Aug.
     1985).
510 Vgl. SCHICK, aaO (FN 509), mit Weiterverweisung.

934 Die **BpO** findet grundsätzlich keine Anwendung, ist jedoch bezüglich der §§ 5 bis 12 BpO für anwendbar erklärt (Tz. 902).

VIII. Besondere Prüfung im Rahmen der Körperschaftbesteuerung (§ 50 b EStG)

935 § 50 b EStG berechtigt die Finanzämter, Verhältnisse, die für die **Anrechnung** oder **Vergütung** von **Körperschaftsteuer** oder für die Anrechnung oder Erstattung von Kapitalertragsteuer von Bedeutung sind oder der Aufklärung bedürfen, bei den am Verfahren Beteiligten zu prüfen[511].

936 Nach dem ausdrücklichen Wortlaut des § 50 b EStG gelten die §§ 193 **bis 203 AO sinngemäß.**

937 Bis heute hat diese Vorschrift noch keine wesentliche **praktische Bedeutung** erlangt.

IX. Schwerpunktprüfung

938 Schwerpunktprüfung heißt, daß die Prüfung auf **bestimmte Schwerpunkte** beschränkt wird. Hier ist zu **unterscheiden:**

939 Bereits nach der **Prüfungsanordnung** kann der Gegenstand der Prüfung beschränkt sein. Diese Beschränkung ist für den Umfang der Außenprüfung von Bedeutung. Vgl. Tz. 99 ff.

940 Nach § 6 BpO ist die **Außenprüfung** auf das **Wesentliche** abzustellen. Dies ist die zweite mögliche Bedeutung der Schwerpunktprüfung (vgl. Tz. 316). Hier wird das Ermessen des Außenprüfers angesprochen; die Prüfung soll sich innerhalb des Rahmens der Prüfungsanordnung auf das Wesentliche, eventuell auf bestimmte Schwerpunkte konzentrieren. Die Rechtsfolge der Außenprüfung richtet sich in diesem Fall jedoch ausschließlich nach der Prüfungsanordnung und nicht nach dem vom Ermessen des Prüfers gesetzten Schwerpunkt.

X. Liquiditätsprüfung

941 Die Liquiditätsprüfung dient der Prüfung der **Voraussetzungen** eines **Erlasses,** einer **Stundung** oder eines **Vollstreckungsaufschubs,** im

---

511 Vgl. hierzu HUSSMANN in HBP 7630 (1982).

Einzelfall auch der Aussetzung der Vollziehung aus Billigkeitsgründen.

Es ist **umstritten,** ob es sich bei dieser Prüfung um eine **Außenprü-** 942
fung nach §§ 193 ff. AO handelt[512]. Soweit die Vorschriften als Rechtsgrundlage verneint werden, ist die Liquiditätsprüfung nur mit Zustimmung des Steuerpflichtigen möglich[513].

In der **Praxis** ist sie nicht sehr gebräuchlich. 943

XI. Haftungsprüfung

Eine Prüfung kann auch die Grundlage und den **Umfang** einer **Haf-** 944
tung für **fremde Steuern** zum Gegenstand haben.

Ihre **Zulässigkeit** ist in besonderen Ausformungen anerkannt (Lohn- 945
steuer-Außenprüfung usw.). Soweit sie die Prüfung des Einbehalts von
Quellensteuer betrifft (LSt., Kapitalertragsteuer, Steuer nach § 50 a
EStG), folgt die Zulässigkeit unmittelbar aus § 193 Abs. 2 Nr. 1 AO
(Tz. 54). Darüber hinaus ist ihre Zulässigkeit umstritten[514].

In der **Praxis** kommt diese Prüfung sehr selten vor. 946

XII. Bestandsaufnahmeprüfung

Ohne gesetzliche Grundlage ist die sog. Bestandsaufnahmeprüfung, 947
durch die der Zustand der laufenden Buchführung geprüft werden
soll[515]. Sie kann nur mit Zustimmung des Steuerpflichtigen durchgeführt werden.

512 Verneinend NOTTHOFF, DB 1985, 1500; eingegrenzt bejahend SCHICK in
Hübschmann/Hepp/Spitaler, § 194 Anm. 48 ff. (Aug. 1985).
513 Soweit die Zulässigkeit verneint wird, verneint sie SCHICK auch im Fall der
Zustimmung des Steuerpflichtigen (vgl. in Hübschmann/Hepp/Spitaler,
§ 194 Anm. 51 [Aug. 1985]).
514 Verneinend SCHICK in Hübschmann/Hepp/Spitaler, § 194 Anm. 60 ff. (Aug.
1985); NOTTHOFF, DB 1985, 1500. Zulässigkeit einer Prüfung im Hinblick auf
§ 50a EStG vgl. BFH I R 53/81 vom 23. 1. 1985, BStBl. 1985 II, 566.
515 Vgl. BFH IV R 10/85 vom 25. 4. 1985, BStBl. 1985 II, 702.

XIII. Richtsatzprüfung

948 Die Richtsatzprüfung dient der **Ermittlung** von **betrieblichen Kennzahlen.**

949 Ohne **Zustimmung** des geprüften Unternehmens dürfen Prüfungen, die ausschließlich eine Richtsatzprüfung zum Gegenstand haben, nicht durchgeführt werden; hier fehlt es an einer Rechtsgrundlage[516].

950 Die Verwaltung kann jedoch die Kennzahlen eines Betriebes, die sie einer **regulären Prüfung** entnimmt, zur Ermittlung der Richtsätze verwenden. Allerdings muß hier sichergestellt sein, daß das Steuergeheimnis gewahrt bleibt.

XIV. Finanzgerichtliche Außenprüfung

951 Das Finanzgericht hat **keine Kompetenz,** eine Außenprüfung **anzuordnen** oder durchzuführen[517]. Es kann sie allenfalls **anregen**[518].

952 Das finanzgerichtliche Verfahren **hindert** eine vom Finanzamt angeordnete **Außenprüfung nicht** (Tz. 80).

953 Die bei einigen Finanzgerichten angestellten **gerichtlichen Prüfer** haben eine problematische Stellung, die bis heute nicht gesichert und geklärt ist. Sie haben keine richterliche Funktion; und ob es zulässig ist, bei Gericht beamtete Zeugen oder Sachverständige anzustellen, ist höchst zweifelhaft[519].

XV. Steuerfahndung

954 Die Steuerfahndung ist **keine Außenprüfung** im Sinne der §§ 193 ff. AO. Ihre Aufgaben sind in § 208 AO bestimmt. Zur Steuerfahndung siehe die Schrift STEUERFAHNDUNG.

---

516 MARTENS, NJW 1978, 466; TIPKE/KRUSE, § 194 Anm. 1 (Nov. 1985); SCHICK in Hübschmann/Hepp/Spitaler, § 194 Anm. 38 ff. (Aug. 1985); nach SCHICK wird eine solche Prüfung selbst mit Zustimmung nicht zulässig, § 194 Anm. 43.

517 KLAUSER in HBP 8030, 3 (1984).

518 KLAUSER, aaO (FN 517).

519 Ablehnend SCHICK in Hübschmann/Hepp/Spitaler, Vor § 193 Anm. 246 (Aug. 1985), mit dem nicht hinreichend belegten Hinweis, die hM sei anderer Ansicht; zurückhaltend auch KLAUSER, aaO (FN 517), 5 f., 11 f. (1984).

Die Steuerfahndung kann mit der Durchführung einer **Außenprüfung** 955
beauftragt werden (§§ 208 Abs. 2 Nr. 1, 195 AO). Sie kann auch an einer Außenprüfung teilnehmen. Soweit sie mit einer Außenprüfung beauftragt ist, gelten für sie die allgemeinen Bestimmungen der Außenprüfung. Der Auftrag engt jedoch ihre ureigenen Befugnisse nicht ein,
so daß der Auftrag die Macht der Steuerfahndung nicht einschränkt.

Für die **Praxis** und den **Berater** muß gelten: Führt die Steuerfahndung 956
eine Außenprüfung durch oder nimmt sie an einer Außenprüfung teil,
so steht die steuerstrafrechtliche Ermittlung im Mittelpunkt. Sie bestimmt die Beratung und das Verhalten des Steuerbürgers. S. hierzu
STEUERFAHNDUNG, Tz. 435 ff.

H. Schätzungen sowie Vermögenszuwachs- und Geldverkehrsrechnung

I. Schätzungen

„Soweit die **Finanzbehörde** die Besteuerungsgrundlagen nicht ermit- 957
teln oder berechnen kann, hat sie sie zu **schätzen**. Dabei sind alle Umstände zu berücksichtigen, die für die Schätzung von Bedeutung sind.
Zu schätzen ist insbesondere dann, wenn der Steuerpflichtige über seine Angaben keine ausreichenden Aufklärungen zu geben vermag oder
weitere Auskunft oder eine Versicherung an Eides Statt verweigert
oder seine Mitwirkungspflicht nach § 90 Abs. 2 verletzt. Das gleiche
gilt, wenn der Steuerpflichtige Bücher oder Aufzeichnungen, die er
nach den Steuergesetzen zu führen hat, nicht vorlegen kann oder wenn
die Buchführung oder die Aufzeichnungen der Besteuerung nicht nach
§ 158 zugrunde gelegt werden." Dies ist die **Rechtsgrundlage** der
Schätzungsmöglichkeit (§ 162 AO).

Ich gebe hier keine Gesamtdarstellung des Schätzungsrechts der Fi- 958
nanzverwaltung, sondern nur **Hinweise** zur **Abwehr ungerechtfertig-
ter Schätzungen**.

Formell ordnungsgemäß geführte Bücher tragen die **Vermutung** der 959
Richtigkeit. Sie sind der Besteuerung zugrunde zu legen, sofern sich
nach den Umständen des Einzelfalls kein Anlaß ergibt, ihre Richtigkeit
zu beanstanden (§ 158 AO). Daraus folgt, daß den Außenprüfer die objektive Beweislast trifft, wenn er von dem Ergebnis der Bücher abweichen will.

Ist die Buchführung formell in Ordnung, so kann ihr Ergebnis im Wege 960
einer **Nachkalkulation** nur dann durchbrochen werden, wenn diese

einwandfrei ist und allen Unsicherheiten Rechnung trägt; an die Nachkalkulation sind strenge Anforderungen zu stellen[520].

961 Selbst bei einer **formell nicht ordnungsmäßigen** Buchführung „sind an eine Nachkalkulation gewisse Mindestanforderungen zu stellen"[521]. Nicht ausreichend für eine Hinzuschätzung ist zB[522], wenn bei einem Lebensmittel-Groß- und Einzelhändler anhand des Wareneingangsbuches nur 5 Warengruppen gebildet und auf diese Aufschläge angewendet werden, die der Prüfer seinem Bekunden zufolge nach den Ein- und Verkaufspreisen im Betrieb ermittelt, deren Berechnung er aber nicht in nachvollziehbarer Form nachgewiesen hat.

962 **Vergleiche** mit **anderen Betrieben** und Maßstäbe, die aus anderen Betrieben hergeleitet werden, haben eine entschieden geringere Beweiskraft als **interne** Betriebsvergleiche, dh. Maßstäbe, die aus dem Betrieb selbst hergeleitet werden[523].

963 Weichen die formell ordnungsgemäß ermittelten Ergebnisse von **amtlichen Richtsatzsammlungen** ab, so reicht das allein nicht, um das Ergebnis zu verwerfen[524]. Jedem äußeren Betriebsvergleich haftet eine große Unsicherheit an, da kaum ein Betrieb dem anderen gleicht[525]. Auch das Unterschreiten des untersten Rohgewinnsatzes rechtfertigt bei formell ordnungsgemäßer Buchführung eine Schätzung nur, wenn dem Finanzamt zusätzliche konkrete Hinweise auf die sachliche Unrichtigkeit des Buchführungsergebnisses vorliegen[526]. Werden von dem Steuerpflichtigen besondere Umstände vorgetragen, die den eigenen Betrieb „atypisch" erscheinen lassen, so ist es dem Finanzamt verwehrt, allein mit Hilfe von Richtsatzsammlungen zu schätzen; hier kommt es ohne eine Vermögenszuwachsrechnung (Tz. 975 ff.), fundierte Nachkalkulationen, Kontrollmitteilungen uä. nicht aus.

964 Gerade die Anwendung von Richtsatzsammlungen war für Bundesrichter Anlaß, die **Schätzungspraxis** der **Finanzämter** einer **Kritik** zu un-

---

520 BFH IV 17/65 vom 25. 6. 1970, BStBl. 1970 II, 838; I R 216/72 vom 31. 7. 1974, BStBl. 1975 II, 96.
521 BFH I R 216/72, aaO (FN 520). Zu einer anerkannten Schätzung bei einem **Bäckereibetrieb** s. BFH I R 9/81 vom 13. 3. 1985, BFH NV 1986, 116.
522 BFH I R 216/72, aaO (FN 520).
523 BFH IV 179/60 U vom 18. 3. 1964, BStBl. 1964 III, 381; IV 17/65, aaO (FN 520); VIII R 38/82 vom 26. 4. 1983, BStBl. 1983 II, 618.
524 BFH I R 94/72 vom 18. 9. 1974, BStBl. 1975 II, 217; I R 16–17/75 vom 7. 12. 1977, BStBl. 1978 II, 278.
525 BFH VIII R 38/82 vom 26. 4. 1983, BStBl. 1983 II, 618.
526 BFH VIII R 190/82 vom 18. 10. 1983, BStBl. 1984 II, 88.

terziehen. Vgl. zB WOERNER zur Entscheidung vom 18. 10. 1983[527]: „Ein Signal für die Berater, ihrerseits Vorsicht zu üben" – Vorsicht nämlich hinsichtlich der Erkenntnis, „wie kritiklos manche Betriebsprüfer Richtsatzsammlungen anwenden". Aus Bundesrichterfeder liest man an anderer Stelle[528]: „Es verwundert, daß es immer noch Betriebsprüfer und Finanzämter gibt, die die amtlichen Richtsätze als Rechtsnormen ansehen und bei Abweichungen die Steuerpflichtigen leichthin mit einer Schätzung überziehen... Das Unterschreiten des untersten amtlichen Rohgewinnsatzes ist wohl ein Anzeichen für ein ungewöhnliches Verhalten des Steuerpflichtigen. Die Finanzbehörden neigen zu der Version, der Steuerpflichtige habe ... Betriebseinnahmen nicht verbucht... So muß es indessen nicht gewesen sein. Der Steuerpflichtige kann sich auch in der Weise ungewöhnlich verhalten haben, daß er sich beim Warenverkauf mit einem geringeren Aufschlag begnügt hat. Stellt der Betriebsprüfer ein Unterschreiten des untersten Rohgewinnsatzes fest..., beginnt seine Arbeit erst."

Soweit sich die Finanzverwaltung auf die Richtsatzsammlung stützt, hat der Steuerpflichtige **keinen Anspruch** darauf, daß das Finanzamt ihm die **Vergleichsbetriebe nennt**[529]. Gleichwohl hat das Finanzgericht die Möglichkeit, anhand der für die Vergleichsbetriebe geführten Steuerakten zu prüfen, ob gegen die Zahlen der Vergleichsbetriebe Bedenken bestehen[530]. Im übrigen ist dem Steuerpflichtigen durch eine hinreichend konkrete Information Gelegenheit zu geben, zur Frage des Betriebsvergleichs überhaupt und nach Möglichkeit auch zu den Vergleichszahlen Stellung zu nehmen[531] (s. auch Tz. 1060 ff.). 965

Die Schätzung mittels der **Kostenstrukturerhebungen** und -statistiken der **Statistischen Bundes-** und **Landesämter** ist mE idR unbrauchbar[532]. 966

Wird aus dem **privaten Geldverbrauch** auf den Gewinn geschlossen, darf der angesetzte Geldverbrauch keine Betriebsausgaben enthalten[533]. Der bei dieser Rechnung ermittelte Gewinn ist noch um Be- 967

---

527 In BB 1984, 327; BFH s. FN 526.
528 HFR-Anm. 1984, 97, zu BFH VIII R 190/82, aaO (FN 526).
529 Vgl. BFH VIII R 195/82 vom 18. 12. 1984 BStBl. 1986 II, 226.
530 BFH VIII R 195/82, aaO (FN 529), unter Bezug auf RFH VI A 392/37 vom 25. 8. 1937, RStBl. 1937, 1109. Wegen des **Akteneinsichtsrechts** s. BdF BStBl. 1986 I, 128: die Akten der Vergleichsbetriebe sind zu **anonymisieren.**
531 Vgl. FN 529.
532 Nicht ganz so ablehnend BdF vom 20. 1. 1981, StEK AO 1977 § 162 Nr. 7.
533 BFH VIII R 79/80 vom 8. 7. 1981, BStBl. 1982 II, 369; dazu HFR-Anm. 1982, 151.

triebsausgaben zu mindern, die keine Geldabflüsse darstellen (zB AfA)[534].

968 **Schwerwiegende Buchführungsmängel** rechtfertigen grobe Schätzungsverfahren[535].

969 Bei Nachkalkulationen und bei der sonstigen Überprüfung der Richtigkeit von Buchführungsergebnissen muß gerade bei geringfügigen Differenzen in Erwägung gezogen werden, daß die Abweichung zwischen Kalkulation bzw. Prüfungsergebnis und tatsächlich ausgewiesenem Gewinn oder Verlust auf **Schätzungsunschärfen** beruhen kann[536]. Ist diese Möglichkeit nicht auszuschließen, so kann das Schätzungsergebnis nicht verwandt werden.

970 Hiervon zu trennen ist die **Unschärfe, die jeder Schätzung anhaftet.** Soweit sie sich zuungunsten des Steuerpflichtigen auswirkt, muß er sie ebenso hinnehmen wie die Schätzung selbst[537].

971 Die Entscheidung vom 26. 4. 1983[538] ist in ihrer Entstehungsgeschichte ein **Beraterlehrstück** in **Schätzungssachen:** Die Urteilsgründe bestätigen in eindeutigen Formulierungen die Schätzungsmöglichkeit des Finanzamts. Eine Vielzahl von Revisionseinwänden wird beiseite geschoben. Gleichwohl kommt der BFH zur Aufhebung und zur Zurückverweisung. Dies geschah in diesem Verfahren zum zweiten Mal; der BFH sah es als möglich an, bei Umsatzabweichungen von 1,5 %, 1,7 % und 2,7 % auf die Schätzung zu verzichten. Die erste Instanz muß sich mithin zum dritten Mal mit der Schätzung befassen. Der Verfahrensablauf ist typisch: Eindeutige Betonung der Schätzungsmöglichkeit durch den BFH, sodann hohe Anforderungen an die Qualität der Schätzung mit Einzelfehlern im konkreten Fall, die zur Aufhebung und zur Zurückverweisung führen. Diese Schätzungsrechtsprechung sollte den Berater veranlassen, an eine hinzunehmende Schätzung durch das Finanzamt höchste Ansprüche zu stellen[539].

972 Für die Schätzung selbst gilt: „Schätzungen müssen insgesamt in sich **schlüssig** sein; ihre Ergebnisse müssen darüber hinaus **wirtschaftlich vernünftig** und möglich sein"[540].

---

534 BFH VIII R 79/80, aaO (FN 533).
535 BFH VIII R 65/80 vom 2. 2. 1982, BStBl. 1982 II, 409.
536 BFH VIII R 38/82 vom 26. 4. 1983, BStBl. 1983 II, 618.
537 BFH VIII R 195/82 vom 18. 12. 1984, BStBl. 1986 II, 226.
538 AaO (FN 536).
539 Vgl. auch KORN in Streck (Hrsg.), Steuerkontrolle Folge 2, Anm. 191 ff.
540 BFH VIII R 195/82 vom 18. 12. 1984, BStBl. 1986 II, 226; dazu die HFR-Anm. 1985, 305, die sich durch die Klarheit dieser Aussage beeindruckt zeigt.

Ermittelt der Steuerpflichtige seinen Gewinn auf der Grundlage eines Be- 973
triebsvermögensvergleichs (§ 4 Abs. 1 EStG), ist nach derselben **Gewinnermittlungsart zu schätzen.** Ermittelt der Steuerpflichtige den Gewinn
durch eine Einnahme-Überschußrechnung (§ 4 Abs. 3 EStG), so ist diese
Entscheidung des Steuerpflichtigen auch für die Schätzung maßgebend[541].
Der BFH widerspricht damit der Ansicht, wonach bei einem Einnahme-
Überschußrechner stets in bilanzieller Gewinnermittlungsart zu schätzen
sei[542]. Allenfalls dann, wenn nicht angenommen werden kann, daß der
Steuerpflichtige die Gewinnermittlungsart nach § 4 Abs. 3 EStG gewählt
hat, ist durch Betriebsvermögensvergleich zu schätzen[543].

Kommt ein Prüfer bei Durchsicht von Unterlagen zu einem bestimmten, 974
sicheren Ergebnis, so ist für **Sicherheitszuschläge kein Raum** mehr.

II. Vermögenszuwachs- und Geldverkehrsrechnung[544]

1. Allgemeines

Die **Vermögenszuwachsrechnung (VZR)** und die **Geldverkehrsrech-** 975
nung (GVR) in allen Varianten haben in der Rechtsprechung hohen
Stellenwert: Ein ungeklärter Vermögenszuwachs, der mit Hilfe einer
VZR ermittelt wird, kann auch bei formell ordnungsmäßiger Buchführung zu der Annahme berechtigen, er stamme aus unversteuerten Einkünften[545]; s. Tz. 1045 ff. Zusätzliche Bedeutung haben diese Verpro-
bungsmethoden dadurch erlangt, daß der BFH allein auf Nachkalkulationen oder Richtsätze gestützte Ergebnishinzuschätzungen zunehmend kritisch beurteilt[546].

Ihre Beweiskraft können VZR und GVR nur bei **logischer** und **sach-** 976
lich fehlerfreier Erstellung entwickeln. Bei Prüfung der Logik, Vollständigkeit und der Ausschöpfung der Toleranzen – insbesondere im
grundlegenden Schätzbetrag für den privaten Verbrauch – liegt ein

541 BFH VIII R 225/80 vom 2. 3. 1982, BStBl. 1984 II, 504.

542 Anknüpfend an Abschn. 19 Abs. 1 S. 2 EStR.

543 Vgl. BFH VIII R 201/78 vom 30. 9. 1980, BStBl. 1981 II, 301; VIII R 225/80,
aaO (FN 541).

544 Die Ausführungen zur Vermögenszuwachs- und Geldverkehrsrechnung
bauen auf den Beitrag von KORN, KÖSDI 1981, 4023–4033, auf.

545 BFH IV R 75/66, IV R 152/66 vom 3. 8. 1966, BStBl. 1966 III, 650; IV 142,
311/63 vom 20. 10. 1966, BStBl. 1967 III, 201; IV R 22/67 vom 13. 11. 1969,
BStBl. 1970 II, 189; I R 65/72 vom 21. 2. 1974, BStBl. 1974 II, 591; VIII R
225/80 vom 2. 3. 1982, BStBl. 1984 II, 504.

546 S. o. Tz. 962 ff.

erfolgversprechender Ansatz für die Vertretung und Beratung, wenn Hinzuschätzungen auf eine VZR/GVR gestützt werden sollen[547]. Nicht selten sind Fehler und Ungenauigkeiten feststellbar[548].

977 VZR und GVR beruhen auf dem **Grundgedanken,** daß niemand mehr ausgeben kann, als er eingenommen hat. MATHIAK[549] spricht plastisch von der Lebenshaltungsgleichung: Vermögenszuwachs(-minderung) + Verbrauch = Einkünfte.

978 Umgeformt mit dem Ziel, unklare Vermögensveränderungen aufzuzeigen, lautet die **Gleichung** in **Staffelform:**

erklärbares Anfangsvermögen

+ erklärbare Zugänge

./. feststellbare Abgänge

./. erklärbares Endvermögen

= ungeklärter Zuwachs bzw. Minderbetrag

979 **Erscheinungsformen:**

980 **Gesamt-VZR:** Verglichen wird das gesamte vorhandene Vermögen einschließlich des Betriebsvermögens am Anfang und Ende des Vergleichszeitraumes unter Berücksichtigung des Verbrauchs und der Aufwendungen bzw. Erträge.

981 **Teil-VZR:** Der Vergleich der Vermögensentwicklung am Anfang und Ende des Vergleichszeitraums wird auf bestimmte Vermögensbereiche beschränkt, zB nur für das Betriebsvermögen oder nur für das Privatvermögen, uU auch nur für bestimmte Bereiche des Privatvermögens, zB die Immobilien oder das Kapitalvermögen.

982 **Gesamt-GVR:** Verglichen werden sämtliche betrieblichen und privaten Geldbestände und Guthaben am Anfang und Ende der Vergleichsperiode unter Berücksichtigung aller Geldbewegungen einschließlich aller Geldausgaben[550].

---

547 Zutreffend KORN, KÖSDI 1981, 4024.
548 Vgl. KORN, aaO (FN 544); MATHIAK, StuW 1975, 30 ff. In einem nicht rechtskräftigen Vorbescheid – I R 265/83 vom 11. 12. 1985 – lehnt der BFH **Hinzuschätzungen** aufgrund **ungeklärter Bankzugänge** ohne korrekte VZR/GVR ab.
549 StuW 1975, 30.
550 Vgl. BFH VIII R 225/80 (FN 545): „Der Grundgedanke der GVR ist der, daß ein Steuerpflichtiger während eines Vergleichszeitraums nicht mehr Geld ausgeben oder anlegen kann, als ihm aus Einkünften oder sonstigen Quellen zufließt (BFH-Urteil vom 21. 2. 1974 I R 65/72, BFHE 112, 213, BStBl. 1974 II, 591). Übersteigen die verausgabten Mittel die Geldmittel, die dem

Teil-GVR (auch „begrenzte Einnahmen-Ausgaben-Deckungsrechnung"   983
genannt): Der Vergleich der Geldbestände unter Berücksichtigung von
Einnahmen und Ausgaben wird auf bestimmte Bereiche beschränkt, zB
Betriebsvermögen oder Privatvermögen.

Mischrechnungen: Es kann sinnvoll und logisch sein, die reine GVR mit   984
Elementen der VZR zu vereinfachen[551]. Beispiel: Ein Wertpapierbestand
wird mit Auswirkungen auf den Geldfluß ständig umgeschichtet; oder Darlehen werden wechselseitig in ständig sich ändernder Höhe gewährt. Es
kann in diesen Fällen aus Vereinfachungsgründen der Unterschied zwischen Anfangs- und Endbestand im Vergleichszeitraum angesetzt werden.
Zu beachten sind jedoch etwaige Kursgewinne bzw. -verluste, die – steuerfrei oder -pflichtig – Einkünfte sind. Ebenso kann die VZR der GVR ange-
nähert werden. Beispiel: Private Vermögenswerte oder Schulden, die am
Anfang und Ende des Vergleichszeitraums unverändert vorhanden waren,
können außer Betracht gelassen werden.

Die **zweckmäßige Form** muß im Einzelfall gefunden werden. Früher   985
war die Gesamt-VZR bevorzugt[552]. Der BFH hat später[553] die GVR
sanktioniert. Je nach der Sachverhaltsgestaltung kann auch eine Teil-
rechnung, beschränkt auf das Privatvermögen oder auf den privaten
Geldverkehr, beweiskräftig sein[554].

Allerdings muß aus der Berechnung der Finanzverwaltung **klar** hervor-   986
gehen, **welche Variante,** ob zB eine Gesamtgeldverkehrsrechnung
oder eine Teilgeldverkehrsrechnung, durchgeführt wird[555]. Außerdem
muß die gewählte Methode fehlerfrei praktiziert werden.

Bei **Bilanzierenden** hat der Vermögensvergleich keinen Verprobungs-   987
effekt, weil er bereits im Rahmen der Bilanzierung erfolgt. Die Einbeziehung des Betriebs wird deshalb nur bei völlig unbrauchbarer Bilanzierung und Buchhaltung erfolgen.

Ist bei Bilanzierenden eine GVR beabsichtigt, so bereitet die erforder-   988

Steuerpflichtigen aus versteuerten Einkünften oder sonstigen bekannten
Quellen zur Verfügung stehen, ist selbst bei ordnungsgemäßen Aufzeichnungen der Nachweis erbracht, daß der Steuerpflichtige sein Einkommen
falsch erklärt hat."

551 Vgl. auch MATHIAK, StuW 1975, 30 (32), unter Hinweis auf BFH I R 65/72,
   aaO (FN 545).
552 Vgl. noch BFH IV R 75/66, IV R 152/66, aaO (FN 545); FÄHNRICH, StBp.
   1970, 73; STOBBE, StBp. 1967, 1.
553 I R 65/72, aaO (FN 545); s. auch JOST, StWa. 1972, 22; MATHIAK, StuW 1975,
   30.
554 Vgl. zB BFH VIII R 79/80 vom 8. 7. 1981, BStBl. 1982 II, 369.
555 Gerügt von BFH VIII R 225/80 vom 2. 3. 1982, BStBl. 1984 II, 504.

liche **Umrechnung** der betrieblichen Einkünfte auf **Überschußrechnungs-Niveau** Schwierigkeiten. Daher bietet sich hier die Teil-GVR für das Privatvermögen an. Ähnliche Überlegungen entstehen bei der VZR für einen Überschußrechner: Zwecks Berechnung des Betriebsvermögens und des Betriebsergebnisses muß Bilanzierung fingiert werden, wenn man sich nicht auf das Privatvermögen beschränkt. Bei auf das Privatvermögen beschränkten Teilrechnungen treten Entnahmen aus dem Betrieb an die Stelle der betrieblichen Einkünfte als Zugänge und Einlagen in den Betrieb als Abgänge[556].

989 Von erheblicher Bedeutung ist der **Vergleichszeitraum**. Die Prüfungsstellen der Finanzverwaltung, insbesondere die Steuerfahndung, neigen zu weiträumigen Vergleichen (8–12 Jahre). Je größer der Zeitraum, um so fehleranfälliger wird die Rechnung. Der BFH hält einen Vergleichszeitraum von 7 Jahren ebenso für bedenklich wie einen Zeitraum von 12 Jahren; die Entscheidung spricht sich für einen Zeitraum von 3 Jahren aus[557].

990 **Tabellen, Muster** und **Beispiele** für VZR und GVR wurden vielfältig entwickelt[558]. Die teilweise sehr umfangreichen Muster sind eher verwirrend als hilfreich. Es empfiehlt sich, auf den Fall bezogen, von dem Grundgedanken der Verprobung ausgehend, eine völlig eigenständige Rechnung durchzuführen und die umfangreichen Muster nur zu Kontrollzwecken zu benutzen. Dabei ist das folgende, von KORN entwickelte[559] Schema mit Erläuterungen als Leitlinie benutzbar:

2. Schema

991 **Gesamt-Vermögenszuwachsrechnung**

A. Erklärbares Anfangsvermögen und Zugang

    (1) Anfangsreinvermögen

    (2) steuerpflichtige Einkünfte

    (3) fiktive Ausgaben einschl. AfA bei Überschuß-Einkunftsarten

---

556 Vgl. auch ERHARD, StWa. 1971, 55 (56); MATHIAK, StuW 1975, 30 (34).
557 BFH VIII R 225/80, aaO (FN 555).
558 Vgl. zB Bp.-Kartei NW, Teil II, Stichwort „Vermögenszuwachsrechnung", S. 5 ff. (1957/1977), und Stichwort „Verprobung (Geldverkehr)", S. 2 ff. (1957/1978); ERHARD, StWa. 1971, 55 ff.; MITTELBACH, StBp. 1982, 59; SAUER in HBP 3455, 19 (1979); PREISS in HBP 3458, 31 (1979/1982); SCHMIDT-LIEBIG in HBP 3450, 61 ff. (1985); siehe auch MITTELBACH, StRK-Anm. AO 1977 § 162 R. 9 (zu BFH VIII R 225/80, FN 555).
559 KÖSDI 1981, 4026.

(4) Ansprüche auf Gesamterlöse aus nicht steuerpflichtigem Verkauf von Vermögenswerten

(5) Erbschaften und erhaltene Schenkungen

(6) erzielte Wett-, Spiel- und Lotteriegewinnansprüche

(7) Ansprüche auf sonstige nicht steuerpflichtige Erträge

(8) nicht einkünfteerhöhende Zuschreibungen beim Endreinvermögen

Summe A

B. Festgestelltes Endvermögen und Abgang

(9) entstandene Lebenshaltungskosten

(10) entstandene Privatsteuern und andere konkrete Privatausgaben

(11) Anfangsbestand und nicht einkünftemindernde Aufwendungen für nicht im Endreinvermögen enthaltene außerbetriebliche Vermögenswerte

(12) Aktivschenkungen

(13) fiktive Einkünfteteile

(14) nicht einkünftemindernd erfaßte Abschreibungen beim Endreinvermögen

(15) Endreinvermögen

Summe B

C. Ergebnis:

A > B = ungeklärte Vermögensminderung

A < B = ungeklärter Vermögenszuwachs

Gesamt-Geldverkehrsrechnung 992

A. Erklärbare Anfangsgeldbestände und Zugang

(1) Anfangsgeldbestände

(2) steuerpflichtige Einkünfte (durch Überschußrechnung ermittelt)

(3) fiktive Ausgaben einschl. AfA bei allen Einkunftsarten

(4) Bruttoeinnahmen aus nicht steuerpflichtigem Verkauf von Vermögenswerten

(5) Erbschaften, Schenkungen (nur Gelderbschaften, -schenkungen)

Schema

(6) Wett-, Spiel- und Lotteriegewinnansprüche (vereinnahmte Beträge)

(7) Ansprüche auf sonstige nicht steuerpflichtige Erträge (vereinnahmte Beträge)

(8) Geldzuflüsse aus einkünfteneutralen Geldschuldaufnahmen

(9) Geldzuflüsse aus einkünfteneutralem Eingang von Geldforderungen

Summe A

B. Festgestellte Endgeldbestände und Abgang

(10) entstandene Lebenshaltungskosten (verausgabte Beträge)

(11) entstandene Privatsteuern und andere konkrete Privatausgaben (verausgabte Beträge)

(12) nicht einkünftemindernde abgeflossene Geldausgaben für nicht im Endgeldbestand enthaltene Vermögenswerte

(13) Aktivschenkungen (nur Geldschenkungen)

(14) nicht in Geld zugeflossene Einkünftebestandteile aus allen Einkunftsarten

(15) Rückzahlungen auf Geldschulden

(16) Auszahlungen auf gewährte Gelddarlehen

(17) Endgeldbestände

Summe B

C. Ergebnis:

A > B = Einnahmen mit unklarer Verwendung

A < B = nicht gedeckte Ausgaben

3. Erläuterungen zum Schema für die Vermögenszuwachsrechnung

993 **Zu (1):** Die Feststellung des Anfangsvermögens ist unerläßlich für eine korrekte Vermögenszuwachsrechnung[560].

994 Das **Betriebsvermögen** wird zweckmäßigerweise mit den Steuerbilanzwerten angesetzt[561], das Privatvermögen mit den Anschaffungs- oder Herstellungskosten. Der Wertansatz für das Privatvermögen ist nicht

---

560 Vgl. BFH VIII R 225/80 vom 2. 3. 1982, BStBl. 1984 II, 504.
561 So auch ERHARD, StWa. 1971, 55; zur Problematik der VZR bei Gewinnermittlung nach § 4 Abs. 3 EStG s. Tz. 988.

so entscheidend, wenn er beibehalten, dh. in das Endreinvermögen (15) übernommen bzw. bei Abgang während des Vergleichszeitraums korrigiert (11) wird.

Teile des **Privatvermögens** werden teilweise als Privatverbrauch (10) **995** erfaßt, zB Lebensversicherungen, Bausparbeiträge, Ratensparverträge, Hausrat, Bücher, Schmuck, Autos[562]. Für Bausparbeiträge und Sparverträge ist das nicht überzeugend, im übrigen aus Praktikabilitätsgründen möglich[563].

Ausgangspunkt für die Vermögenserfassung ist oft die **Vermögen-** **996** **steuererklärung.** Deren Wertansätze sind für das Betriebsvermögen jedoch teils unbrauchbar (korrespondieren nicht mit der Einkünfteermittlung) und im übrigen nur verwendbar, wenn beim Endreinvermögen (15) oder den Abgängen nach (11), (12) oder (14) **Bewertungskontinuität** praktiziert wird. Sonderkorrekturen sind weiterhin für einheitswertneutrale Zu- oder Abgänge (zB Umbaukosten ohne Einfluß auf Grundstücks-EW) nötig. Weitere Korrekturen sind für nicht bei der Vermögensteuer ansatzpflichtige Werte notwendig, soweit nicht bewußt als Privatverbrauch unter (9) oder (10) erfaßt.

Bei weit in die Vergangenheit reichenden VZR spielt die **Schätzung** **997** des **im einzelnen nicht mehr erfaßbaren** Anfangsvermögens, insbesondere von Geldvermögen, eine nicht unbeträchtliche Rolle. Je mehr Anfangsvermögen glaubhaft gemacht werden kann, um so geringer wird ein etwa vorhandener ungeklärter Vermögenszuwachs.

Zu (2): Der **Gesamtbetrag der Einkünfte** ist aus den Steuerbescheiden **998** zu übernehmen. Die erforderlichen Korrekturen für fiktive Aufwendungen (3) und Erträge (13) sowie nicht steuerpflichtige Einkunftsteile (zB Renten über den steuerpflichtigen Ertragsanteil hinaus, Investitionszulage, mit Anschaffungs- oder Herstellungskosten verrechnete Investitionszuschüsse) (7) erfolgen gesondert.

Eine lupenreine VZR verlangt die **Umrechnung** der **Überschußein-** **999** **kunftsarten** auf „Soll"-Werte (statt Einnahmen und Ausgaben Erlöse und Aufwendungen), da die Forderungen und Schulden das Anfangsvermögen (1) und Endvermögen (15) beeinflussen. Vertretbare Vereinfachung: Einkünftemodifizierung unterbleibt; Forderungen und Schul-

---

562 So zB in der Bp.-Kartei NW, Teil II, „Vermögenszuwachsrechnung", 5 (1973).

563 Nach KORN, KÖSDI 1981, 4027, empfehlenswert. Für möglichst vollständigen Ansatz allen Privatvermögens ERHARD, StWa. 1971, 55 (56).

den daraus bleiben außer Ansatz. Nachträgliche Änderungen (idR Erhöhung) der Einkünfte – zB durch Außenprüfung – sind zu beachten.

1000 **Zu (3):** Erfaßt werden insbesondere **AfA, Werbungskostenpauschalen** abzüglich tatsächlicher Werbungskosten, **Freibeträge** bei der Einkünfteermittlung, Sonderabschreibungen und der § 82b EStDV-Abzug für Ausgaben vor Beginn des Vergleichszeitraums, soweit diese fiktiven Ausgaben bei nicht durch Bilanz ermittelten Einkünften und Vermögen entstanden sind.

1001 **Zu (4):** Angesetzt werden im Vergleichszeitraum entstandene – also noch nicht im Anfangsreinvermögen enthaltene, entweder im Vergleichszeitraum zugeflossene oder im Endreinvermögen (15) als Forderungen erfaßte – Bruttoansprüche aus dem nicht der Einkommensteuer unterliegenden **Verkauf von Wirtschaftsgütern**[564], insbesondere

– private Immobilien

– private Wertpapiere

– private Kunstgegenstände, Antiquitäten, Sammlungen

– private Edelmetallbestände

– andere Privatgegenstände

– sachlich befreite Veräußerungen von Betriebsvermögen (zB aus nach DBA steuerfreiem Auslandsvermögen, nicht in die Gewinnermittlung einzubeziehende, nicht als Einlage verbuchte Bodenwertsteigerungen).

1002 Insbesondere beim **Verkauf** von **Privatgegenständen** entstehen **Nachweisprobleme.** Es sollten deshalb Unterlagen bereitgehalten werden, die den Verkauf beweisen, zumindest glaubhaft machen:

– Adressen der Käufer notieren (keine Verpflichtung!);

– Quittungen oder Kaufverträge unterschreiben lassen;

– Vermerke über Ort, Anlaß und Begleitumstände des Verkaufs anlegen (zB bei Briefmarken-Verkauf anläßlich von Sammler-Treffs);

– Zeugen hinzuziehen und durch diese den Verkauf bestätigen lassen.

1003 **Zu (5):** Privatgegenstände, die nicht im Endreinvermögen erfaßt werden, bleiben außer Betracht. Bei **Schenkungen** an Nachweisvorsorge

---

564 Zu den darauf entfallenden Anfangsbeständen, Anschaffungs- oder Herstellungskosten und Verkaufskosten s. (11); soweit diese – insbesondere bei sonstigen Privatgegenständen – als Verbrauch bei (9) bzw. (10) erfaßt sind, s. Tz. 995.

und **Schenkungsteuer** denken und beachten, daß uU beim Schenker recherchiert wird; das Finanzamt wird prüfen, ob der Schenker über ausreichendes Vermögen verfügte und ob das Vermögen gegebenenfalls steuerlich korrekt erworben wurde. Bei behaupteter **Erbschaft** müssen die Erbschaftsteuerfolgen beachtet werden.

Zu (6): Es entstehen idR **Nachweisprobleme.** Die Beweislast wird dem 1004 aufgebürdet, der entsprechende Gewinne behauptet. Nach Möglichkeit sollte eine Bestätigung der **Lotteriegesellschaft** bzw. **Totogesellschaft** beschafft werden, wenn kein Überweisungsträger vorhanden ist[565]. Bei **Spielbankgewinnen** soll die Vorlage von Casino-Eintrittskarten und Notizen über die Höhe der Tagesgewinne allein nicht ausreichen[566]. Schecks von Spielbanken beweisen nicht entsprechende Gewinne, da sie aus Jeton-Tauschgeschäften stammen können[567]. In der Entscheidung BFH IV R 75/66, IV R 152/66[568] hielt der BFH trotz Zeugenaussage und Aufzeichnungen über den Spielverlauf, der mit den von der Spielbank herausgegebenen Permanenzen übereinstimmte, den durch das Finanzgericht anerkannten Spielbankgewinn von 200 000 DM bei einem Automatenaufsteller für nicht ausreichend glaubhaft gemacht: Aufzeichnungen könnten nach Veröffentlichung der Permanenzen geschrieben sein; Zeugin sei nicht glaubwürdig; Sachverständigengutachten über System erforderlich. Über **Wetten, Spiele** usw. sollten Vermerke unter Bezeichnung von Datum, Ort und Teilnehmern angelegt werden, wenn keine anderen Unterlagen vorhanden sind.

Verschärfte Anforderungen stellt die Rechtsprechung, wenn behauptete hohe Spielgewinne **zeitlich erheblich vor** der Verwendung entstanden und als Bargeld aufbewahrt worden sein sollen, obwohl der Steuerpflichtige hohe Schulden hatte[569]. 1005

Auch wenn die Belege und Nachweise über Spielgewinne usw. letztlich von den Gerichten nicht als ausreichend angesehen würden, spie- 1006

---

565 Nach ERHARD, StWa. 1971, 55 (61), ist Beschaffung von Bescheinigungen zumutbar.

566 BFH IV 359/58 vom 10. 11. 1961, StRK RAO § 217 R. 45, unter Zurückweisung der Sache, weil das Finanzgericht sechs angebotene **Zeugen** nicht gehört hatte, die zugegen waren, als der Steuerpflichtige (Friseur) Gewinne erzielte.

567 Vgl. zu dieser „Technik" Capital 5/1982, 133 (Spielbanken als „Waschsalons").

568 Vom 3. 8. 1966, BStBl. 1966 III, 650.

569 IV R 75/66, IV R 152/66, aaO (FN 568).

len sie jedoch eine nicht unbeträchtliche Rolle bei der **Bemessung** der **Sicherheit** einer **Schätzung** und damit bei dem „Aushandeln" eines einvernehmlichen Schätzungsergebnisses.

1007 **Zu (7):** Zur **zeitlichen Abgrenzung** wie bei (4). Steuerfreie Erträge sind:
- Erstattungen von Privatsteuern;
- Kindergeld;
- ausgezahlte Lebensversicherungen;
- ausgezahlte Bausparverträge nur, wenn nicht als Vermögenswerte erfaßt;
- lohnsteuerfreie Bezüge wie Jubiläumsgelder, Heirats- und Geburtszuwendungen, Entschädigungen;
- Investitionszulagen, soweit nicht durch die Bilanz (1) erfaßt;
- lohnsteuerpauschalierte Bezüge, zB für Aushilfstätigkeiten;
- mit Anschaffungs- oder Herstellungskosten verrechnete Investitionszuschüsse, soweit nicht durch die in (15) zugrunde gelegte Bilanz erfaßt;
- nach DBA steuerfreie Auslandseinnahmen;
- Renten über den steuerpflichtigen Ertragsanteil hinaus;
- Unterhalt und Haushaltsbeiträge von Familienangehörigen;
- steuerfreie Versorgungsbezüge;
- steuerfreier Schulderlaß, soweit nicht unter (5).

1008 Das vorgeschlagene Schema erfaßt **steuerfreie Veräußerungsgewinne** gesondert unter (4).

1009 **Zu (8):** Ansätze nur, wenn im Anfangsreinvermögen unter (1) erfaßte oder im Vergleichszeitraum erworbene bzw. hergestellte Vermögenswerte **ohne zusätzlichen Aufwand** (Geld bzw. Schulden oder andere erfaßte Vermögenswerte) ohne Auswirkung auf die Einkünfte über den Anfangs- bzw. Einstandswerten in das Endreinvermögen übernommen werden, zB höhere Kurswerte von Wertpapieren. Entbehrlich, wenn bewußt Anfangsreinvermögen plus Zugänge und Endreinvermögen gleich bewertet werden[570].

1010 Hier sind auch **Sacheinlagen** zu erfassen, soweit der Teilwert über dem Anfangswert nach (1) bzw. dem Anschaffungsaufwand im Vergleichszeitraum liegt.

---

570 So zB Bp.-Kartei NW, Teil II, „Vermögenszuwachsrechnung", S. 1 (1967).

Summe A der VZR ist die Summe des gesamten erklärbaren Anfangs- 1011
vermögens und der erklärbaren Zugänge.

Zu (9) und (10): Die VZR und auch die GVR stehen und fallen mit der 1012
Schätzung des **Privatverbrauchs**[571]. Verwaltungsanweisungen und
Fachliteratur (letztere im wesentlichen aus Beamtenfedern) betonen
idR, der Privatverbrauch müsse besonders sorgfältig geschätzt und
zwecks Vollerfassung möglichst gegliedert werden, damit vorab alle
feststehenden Privatausgaben berücksichtigt werden[572]. Da sich die
VZR oft über einen Zeitraum von 10 Jahren erstreckt[573], ist es leicht
einsichtig, daß sich diese Forderung leichter am grünen Tisch schreiben als in die Praxis umsetzen läßt.

Die **gegensätzlichen Standpunkte** sind **interessengemäß**. Die Finanz- 1013
verwaltung vermutet den Steuerbürger mit hohem Privatverbrauch, Lu-
xusleben, vielen Urlaubsreisen. Der Steuerpflichtige wird sich als hob-
byloser Asket präsentieren, dessen letzter Urlaub Jahre zurückliegt.
Der Finanzverwaltung kommt entgegen, wenn konkrete Privatausgaben unmittelbar von greifbaren Konten geleistet werden, zB vom Ge-
schäftskonto, dem Steuerbürger, wenn derartige Anhaltspunkte fehlen.

Fehlen Anhaltspunkte, so bilden die **allgemeinen Lebenshaltungsko-** 1014
sten anhand der durch das Statistische Bundesamt ermittelten Werte
Richtlinien[574].

Die statistischen Werte sind aufgegliedert, so daß sie **Individualisie-** 1015
rung und **Modifizierungen** ermöglichen. Aus der Sicht des Steuerpflichtigen ist zB einwendbar:

– besonders günstige Einkaufsquellen für bestimmte Kostengruppen;

– Selbsterzeugung von Lebensmitteln und anderen Verbrauchsgütern;

– niedrige Mieten oder Mietwerte;

– keine Hausratsanschaffungen im Vergleichszeitraum;

– Nichtraucher, Antialkoholiker;

– wohngegend-typisches niedriges Kostenniveau;

– Desinteressen oder fehlende Zeit für Bildung und Unterhaltung;

---

571 Diese Feststellung von KORN, KÖSDI 1981, 4029, wird von mir vorbehaltlos
    bestätigt.
572 Vgl. zB Bp.-Kartei NW, Teil II, „Vermögenszuwachsrechnung", S. 2 (1967).
573 Dazu aber Tz. 989.
574 So auch KORN, KÖSDI 1981, 4029; MATHIAK, StuW 1975, 30 (36); PREISS in
    HBP 3458, 33 (1979/1982).

Erläuterungen

- Einnahme von Kantinenverpflegung;
- Bezahlung der Verpflegung aus Reisekostenpauschalen.

1016 Der Privatverbrauch ist unabhängig von den **Privatentnahmen des Betriebes** zu berücksichtigen. Geldentnahmen sind zunächst als neutral zu ignorieren, denn sie vermindern zwar das Betriebsvermögen, erhöhen aber das Privatendvermögen, wenn sie nicht tatsächlich verbraucht worden sind[575]. Das gilt grundsätzlich auch für Sachentnahmen, auch stille Reserven realisierende, denn der höhere Teilwert erhöht die Einkünfte, fließt also über (2) ein. Im Endreinvermögen (15) bzw. als Abgang nach (11) oder (12) muß aber der Teilwert erscheinen. Sachentnahmen bedeuten idR einen verbilligten Bezug, der die Gesamtlebenskosten mindert. Hohe Bargeldentnahmen können hohen Privatverbrauch indizieren.

1017 Bei **größeren Einzelentnahmen** aus der Betriebskasse oder von Konten ohne erkennbaren Zweck wird durch die Prüfung zum Teil unterstellt, hierfür seien neben dem Normalverbrauch besondere Anschaffungen vorgenommen worden, und die Entnahme wird unter (10) eingeordnet. Dies sollte nicht kritiklos hingenommen werden. Der Steuerpflichtige kann durchaus die Gewohnheit haben, größere Barmittel abzuheben und diese nach und nach zu verbrauchen[576]. Denkbar ist auch, daß die Beträge ausgeliehen und in Raten zurückgeflossen und verbraucht worden sind (Empfänger benennbar? Zinsen?).

1018 **Private Steuern** sind zu erfassen, wenn sie nicht beim Anfangsreinvermögen (1) als Schulden abgesetzt sind und im Vergleichszeitraum bezahlt oder bei Ermittlung des Endreinvermögens (15) abgesetzt sind[577].

1019 Spiegelbildlich zu den Entnahmen sind **Einlagen** zu beurteilen. Handelt es sich um konkretisierbare Zuflüsse von dritter Seite auf Betriebskonten, so sind die Beträge bei (4), (5), (6) oder (7) einzuordnen oder auch bei (2). Größere Geldeinlagen unbekannter Herkunft sind idR Diskussionspunkte trotz „aufgehender" VZR, so daß deren Zustandekommen glaubhaft gemacht werden muß.

---

575 So auch BFH I R 65/72 vom 21. 2. 1974, BStBl. 1974 II, 591; aA JOST, StWa. 1975, 30, der aber wohl die Teil-GVR im Auge hat, die sich auf das Privatvermögen beschränkt, bei der tatsächlich die Entnahmen und Einlagen anzusetzen sind, s. Tz. 988.

576 An **Bargeld** in der **Vermögensteuer-Erklärung** denken.

577 So auch ERHARD, StWa. 1971, 55 (57); mißverständlich BFH IV 142, 311/63 vom 20. 10. 1966, BStBl. 1967 III, 201, wonach die Einkommensteuerschuld nicht berücksichtigt werden kann; dagegen schon MATHIAK, StuW 1975, 30 (32).

Zu (11): Diese Korrektur ist erforderlich für einkünfteneutral **veräußertes Privatvermögen,** weil unter (4) die Bruttoerlöse erfaßt sind; eine unmittelbare Verrechnung bei (4) und damit der dortige Ansatz von Einkünften (uU negativen) ist ebenfalls denkbar. Nicht zu erfassen sind als Privatausgaben unter (10) angesetzte Aufwendungen, zB denkbar bei Hausrat, Antiquitäten, Autos, Schmuck usw. Aktivschenkungen und Abgänge durch Vermögensabschreibungen werden unter (12) und (14) erfaßt, wären aber auch hier ansetzbar.

1020

Bewertung: Mit **Anfangswerten** bzw. **einkünfteneutralem tatsächlichem Aufwand** während des Vergleichszeitraums, sei es für Anschaffung, Verbesserung oder Verkauf; im Vergleichszeitraum entnommene und dann veräußerte Wirtschaftsgüter mit dem Entnahmewert (Teilwert). Zeitliche Abgrenzung wie (4).

1021

Zu (12): Zu berücksichtigen **nur,** soweit Anfangsvermögen aus (1) verschenkt wird, ferner Geld oder Sachwerte, die durch nicht unter (9), (10) oder (11) bereits erfaßten Aufwand im Vergleichszeitraum angeschafft oder hergestellt worden sind[578].

1022

Zu (13): Mietwert der eigengenutzten Wohnung und private Nutzungen oder Eigenverbrauch von Betriebsgegenständen, soweit nicht schon unter (9) oder (10) erfaßt. Erfaßt werden können hier auch **Werbungskosten,** die zB nach § 82 b EStDV außerhalb des Vergleichszeitraums abgesetzt werden.

1023

Zu (14): Einkünfteneutrale Vermögensminderungen ohne Gegenleistung, soweit nicht bereits unter (9), (10), (12) erfaßt oder durch bewußte Bewertung des Endvermögens mit dem Anfangswert bzw. den Einstandskosten ausgeglichen; s. Erläuterungen zu (8) unter Tz. 1009, die hier spiegelbildlich zutreffen. Beispiel: Verlust einer Privatforderung, die im Anfangsbestand enthalten war oder durch Geldhingabe oder Aufwand entstanden ist.

1024

Zu (15): Die Feststellung der Endbestände ist methodisch notwendig[579]. S. zur Bewertung und zum Ansatz die Erläuterungen zu (1) unter Tz. 993 ff. Alle Zugänge sind mit den tatsächlichen Anschaffungs- oder Herstellungskosten anzusetzen, Entnahmen aus dem Betriebsvermögen mit dem angesetzten Entnahmewert (Teilwert). Wichtig ist das Korrespondieren mit dem noch vorhandenen Anfangsvermögen und den Zu- und Abgängen nach (2) – (14), sowohl bezüglich Bewertung als

1025

---

578 An die **Schenkungsteuer** denken.
579 BFH VIII R 225/80, aaO (FN 555).

Erläuterungen

auch zeitlicher Abgrenzung. Sind zB als Zugang bzw. Abgang unbezahlte „Soll"-Beträge erfaßt, so müssen die daraus resultierenden Forderungen und Verbindlichkeiten im Endvermögen erscheinen; sonst müssen sie unter Annäherung an die GVR bewußt außer Betracht bleiben.

1026 Bei **behaupteten Darlehensschulden** ist problematisch, in welchem Umfang die Konkretisierung und Spezifizierung erfolgen muß. Nach der Rechtsprechung ist die Gläubigerbenennung idR zumutbar[580]; § 160 AO findet also auch insoweit Anwendung[581].

1027 **Summe B der VZR** bildet sich aus dem festgestellten Endvermögen und allen erklärbaren Abgängen.

1028 Übersteigt die Summe A die Summe B, so liegt eine **nicht geklärte Vermögensminderung** vor. Übersteigt die Summe B die Summe A, so liegt ein **nicht geklärter Vermögenszugang** vor. Zu den Folgerungen s. Tz. 1045 ff.

4. Erläuterungen zum Schema für die Geldverkehrsrechnung

1029 **Zu (1):** Bei echter GVR nur Bargeld, Bank- und Postscheckguthaben. Sparbücher, Festgelder und Bausparverträge können aber einbezogen werden. Bankschulden und andere Schulden – insbesondere negative laufende Bankkonten – werden zum Teil abgesetzt[582]. Dies ist nicht falsch, da gegenläufiger Ansatz beim Endgeldbestand (17) erfolgt, mE aber VZR-Element; daher im Schema-Vorschlag nur Schuldenveränderung unter (8) bzw. (15). Die Einbeziehung von Scheck- und Wechselbeständen[583] ist nicht konsequent[584]. Die Gesamt-GVR erfordert Einbeziehung der Betriebsgeldbestände. Zur Problematik der GVR bei Gewinnermittlung durch Bestandsvergleich s. Tz. 988.

1030 **Zu (2):** Das Schema knüpft zunächst an die veranlagten Einkünfte an und korrigiert diese unter (3) und (14) um nicht verfügbare bzw. ausgegebene (nicht tatsächlich eingenommene bzw. verausgabte) Bestandteile[585]. Man könnte auch hier unmittelbar nicht zu Geldbewegungen füh-

---

580 Vgl. BFH I 242/54 U vom 17. 1. 1956, BStBl. 1956 III, 68; IV 579/56 S vom 29. 10. 1959, BStBl. 1960 III, 26; I 231/64 vom 27. 9. 1967, BStBl. 1968 II, 67.

581 Vgl. zur **Problematik** der **Empfängerbenennung** – § 160 AO – ausführlich STEUERFAHNDUNG, Tz. 762 ff.

582 ZB Bp.-Kartei NW, Teil II, „Verprobung (Geldverkehr)", S. 2 (1978).

583 So SAUER in HBP 3455, 20 (1979).

584 GlA KORN, KÖSDI 1981, 4031; MATHIAK, StuW 1975, 30 (32).

585 So auch BFH I R 65/72 vom 21. 2. 1974, BStBl. 1974 II, 591.

rende Einnahmen und Ausgaben korrigieren und dafür auf den gesonderten Ausweis unter (3) und (14) verzichten. Zum Teil werden in den GVR-Schemata hier nur die Einnahmen angesetzt, während die Ausgaben als Geldbedarf erscheinen, was ebenfalls richtig ist. Zu steuerfreien oder mit Anschaffungs- oder Herstellungskosten saldierten und daher nicht als Einkünfte erscheinenden Einnahmen (zB Investitionszulage, Investitionszuschüsse) s. zu (7) unter Tz. 1033; zur Problematik bei Gewinnermittlung durch Bilanzierung s. Tz. 988.

Zu (3): Wie VZR (Tz. 1000), jedoch zusätzliches Korrekturerfordernis   1031
für entsprechende fiktive **betriebliche** Ausgaben, auch durch Verrechnung oder Schuldumwandlung nur steuertechnisch („wirtschaftlich") verausgabte Werbungskosten und Betriebsausgaben. Dazu gehören auch Damnen und Disagien.

Zu (4): Erfaßt werden im Vergleichszeitraum in die Geldbeträge einge-   1032
flossene **Bruttoerlöse**. Mit ihnen zusammenhängende, im Vergleichszeitraum bezahlte Anschaffungs- oder Herstellungskosten sowie Veräußerungskosten werden unter (12) erfaßt, könnten aber auch direkt abgesetzt werden, so daß nicht der Erlös, sondern der Gewinn oder Verlust erschiene. Da Veräußerungsgewinne oder -verluste im Betriebsvermögen schon die Einkünfte beeinflußt haben, entfällt insoweit ein Ansatz. Nur fiktiv zugeflossene (zB durch Verrechnung oder Schuldumwandlung) Einnahmen können – anders als bei der VZR – außer Betracht bleiben.

Zu (5), (6) und (7): Hinweis auf die Erläuterungen zur VZR, Tz. 1003 ff.   1033
Unterschied: VZR erfaßt Entstehung der Ansprüche, während hier auf den Geldzufluß abzustellen ist.

Zu (8): Auszuweisen sind nur durch Geldzufluß im Vergleichszeitraum   1034
entstandene Bankschulden und andere valutierte **Geldaufnahmen** bei anderen Gläubigern, nicht Schulden für empfangene Lieferungen und Leistungen, die nicht mit einem Geldzufluß verbunden sind. Bei am Anfang und Ende des Vergleichszeitraums vorhandenen Schulden nur Erhöhungen bzw. Minderungen unter (15). Achtung bei „gemischten" Schulden, die zT aus Leistungs- und Geldempfang resultieren: aufteilen.

Zu (9): Eingehende Geldforderungen führen nicht zu Einkünften, sind   1035
also hier gesondert zu erfassen, anders als eingehende Ansprüche aus Leistungen in Einkunftsarten, zB Tantiemen, Mietrückstände, Zinsen. Durch Verrechnung realisierte Geldforderungen können außer Betracht bleiben.

Erläuterungen

1036 **Summe A der GVR** ist die Summe aller erklärbaren Anfangsgeldbestände und Geldzugänge.

1037 **Zu (10) und (11):** Hinweis auf VZR-Erläuterungen zu (9) und (10) unter
Tz. 1012 ff.; Unterschied wie unter Tz. 1033 dargestellt. Da das hier ent-
wickelte Schema Verrechnungen bewußt ignoriert, müssen auch durch
Verrechnung geleistete Privataufwendungen außer Ansatz bleiben.

1038 **Zu (12):** S. dazu (11) der VZR unter Tz. 1020 f., jedoch hier reine
„Ist"-Rechnung, also nur abgeflossene Ausgaben; s. sinngemäß Tz. 1032.
Veräußerungsgewinne oder -verluste aus Betrieben sind auch bei
Überschußrechnung einkünftewirksam, bleiben aber außer Betracht.

1039 **Zu (13):** Hinweis auf VZR-Erläuterungen zu (12) unter Tz. 1022, jedoch
ist der Ansatz auf abgeflossene Geldschenkungen beschränkt, die den
Geldbestand vermindert haben.

1040 **Zu (14):** Hierher gehören zunächst die zu (13) der VZR unter Tz. 1023
erläuterten Beträge. Zusätzlich sind Einnahmen zu erfassen, die die
steuerpflichtigen Einkünfte (2) erhöhten, jedoch nicht in Geld zugeflos-
sen sind (Beispiel: Verrechnung Mietzinsanspruch mit Schuld aus Kauf
eines Gegenstandes). Zur Problematik bei Gewinnermittlung für einbe-
zogene Gewerbebetriebe durch Vermögensvergleich s. Tz. 988.

1041 **Zu (15) und (16):** Spiegelbildlich zu (8) bzw. (9).

1042 **Zu (17):** Hinweis auf die Erläuterungen zu (1).

1043 In **Summe B der GVR** drückt sich die Summe aller festgestellten Endgeldbestände und aller Geldabgänge aus.

1044 Ist die Summe A größer als die Summe B, so liegen **ungeklärte Geld-
minderungen** vor, ist die Summe B größer als die Summe A, so liegen
Ausgaben vor, die mit **ungeklärten Geldzugängen** gezahlt wurden. Zu
den Folgerungen s. Tz. 1045 ff.

5. Folgerungen

1045 **Einkünfte** sind **nur steuerpflichtig,** wenn sie aus einer der im EStG
bezeichneten Einkunftsquellen fließen. Grundsätzlich haben tatsächliche Zweifel, ob ein Vorgang steuerpflichtig ist oder nicht, zu Lasten
des Steuergläubigers zu gehen[586]. Das Finanzamt trägt die **objektive**

---

586 Vgl. Söhn in Hübschmann/Hepp/Spitaler, § 88 Anm. 160 (Okt. 1983); Tipke/
Kruse, § 88 Anm. 11 (Okt. 1982).

Beweislast für das Vorliegen der Tatsachen, die zur Geltendmachung des Steueranspruchs erforderlich sind[587].

Ein durch erklärte Einkünfte nicht belegbarer und unaufklärbarer Ver- 1046 mögenszuwachs muß daher **nicht notwendig steuerpflichtigen Ein-künften** zugerechnet werden: Wegen der unabdingbaren Schätzungen – zB beim Privatverbrauch – ist eine Einkünftehinzurechnung erst bei eklatanten Unstimmigkeiten erlaubt[588]. Nach der Entscheidung BFH IV 142, 311/63[589] berechtigt ein ungeklärter Vermögenszuwachs „unter bestimmten Umständen" zur Annahme zusätzlicher Einkünfte. BFH IV R 22/67[590] billigt es, bei fehlenden konkreten Gesichtspunkten im Zweifel steuerpflichtige Einkünfte anzunehmen. S. im übrigen oben Tz. 975 ff.

Ergibt die VZR/GVR einen ungeklärten Vermögenszuwachs, der 1047 steuerpflichtige Einkünfte darstellt, so ist über die **Einkunftsart** unmit-telbar noch nicht entschieden. Die anzutreffende Praxis, ohne weiteres betriebliche Mehrgewinne anzunehmen, ist angreifbar[591]. Der Prüfer darf zunächst davon ausgehen, daß Mehreinkünfte aus den bekannten Einkunftsquellen erzielt worden sind; Zuschätzungen können dort er-folgen, wo mit größter Wahrscheinlichkeit höhere Einkünfte erzielt wurden; bei Unwahrscheinlichkeit der Erzielung aus bekannter Ein-kunftsquelle müssen verschwiegene steuerpflichtige Quellen unter-stellt werden[592].

Sind **bekannte Einkunftsquellen geprüft,** ohne daß Anhaltspunkte für 1048 nicht versteuerte Einnahmen festgestellt wurden, so scheiden mE die-se Einkunftsquellen als Zuordnungsobjekte aus. Prüft die Betriebsprü-fung oder die Steuerfahndung einen Betrieb gründlich durch und kön-nen Umstände, die auf nicht versteuerte Einnahmen dieses Betriebes hindeuten, nicht festgestellt werden, können insoweit gewerbliche Ein-künfte nicht angenommen werden.

Die **Zuordnung zum Betriebsergebnis** ist berechtigt bei konkreten 1049

---

587 BFH V R 71/67 vom 5. 11. 1970, BStBl. 1971 II, 220; vgl. auch BFH VIII R 62/72 vom 5. 10. 1976, BStBl. 1977 II, 42 (45 letzter Satz).
588 KORN, KÖSDI 1981, 4032; so auch MATHIAK, StuW 1975, 30.
589 Vom 20. 10. 1966, BStBl. 1967 III, 201.
590 Vom 13. 11. 1969, BStBl. 1970 II, 189; s. auch bereits BFH IV 359/58 vom 10. 11. 1961, StRK RAO § 217 R. 45.
591 KÖSDI 1979, 3467; KORN, KÖSDI 1981, 4033; zurückhaltend auch ERHARD, StWa. 1971, 55 (61).
592 Vgl. KORN, KÖSDI 1981, 4033; MITTELBACH, StBp. 1982, 62.

Einkunftsermittlung

Feststellungen für dessen Unrichtigkeit, zB durch Kontrollmitteilungen, unaufklärbare Kassendifferenzen, überzeugende Betriebsvergleiche, Nachkalkulationen[593]. Möglich ist auch, daß insoweit nur ein Teil des Vermögenszuwachses dem gewerblichen Gewinn zugeordnet wird.

1050 Bei Steuerpflichtigen, die bilanzieren, erfolgt die **Gewinnermittlung** nach § 4 Abs. 1 EStG (Gewinnermittlung durch Betriebsvermögensvergleich), bei Einnahmen-Überschußrechnern erfolgt die Gewinnermittlung nach § 4 Abs. 3 EStG. Zu diesem Problemkreis s. Tz. 973; das dort Gesagte gilt auch für die VZR und GVR[594].

1051 Gegebenenfalls müssen **Einkünfte nach § 22 Nr. 3 EStG** angenommen werden. In BFH VIII R 149/77[595] läßt der Sachverhalt erkennen, daß von einem ungeklärten Vermögenszuwachs von 162 000 DM ein Betrag von 41 000 DM als Einkünfte im Sinn von § 22 Nr. 3 EStG versteuert wurde. Die Lösung über § 22 EStG ist attraktiv, da idR die GewSt. und USt. entfällt. Außerdem wird die Unsicherheit der Zuschätzung optimal für ein etwaiges Steuerstrafverfahren dokumentiert.

1052 Erfolgt die VZR/GVR – wie üblich – für **mehrere Jahre,** so ist fraglich, wie ein etwaiger **Hinzuschätzungsbetrag** zu den steuerpflichtigen Einkünften auf die einzelnen Jahre zu **verteilen** ist. Im nicht veröffentlichten Teil von BFH I R 64/72[596] billigte der BFH die gleichmäßige Verteilung; nach einer späteren Entscheidung kann dies jedoch nur dann gelten, wenn der Vergleichszeitraum drei Jahre nicht überschreitet[597]. Gibt es Gesichtspunkte für eine andere Zuordnung, so sind diese zu beachten, zB überproportionale Zuordnung in Jahren mit besonders geringen erklärten Einkünften und großem Verbrauch[598]. „Werden größere Vergleichszeiträume gewählt, ist es geboten, einen Fehlbetrag entsprechend der wahrscheinlichen Ertragsentwicklung zu verteilen, wobei die erklärten Umsätze und Gewinne und die allgemeine Ertragsentwicklung einen Anhalt bieten mögen"[599].

1053 Eine **nicht geklärte Vermögensminderung** führt als solche sachnotwendig nicht zu Einkünftezuschätzungen. Aus ihr wird jedoch hin und

---

593 Vgl. ERHARD, StWa. 1971, 55 (61).
594 Vgl. BFH VIII R 225/80, aaO (FN 555).
595 Vom 16. 1. 1979, BStBl. 1979 II, 453.
596 Vom 21. 2. 1974, BStBl. 1974 II, 591; Hinweis auf MATHIAK, StuW 1975, 30 (34 FN 20).
597 Vgl. BFH VIII R 225/80, aaO (FN 555).
598 KORN, KÖSDI 1981, 4033 mwN.
599 Vgl. BFH VIII R 225/80, aaO (FN 555).

wieder hergeleitet, hinter dem fehlenden Endvermögen verberge sich an anderer Stelle – zB in der Schweiz – gehaltenes Vermögen, das steuerpflichtige Erträge abwerfe. Allein die nicht geklärte Vermögensminderung rechtfertigt eine derartige Zuschätzung von Einkünften nicht. Vermögen kann ebensogut ertraglos angelegt sein (Gold, Grundstücke); der Schluß von verstecktem Vermögen auf steuerpflichtigen Ertrag hat wenig Zwingendes an sich.

6. Abwehr und Einvernehmen

Die Hinzuschätzung aufgrund einer VZR oder GVR bietet **mehrere** **Angriffspunkte** und erlaubt in gleicher Vielfalt Argumentationen und **Einigungen** mit der Finanzverwaltung. **Streitpunkte** sind: 1054

– der Vermögenszuwachs selbst mit all seinen Unsicherheitsfaktoren (s. Tz. 975 ff.),
– die Frage nach seiner Steuerpflicht (s. Tz. 1045 f.),
– die Frage nach der Einkunftsart (s. Tz. 1047 ff.),
– und die Verteilung auf mehrere Jahre (s. Tz. 1052).

Für ein **zähes Ringen** ist damit ausreichender Streitstoff gegeben. Die Praxis lehrt auch, daß die VZR gerade wegen ihrer Problematik vernünftige Einigungen mit der Finanzverwaltung erlaubt.   1055

Erwägenswert ist der Einsatz der VZR/GVR für den Steuerpflichtigen auch zum **Gegenbeweis** für **bestrittene Einkünftehinzuschätzungen**[600].   1056

III. Formelles Recht der Schätzung

Grundsätzlich sind **Überprüfungen** von Steuererklärungen, von **Betriebsergebnissen,** Nachkalkulationen und Vergleiche **Sache** der **Finanzverwaltung.** Hier ist die Initiative der Prüfer gefordert.   1057

Im Rahmen ihrer Überprüfung können die Finanzbeamten **Auskünfte,** Informationen und Unterlagen **anfordern**[601]; die in Tz. 345 ff. erwähnten Rechte stehen den Prüfern auch insoweit zur Verfügung.   1058

---

600 Kritisch jedoch ERHARD, StWa. 1971, 55 (61), mit dem nicht überzeugenden Argument, dem Finanzamt sei idR eine lückenlose Erfassung bzw. Kontrolle des Privatverbrauchs sowie der Vermögensentwicklung nicht möglich. Das läuft auf die nach § 199 AO unzulässige Prüfung nur zuungunsten des Steuerpflichtigen hinaus.
601 Vgl. BFH VIII R 174/77 vom 17. 11. 1981, BStBl. 1982 II, 430.

Unterrichtung über Schätzungsgrundlagen

1059 Der geprüfte **Steuerpflichtige** seinerseits ist **nicht verpflichtet,** seine Umsätze und Gewinne **nachzukalkulieren**[602].

1060 Der Prüfer ist verpflichtet, sein **Kalkulationsvorgehen offenzulegen.** Dies gilt einmal für das rechnerische Ergebnis der Nachkalkulation. Das gleiche gilt für die Ermittlungen, die zur Kalkulation geführt haben. Nur auf diese Weise ist es dem Steuerpflichtigen möglich, sich hinreichend zu verteidigen[603]. S. auch Tz. 965 zur Information über Vergleichszahlen.

1061 Geht das Ergebnis der Kalkulation in ein Einspruchsverfahren über, folgt die **Pflicht** zur **Offenlegung** der Schätzungsmethode und -grundlagen aus § 364 AO (vgl. Tz. 452 f.). Nicht selten neigen Finanzämter hier zur Geheimniskrämerei, einmal, weil sie unwillig sind, den Steuerpflichtigen zu unterrichten, zum anderen, weil sie auf diesem Weg offenbaren müßten, daß es kaum hinreichende Gründe für die Schätzung gibt. Die Finanzgerichte reagieren ärgerlich. Das Finanzgericht Rheinland-Pfalz hat entschieden, daß auf Schätzungen beruhende Steuerbescheide aufzuheben sind, wenn nicht spätestens in der Einspruchsentscheidung die Schätzungsgrundlagen dargelegt werden[604].

1062 Im Finanzgerichtsverfahren kann das Gericht **nicht** darauf verwiesen werden, die **Schätzungsgrundlagen** den **Akten** zu entnehmen[605].

1063 Einprägsam FG Saarland[606]: Die Kalkulation, die eine formell ordnungsmäßige Buchführung entkräften soll, muß zumindest **so überprüfbar** sein, wie dies von einer **Buchführung** verlangt wird.

1064 Beruft sich das Finanzamt zur Begründung einer Schätzung auf eine **Verletzung** der **Mitwirkungspflichten** durch den Steuerpflichtigen, leitet die Außenprüfung hieraus nachteilige Schätzungen ab, so gehen tatsächliche Unsicherheiten infolge des Bestreitens der Pflichtverletzung durch den Steuerpflichtigen zu Lasten des Finanzamts; die Außenprüfung muß für eine ausreichende Dokumentation Sorge tragen[607].

---

602 Vgl. BFH VIII R 174/77, aaO (FN 601).
603 Vgl. BFH VIII R 174/77, aaO (FN 601).
604 Vgl. FG Rheinland-Pfalz 5 K 395/83 vom 12. 4. 1984, EFG 1984, 474.
605 Vgl. FG Düsseldorf II 183/81 vom 14. 1. 1982, EFG 1982, 393; dazu auch oben Tz. 558.
606 Vgl. FG Saarland I 280–281/82 vom 28. 7. 1983, EFG 1984, 5; dazu SCHMIDT-LIEBIG in HBP 3450, 79 (1985).
607 Vgl. FG Saarland, aaO (FN 606).

Schätzt das Finanzamt mit bestandskräftigen Veranlagungen, so kann eine **berichtigende Schätzung** die bestandskräftige Veranlagung nur nach den Regeln des **§ 173 Abs. 1 Nr. 1 AO** durchbrechen. S. hierzu Tz. 579 ff. — 1065

Die Möglichkeiten des § 173 Abs. 1 Nr. 1 AO können darüber hinaus nach **Treu und Glauben** eingeschränkt sein; s. Tz. 582 mit Weiterverweisung. — 1066

Erfolgt eine Schätzung, so liegen neue Tatsachen iSd. § 173 Abs. 1 Nr. 1 AO nur vor, wenn **neue Schätzungsunterlagen** festgestellt werden, nicht jedoch, wenn aus der Anwendung einer anderen Schätzungsmethode ein höheres Ergebnis folgt[608]. — 1067

§ 173 Abs. 1 Nr. 1 AO kennt keine Wiederaufrollung, sondern nur eine **Punktberichtigung.** Dies folgt aus der „soweit"-Formulierung des § 173 Abs. 1 Nr. 1 AO (vgl. Tz. 581). Für Änderungen von Schätzungen heißt das: Bereits bekannte Schätzungsunterlagen sind wie bei der Erstschätzung zu berücksichtigen, dh. mit dem bisherigen Ansatz oder überhaupt nicht; letzteres, falls die Tatsachen bereits bei der Erstschätzung außer Ansatz geblieben waren[609]. — 1068

Erlaubt nach diesen Regeln § 173 Abs. 1 Nr. 1 AO grundsätzlich eine Korrektur bestandskräftiger Bescheide, so ist weiterhin nach der BFH-Entscheidung vom 2. 3. 1982[610] zu berücksichtigen: Ein **Wechsel der Schätzungsmethode** ist nur dann zulässig, falls die alte Methode angesichts der neuen Tatsachen versagt. Eine Verfeinerung der Schätzungsmethode ist keine Änderung der Methode, auch wenn die geänderte Methode in der Schätzungspraxis mit einer besonderen Bezeichnung belegt ist. Eine Verfeinerung stellt der Ersatz einer Richtsatzschätzung durch eine Nachkalkulation dar. Die Gesamtgeldverkehrsrechnung ist eine Verfeinerung gegenüber der Teilgeldverkehrsrechnung. Auch in diesem Zusammenhang gilt (Tz. 1068), daß die bekannten Schätzungsunterlagen in die verfeinernde Zweitschätzung so eingehen, wie dies bei der gröberen Erstschätzung der Fall war. — 1069

Eine **Vergröberung** der Schätzungsmethode ist ohne zwingenden Anlaß nicht zulässig[611]. — 1070

---

608 Vgl. BFH VIII R 225/80, aaO (FN 555), mit Nachweisen der vorangegangenen Rechtsprechung.
609 BFH VIII R 225/80, aaO (FN 555).
610 BFH VIII R 225/80, aaO (FN 555).
611 BFH VIII R 225/80, aaO (FN 555).

Berichtigung zugunsten des Stpfl.

1071 § 173 Abs. 1 Nr. 2 AO – **Berichtigung zugunsten des Steuerpflichtigen** – greift bei einer Schätzung dann ein, wenn das Ergebnis der Schätzung vorteilhafter ist; eine Zerlegung der Schätzung in Teile, auf die § 173 Abs. 1 Nr. 1 AO, und solche, auf die § 173 Abs. 1 Nr. 2 AO Anwendung findet, erfolgt nicht[612].

---

612 BFH IV R 159/82 vom 28. 3. 1985, BStBl. 1986 II, 120, mit Ausführungen zu Sachverhalten, in denen **Tatsachen** zu einer **höheren Steuer** und andere **Tatsachen** zu einer **niedrigeren Steuer** führten. Vgl. auch ähnlich FG Düsseldorf VIII (XV) 271/79 vom 8. 5. 1985, EFG 1985, 590, auch zum Verhältnis **Umsatzsteuer/Vorsteuer.**

Die wichtigsten Vorschriften
der Abgabenordnung zur Außenprüfung
(§§ 193–203 AO)

§ 193 Zulässigkeit einer Außenprüfung

(1) Eine Außenprüfung ist zulässig bei Steuerpflichtigen, die einen gewerblichen oder land- und forstwirtschaftlichen Betrieb unterhalten oder die freiberuflich tätig sind.

(2) Bei anderen als den in Absatz 1 bezeichneten Steuerpflichtigen ist eine Außenprüfung zulässig,

1. soweit sie die Verpflichtung dieser Steuerpflichtigen betrifft, für Rechnung eines anderen Steuern zu entrichten oder Steuern einzubehalten und abzuführen oder

2. wenn die für die Besteuerung erheblichen Verhältnisse der Aufklärung bedürfen und eine Prüfung an Amtsstelle nach Art und Umfang des zu prüfenden Sachverhaltes nicht zweckmäßig ist.

§ 194 Sachlicher Umfang einer Außenprüfung

(1) Die Außenprüfung dient der Ermittlung der steuerlichen Verhältnisse des Steuerpflichtigen. Sie kann eine oder mehrere Steuerarten, einen oder mehrere Besteuerungszeiträume umfassen oder sich auf bestimmte Sachverhalte beschränken. Die Außenprüfung bei einer Personengesellschaft umfaßt die steuerlichen Verhältnisse der Gesellschafter insoweit, als diese Verhältnisse für die zu überprüfenden einheitlichen Feststellungen von Bedeutung sind. Die steuerlichen Verhältnisse anderer Personen können insoweit geprüft werden, als der Steuerpflichtige verpflichtet war oder verpflichtet ist, für Rechnung dieser Personen Steuern zu entrichten oder Steuern einzubehalten und abzuführen; dies gilt auch dann, wenn etwaige Steuernachforderungen den anderen Personen gegenüber geltend zu machen sind.

(2) Die steuerlichen Verhältnisse von Gesellschaftern und Mitgliedern sowie von Mitgliedern der Überwachungsorgane können über die in Absatz 1 geregelten Fälle hinaus in die bei einer Gesellschaft durchzuführende Außenprüfung einbezogen werden, wenn dies im Einzelfall zweckmäßig ist.

Abgabenordnung

(3) Werden anläßlich einer Außenprüfung Verhältnisse anderer als der in Absatz 1 genannten Personen festgestellt, so ist die Auswertung der Feststellungen insoweit zulässig, als ihre Kenntnis für die Besteuerung dieser anderen Personen von Bedeutung ist oder die Feststellungen eine unerlaubte Hilfeleistung in Steuersachen betreffen.

§ 195 Zuständigkeit

Außenprüfungen werden von den für die Besteuerung zuständigen Finanzbehörden durchgeführt. Sie können andere Finanzbehörden mit der Außenprüfung beauftragen. Die beauftragte Finanzbehörde kann im Namen der zuständigen Finanzbehörde die Steuerfestsetzung vornehmen und verbindliche Zusagen (§§ 204 bis 207) erteilen.

§ 196 Prüfungsanordnung

Die Finanzbehörde bestimmt den Umfang der Außenprüfung in einer schriftlich zu erteilenden Prüfungsanordnung mit Rechtsbehelfsbelehrung (§ 356)[1].

§ 197 Bekanntgabe der Prüfungsanordnung

(1) Die Prüfungsanordnung sowie der voraussichtliche Prüfungsbeginn und die Namen der Prüfer sind dem Steuerpflichtigen, bei dem die Außenprüfung durchgeführt werden soll, angemessene Zeit vor Beginn der Prüfung bekanntzugeben, wenn der Prüfungszweck dadurch nicht gefährdet wird. Der Steuerpflichtige kann auf die Einhaltung der Frist verzichten. Soll die Prüfung nach § 194 Abs. 2 auf die steuerlichen Verhältnisse von Gesellschaftern und Mitgliedern sowie von Mitgliedern der Überwachungsorgane erstreckt werden, so ist die Prüfungsanordnung insoweit auch diesen Personen bekanntzugeben.

(2) Auf Antrag der Steuerpflichtigen soll der Beginn der Außenprüfung auf einen anderen Zeitpunkt verlegt werden, wenn dafür wichtige Gründe glaubhaft gemacht werden.

---

1 Die Pflicht zur Rechtsbehelfsbelehrung ist durch das Steuerbereinigungsgesetz 1986 eingefügt; s. Tz. 231.

§ 198 Ausweispflicht, Beginn der Außenprüfung

Die Prüfer haben sich bei Erscheinen unverzüglich auszuweisen. Der Beginn der Außenprüfung ist unter Angabe von Datum und Uhrzeit aktenkundig zu machen.

§ 199 Prüfungsgrundsätze

(1) Der Außenprüfer hat die tatsächlichen und rechtlichen Verhältnisse, die für die Steuerpflicht und für die Bemessung der Steuer maßgebend sind (Besteuerungsgrundlagen), zugunsten wie zuungunsten des Steuerpflichtigen zu prüfen.

(2) Der Steuerpflichtige ist während der Außenprüfung über die festgestellten Sachverhalte und die möglichen steuerlichen Auswirkungen zu unterrichten, wenn dadurch Zweck und Ablauf der Prüfung nicht beeinträchtigt werden.

§ 200 Mitwirkungspflichten des Steuerpflichtigen

(1) Der Steuerpflichtige hat bei der Feststellung der Sachverhalte, die für die Besteuerung erheblich sein können, mitzuwirken. Er hat insbesondere Auskünfte zu erteilen, Aufzeichnungen, Bücher, Geschäftspapiere und andere Urkunden zur Einsicht und Prüfung vorzulegen und die zum Verständnis der Aufzeichnungen erforderlichen Erläuterungen zu geben. Sind der Steuerpflichtige oder die von ihm benannten Personen nicht in der Lage, Auskünfte zu erteilen, oder sind die Auskünfte zur Klärung des Sachverhaltes unzureichend oder versprechen Auskünfte des Steuerpflichtigen keinen Erfolg, so kann der Außenprüfer auch andere Betriebsangehörige um Auskunft ersuchen. § 93 Abs. 2 Satz 2 und § 97 Abs. 2 gelten nicht.

(2) Die in Absatz 1 genannten Unterlagen hat der Steuerpflichtige in seinen Geschäftsräumen oder, soweit ein zur Durchführung der Außenprüfung geeigneter Geschäftsraum nicht vorhanden ist, in seinen Wohnräumen oder an Amtsstelle vorzulegen. Ein zur Durchführung der Außenprüfung geeigneter Raum oder Arbeitsplatz sowie die erforderlichen Hilfsmittel sind unentgeltlich zur Verfügung zu stellen.

(3) Die Außenprüfung findet während der üblichen Geschäfts- oder Arbeitszeit statt. Die Prüfer sind berechtigt, Grundstücke und Betriebsräume zu betreten und zu besichtigen. Bei der Betriebsbesichtigung soll der Betriebsinhaber oder sein Beauftragter hinzugezogen werden.

Abgabenordnung

§ 201 Schlußbesprechung

(1) Über das Ergebnis der Außenprüfung ist eine Besprechung abzuhalten (Schlußbesprechung), es sei denn, daß sich nach dem Ergebnis der Außenprüfung keine Änderung der Besteuerungsgrundlagen ergibt oder daß der Steuerpflichtige auf die Besprechung verzichtet. Bei der Schlußbesprechung sind insbesondere strittige Sachverhalte sowie die rechtliche Beurteilung der Prüfungsfeststellungen und ihre steuerlichen Auswirkungen zu erörtern.

(2) Besteht die Möglichkeit, daß aufgrund der Prüfungsfeststellungen ein Straf- oder Bußgeldverfahren durchgeführt werden muß, soll der Steuerpflichtige darauf hingewiesen werden, daß die straf- oder bußgeldrechtliche Würdigung einem besonderen Verfahren vorbehalten bleibt.

§ 202 Inhalt und Bekanntgabe des Prüfungsberichts

(1) Über das Ergebnis der Außenprüfung ergeht ein schriftlicher Bericht (Prüfungsbericht). Im Prüfungsbericht sind die für die Besteuerung erheblichen Prüfungsfeststellungen in tatsächlicher und rechtlicher Hinsicht sowie die Änderungen der Besteuerungsgrundlagen darzustellen. Führt die Außenprüfung zu keiner Änderung der Besteuerungsgrundlagen, so genügt es, wenn dies dem Steuerpflichtigen schriftlich mitgeteilt wird.

(2) Die Finanzbehörde hat dem Steuerpflichtigen auf Antrag den Prüfungsbericht vor seiner Auswertung zu übersenden und ihm Gelegenheit zu geben, in angemessener Zeit dazu Stellung zu nehmen.

§ 203 Abgekürzte Außenprüfung

(1) Bei Steuerpflichtigen, bei denen die Finanzbehörde eine Außenprüfung in regelmäßigen Zeitabständen nach den Umständen des Falles nicht für erforderlich hält, kann sie eine abgekürzte Außenprüfung durchführen. Die Prüfung hat sich auf die wesentlichen Besteuerungsgrundlagen zu beschränken.

(2) Der Steuerpflichtige ist vor Abschluß der Prüfung darauf hinzuweisen, inwieweit von den Steuererklärungen oder den Steuerfestsetzungen abgewichen werden soll. Die steuerlich erheblichen Prüfungsfeststellungen sind dem Steuerpflichtigen spätestens mit den Steuerbescheiden schriftlich mitzuteilen. § 201 Abs. 1 und § 202 Abs. 2 gelten nicht.

Anlage 2

Allgemeine Verwaltungsvorschrift für die Betriebsprüfung – Betriebsprüfungsordnung (Steuer) – – BpO (St) –

Vom 27. April 1978 (BStBl. 1978 I, 195)

Nach Artikel 108 Abs. 7 des Grundgesetzes wird mit Zustimmung des Bundesrates folgende allgemeine Verwaltungsvorschrift erlassen:

Inhaltsübersicht

Betriebsprüfungsordnung

I. Allgemeine Vorschriften

§ 1 Anwendungsbereich der Betriebsprüfungsordnung (Steuer)

(1) Diese Verwaltungsvorschrift gilt für allgemeine Außenprüfungen des Betriebsprüfungsdienstes (Betriebsprüfungen) der Landesfinanzbehörden und des Bundesamtes für Finanzen.

(2) Für besondere Außenprüfungen, zB Umsatzsteuersonderprüfungen, Lohnsteuer-Außenprüfungen, Kapitalverkehrsteuerprüfungen, gilt diese Verwaltungsvorschrift nicht.

§ 2 Aufgaben des Betriebsprüfungsdienstes

(1) Dem Betriebsprüfungsdienst obliegen insbesondere Außenprüfungen bei Steuerpflichtigen, die einen gewerblichen oder land- und forstwirtschaftlichen Betrieb unterhalten oder die freiberuflich tätig sind (§ 193 Abs. 1 der Abgabenordnung).

(2) Dem Betriebsprüfungsdienst können auch Außenprüfungen im Sinne des § 193 Abs. 2 der Abgabenordnung, Sonderprüfungen sowie andere Tätigkeiten mit Prüfungscharakter, zB Liquiditätsprüfungen, übertragen werden; dies gilt nicht für Steuerfahndungsprüfungen.

§ 3 Größenklassen

Steuerpflichtige, die der Betriebsprüfung unterliegen, werden in die Größenklassen

Großbetriebe	(G),
Mittelbetriebe	(M),
Kleinbetriebe	(K) und
Kleinstbetriebe	(Kst)

eingeordnet. Die Merkmale für diese Einordnung werden jeweils von den obersten Finanzbehörden der Länder im Benehmen mit dem Bundesminister der Finanzen festgelegt.

§ 4 Zeitlicher Umfang der Betriebsprüfung

(1) Bei Großbetrieben soll der Prüfungszeitraum an den vorhergehenden Prüfungszeitraum anschließen. Bei erstmaliger Prüfung bestimmt die Finanzbehörde den Zeitraum, auf den sich die Prüfung zu erstrecken hat.

(2) Bei anderen Betrieben soll der Prüfungszeitraum nicht über die letzten drei Besteuerungszeiträume, für die vor Bekanntgabe der Prüfungsanordnung Steuererklärungen für die Ertragsteuern abgegeben wurden, zurückreichen. Dies gilt nicht, wenn die Besteuerungsgrundlagen nicht ohne Erweiterung des Prüfungszeitraums festgestellt werden können oder mit nicht unerheblichen Steuernachforderungen oder nicht unerheblichen Steuererstattungen oder -vergütungen zu rechnen ist oder der Verdacht einer Steuerstraftat oder einer Steuerordnungswidrigkeit besteht.

II. Durchführung der Betriebsprüfung

§ 5 Anordnung der Betriebsprüfung

(1) Die für die Besteuerung zuständige Finanzbehörde ordnet die Betriebsprüfung an. Die Anordnung der Betriebsprüfung kann auch der beauftragten Finanzbehörde übertragen werden.

(2) Die Prüfungsanordnung hat die Rechtsgrundlagen der Außenprüfung, die zu prüfenden Steuerarten und -vergütungen, zu prüfende bestimmte Sachverhalte, den Prüfungszeitraum, den voraussichtlichen Beginn, den Namen des Betriebsprüfers und gegebenenfalls des Betriebsprüfungshelfers zu enthalten. In der Prüfungsanordnung sind die wesentlichen Rechte und Pflichten des Steuerpflichtigen bei der Außenprüfung darzustellen. Im Falle der abgekürzten Außenprüfung nach § 203 der Abgabenordnung ist der Steuerpflichtige hierüber zu unterrichten.

(3) Wird die Betriebsprüfung nach § 194 Abs. 2 der Abgabenordnung ausgedehnt, so ist für jeden Beteiligten eine besondere Prüfungsanordnung zu erteilen.

§ 6 Schwergewicht der Betriebsprüfung

Die Betriebsprüfung ist auf das Wesentliche abzustellen, ihre Dauer auf das notwendige Maß zu beschränken. Die Betriebsprüfung hat sich in erster Linie auf solche Sachverhalte zu erstrecken, die zu endgültigen Steuerausfällen oder Steuererstattungen oder -vergütungen oder zu nicht unbedeutenden Gewinnverlagerungen führen können.

Betriebsprüfungsordnung

§ 7 Befragung von Betriebsangehörigen

Will der Betriebsprüfer im Rahmen seiner Ermittlungsbefugnisse nach § 200 Abs. 1 Sätze 3 und 4 der Abgabenordnung Betriebsangehörige um Auskunft ersuchen, die nicht als Auskunftsperson benannt worden sind, so soll er den Steuerpflichtigen rechtzeitig unterrichten, damit dieser gegebenenfalls andere Auskunftspersonen benennen kann.

§ 8 Kontrollmitteilungen

(1) Feststellungen, die nach § 194 Abs. 3 der Abgabenordnung für die Besteuerung anderer Steuerpflichtiger ausgewertet werden können, sollen der zuständigen Finanzbehörde mitgeteilt werden. Soweit der Steuerpflichtige ein Auskunftsverweigerungsrecht nach § 102 der Abgabenordnung hat und hierauf nicht ausdrücklich verzichtet, hat die Fertigung von Kontrollmitteilungen zu unterbleiben.

(2) Kontrollmaterial über Auslandsbeziehungen ist auch dem Bundesamt für Finanzen zur Auswertung zu übersenden.

§ 9 Verdacht einer Steuerstraftat

Ergibt sich während einer Betriebsprüfung der Verdacht einer Straftat, für deren Ermittlung die Finanzbehörde zuständig ist, so ist die für die Bearbeitung dieser Straftat zuständige Stelle unverzüglich zu unterrichten. Richtet sich der Verdacht gegen den Steuerpflichtigen, dürfen, soweit der Verdacht reicht, die Ermittlungen (§ 194 der Abgabenordnung) bei ihm erst fortgesetzt werden, wenn ihm die Einleitung des Strafverfahrens mitgeteilt worden ist (§ 397 der Abgabenordnung). Der Steuerpflichtige ist dabei, soweit die Feststellungen auch für Zwecke des Strafverfahrens verwendet werden können, darüber zu belehren, daß seine Mitwirkung im Besteuerungsverfahren nicht mehr erzwungen werden kann (§ 393 Abs. 1 der Abgabenordnung). Die Belehrung ist unter Angabe von Datum und Uhrzeit aktenkundig zu machen.

§ 10 Verdacht einer Ordnungswidrigkeit

§ 9 gilt beim Verdacht einer Ordnungswidrigkeit sinngemäß; die Sätze 2 bis 4 gelten nicht, wenn von der Durchführung eines Bußgeldverfahrens nach § 47 des Gesetzes über Ordnungswidrigkeiten abgesehen wird.

§ 11 Schlußbesprechung

(1) Findet eine Schlußbesprechung statt (§ 201 der Abgabenordnung), so sind die Besprechungspunkte und der Termin der Schlußbesprechung dem Steuerpflichtigen angemessene Zeit vor der Besprechung bekanntzugeben.

(2) Der Steuerpflichtige ist zu unterrichten, ob an der Schlußbesprechung ein für die Entscheidung über die Steuerfestsetzung zuständiger Amtsträger teilnimmt.

(3) Hinweise nach § 201 Abs. 2 der Abgabenordnung sind aktenkundig zu machen.

§ 12 Abweichen von den Prüfungsfeststellungen

Ist bei der Auswertung des Prüfungsberichts beabsichtigt, von den Feststellungen des Betriebsprüfungsdienstes wesentlich abzuweichen, so ist diesem Gelegenheit zur Stellungnahme zu geben. Bei wesentlichen Abweichungen zuungunsten des Steuerpflichtigen soll auch diesem Gelegenheit gegeben werden, sich hierzu zu äußern.

III. Betriebsprüfung von Konzernen und sonstigen zusammenhängenden Unternehmen

§ 13 Konzernprüfung

(1) Unternehmen, die zu einem Konzern gehören oder durch ein herrschendes Unternehmen verbunden sind, sind im Zusammenhang, unter einheitlicher Leitung und nach einheitlichen Gesichtspunkten zu prüfen, wenn die Außenumsätze der Konzernunternehmen insgesamt mindestens 50 Millionen DM im Jahr betragen. § 4 Abs. 2 ist nicht anzuwenden.

(2) Zu einem Konzern gehören rechtlich selbständige Unternehmen, die unter einer einheitlichen Leitung stehen. Durch ein Beherrschungsverhältnis sind Unternehmen verbunden, wenn eine natürliche oder juristische Person, eine Mehrheit von Personen, eine Stiftung oder ein anderes Zweckvermögen unmittelbar oder mittelbar als Unternehmen einen beherrschenden Einfluß auf ein oder mehrere andere Unternehmen ausüben kann.

(3) Ein Unternehmen, das zu mehreren Konzernen gehört, ist mit dem Konzern zu prüfen, der die größte Beteiligung an dem Unternehmen

besitzt. Bei gleichen Beteiligungsverhältnissen ist das Unternehmen für die Prüfung dem Konzern zuzuordnen, der in der Geschäftsführung des Unternehmens federführend ist.

§ 14 Leitung der Konzernprüfung

(1) Bei Konzernprüfungen soll die Finanzbehörde, die für die Betriebsprüfung des leitenden oder herrschenden Unternehmens zuständig ist, die Leitung der einheitlichen Prüfung übernehmen.

(2) Wird ein Konzern durch eine natürliche oder juristische Person, die selbst nicht der Betriebsprüfung unterliegt, beherrscht, soll die Finanzbehörde, die für die Betriebsprüfung des wirtschaftlich bedeutendsten abhängigen Unternehmens zuständig ist, die Leitung der einheitlichen Prüfung übernehmen. Im Einvernehmen der beteiligten Finanzbehörden kann hiervon abgewichen werden.

§ 15 Einleitung der Konzernprüfung

(1) Die für die Leitung der Konzernprüfung zuständige Finanzbehörde regt die Konzernprüfung an und stimmt sich mit den beteiligten Finanzbehörden ab.

(2) Konzernunternehmen sollen erst dann geprüft werden, wenn die für die Leitung der Konzernprüfung zuständige Finanzbehörde um die Prüfung gebeten hat.

§ 16 Richtlinien zur Durchführung der Konzernprüfung

Die für die Leitung einer Konzernprüfung zuständige Finanzbehörde kann Richtlinien für die Prüfung aufstellen. Die Richtlinien können neben prüfungstechnischen Einzelheiten auch Vorschläge zur einheitlichen Beurteilung von Sachverhalten enthalten.

§ 17 Abstimmung und Freigabe der Konzernprüfungsberichte

Die Berichte über die Betriebsprüfungen bei Konzernunternehmen sind aufeinander abzustimmen und den Steuerpflichtigen erst nach Freigabe durch die für die Leitung der Konzernprüfung zuständige Finanzbehörde zu übersenden.

§ 18 Betriebsprüfung bei sonstigen zusammenhängenden Unternehmen

Eine einheitliche Prüfung kann, sofern ein besonderes Interesse besteht, auch durchgeführt werden

1. bei Konzernen, die die Umsatzgrenze des § 13 Abs. 1 nicht erreichen,

2. bei Unternehmen, die nicht zu einem Konzern gehören, aber wirtschaftlich eng miteinander verbunden sind, zB durch verwandtschaftliche Beziehungen der Beteiligten, gemeinschaftliche betriebliche Tätigkeit.

§§ 13 bis 17 gelten entsprechend.

§ 19 Betriebsprüfung bei Unternehmen ausländischer Konzerne

(1) §§ 13 bis 18 gelten auch für die Prüfung mehrerer inländischer Unternehmen, die von einer ausländischen natürlichen oder juristischen Person, einer Mehrheit von Personen, einer Stiftung oder einem anderen Zweckvermögen geleitet oder beherrscht werden oder die mit einem ausländischen Unternehmen wirtschaftlich verbunden sind.

(2) Die Leitung der einheitlichen Prüfung soll die Finanzbehörde übernehmen, die für die Betriebsprüfung des wirtschaftlich bedeutendsten inländischen Unternehmens zuständig ist. Im Einvernehmen der beteiligten Finanzbehörden kann hiervon abgewichen werden.

IV. Mitwirkung des Bundes an Betriebsprüfungen der Landesfinanzbehörden

§ 20 Art der Mitwirkung

(1) Das Bundesamt für Finanzen wirkt an Betriebsprüfungen, die durch Landesfinanzbehörden durchgeführt werden, mit (§ 19 Abs. 1 Satz 1 des Finanzverwaltungsgesetzes) durch

1. Prüfungstätigkeit,

2. Beteiligung an Besprechungen, insbesondere an Vor-, Zwischen- und Schlußbesprechungen.

(2) Art und Umfang der Mitwirkung werden jeweils von den beteiligten Behörden im gegenseitigen Einvernehmen festgelegt (§ 19 Abs. 2 Satz 1 des Finanzverwaltungsgesetzes).

Betriebsprüfungsordnung

(3) Die Landesfinanzbehörde bestimmt den für den Ablauf der Betriebsprüfung verantwortlichen Prüfer.

§ 21 Auswahl der Betriebe und Unterrichtung über die vorgesehene Mitwirkung

(1) Die Landesfinanzbehörden übersenden dem Bundesamt für Finanzen die Prüfungsgeschäftspläne für Großbetriebe und Konzerne spätestens 10 Tage vor dem Beginn des Zeitraums, für den sie aufgestellt worden sind. Betriebe, bei deren Prüfung eine Mitwirkung des Bundesamts für Finanzen von den Landesfinanzbehörden für zweckmäßig gehalten wird, sollen kenntlich gemacht werden. Das Bundesamt für Finanzen teilt den Landesfinanzbehörden unverzüglich die Betriebe mit, an deren Prüfung es mitwirken will.

(2) Sobald die Landesfinanzbehörde den Prüfungsbeginn mitgeteilt hat, wird sie vom Bundesamt für Finanzen über die vorgesehene Mitwirkung unterrichtet.

§ 22 Mitwirkung durch Prüfungstätigkeit

Wirkt das Bundesamt für Finanzen durch Prüfungstätigkeit mit, so hat der Bundesbetriebsprüfer regelmäßig in sich geschlossene Prüfungsfelder zu übernehmen und diesen Teil des Prüfungsberichts zu entwerfen. Der Prüfungsstoff wird im gegenseitigen Einvernehmen auf die beteiligten Betriebsprüfer aufgeteilt.

§ 23 Prüfungsbericht

Hat das Bundesamt für Finanzen an einer Betriebsprüfung mitgewirkt, so erhält es eine Ausfertigung des Prüfungsberichts.

§ 24 Verfahren bei Meinungsverschiedenheiten zwischen dem Bundesamt für Finanzen und der Landesfinanzbehörde

Soweit Meinungsverschiedenheiten, die sich bei der Mitwirkung an Betriebsprüfungen zwischen dem Bundesamt für Finanzen und der Landesfinanzbehörde ergeben, von den Beteiligten nicht ausgeräumt werden können, ist den obersten Finanzbehörden des Bundes und des Landes zu berichten und die Entscheidung abzuwarten.

V. Inkrafttreten

§ 25 Inkrafttreten

Diese allgemeine Verwaltungsvorschrift tritt am Tage nach ihrer Veröffentlichung im Bundesanzeiger in Kraft. Gleichzeitig tritt die allgemeine Verwaltungsvorschrift für die Betriebsprüfung – Betriebsprüfungsordnung (Steuer) – vom 23. Dezember 1965 (Bundesanzeiger Nr. 245 vom 30. Dezember 1965)[1] außer Kraft.

Bonn, den 27. April 1978
IV A 7 – S 1401 – 6/78

Der Bundeskanzler
Schmidt

Der Bundesminister der Finanzen
Hans Matthöfer

---

1 BStBl. 1966 I S. 46.

Anlage 3

Einführungserlaß NRW vom 17. 5. 1978
zur BpO (Vgl. FN 9)

Ich bitte, bei der Anwendung der Betriebsprüfungsordnung (Steuer) folgendes zu beachten:

Zweck der Betriebsprüfung

1. Zweck der Betriebsprüfung ist die richtige Ermittlung und Würdigung der steuerlich bedeutsamen Sachverhalte, nicht die Erzielung von Mehrsteuern. Die tatsächlichen und rechtlichen Verhältnisse sind zugunsten wie zuungunsten des Steuerpflichtigen zu prüfen. Diesem Grundsatz müssen alle Weisungen zur Betriebsprüfung entsprechen. Es ist alles zu vermeiden, was auch nur den Anschein erwecken könnte, daß ein Angehöriger des Betriebsprüfungsdienstes nicht mit der erforderlichen Objektivität vorgeht. Diesem Grundsatz muß auch die Ermessensausübung bei der Anordnung und Durchführung von Prüfungsmaßnahmen entsprechen. Die Grundsätze der Verhältnismäßigkeit des Mittels und des geringstmöglichen Eingriffs sind zu beachten. Mehr- oder Minderergebnisse sind lediglich Folgewirkungen der Betriebsprüfung. Bei der Beurteilung der Betriebsprüfer bleiben sie außer Betracht.

Zu § 1 BpO (Anwendungsbereich der BpO)

2. Die BpO (St) gilt für die allgemeinen Außenprüfungen des Betriebsprüfungsdienstes (Betriebsprüfungen). Die Vorschriften über die Maßnahmen zur Durchführung der Betriebsprüfung (§§ 5–12 BpO) sind auch bei allen besonderen Außenprüfungen des Betriebsprüfungsdienstes und anderer Prüfungsdienste (zB Umsatzsteuersonderprüfungen, Lohnsteuer-Außenprüfungen, Kapitalverkehrsteuerprüfungen) sinngemäß anzuwenden.

Zu § 2 BpO (Aufgaben des Betriebsprüfungsdienstes)

3. Dem Betriebsprüfungsdienst obliegen in der Regel auch die Prüfungen nach § 193 Abs. 2 Nr. 2 AO.

Zu § 3 BpO (Größenklassen)

4. Das Verfahren zur Einordnung der Betriebe in Größenklassen ist durch besondere Weisungen geregelt. Während des Zeitraums, für den die Betriebskartei aufgestellt wird, bleiben Änderungen der die Größenklasse bestimmenden Betriebsmerkmale unberücksichtigt (§ 15 Abs. 2 Satz 1 BpErl.). Fehler, die bei der Eingruppierung unterlaufen sind, können jederzeit berichtigt werden.

Zu § 4 BpO (zeitlicher Umfang der Betriebsprüfung)

5. Anhangbetriebe (= Mittel-, Klein- und Kleinstbetriebe, die mit Großbetrieben kapitalmäßig verbunden sind oder mit ihnen unter einheitlicher Leitung stehen) sind für den gleichen Zeitraum zu prüfen wie die zugehörigen Hauptbetriebe (vgl. § 13 Abs. 1 Satz 2 BpO).

6. Für die Entscheidung, ob ein Unternehmen als Großbetrieb nach § 4 Abs. 1 oder als kleinerer Betrieb nach § 4 Abs. 2 BpO geprüft wird, ist grundsätzlich die Größenklasse maßgebend, in die das Unternehmen im Zeitpunkt der Prüfungsanordnung eingeordnet ist. Ist ein Mittelbetrieb oder ein kleinerer Betrieb zu Beginn des laufenden Prüfungsturnus in einen Großbetrieb umgestuft worden, so ist ausnahmsweise die Prüfung noch auf die Zeit zu beschränken, die sich bei sinngemäßer Anwendung des § 4 Abs. 2 BpO ergibt.

7. In die Prüfung sind die Einheitswertfeststellungen für das Betriebsvermögen und die Vermögensteuerveranlagung auf den Stichtag am Ende des Prüfungszeitraums und – sofern nicht eine Anschlußprüfung durchgeführt wird – auch auf den Stichtag am Anfang des Prüfungszeitraums einzubeziehen.

Zu § 5 BpO (Anordnung der Betriebsprüfung)

8. Die Prüfungsgeschäftspläne für die KonzernBp-Stellen, GroßBp-Stellen und Landwirtschaftlichen Bp-Stellen sind von dem für die Besteuerung zuständigen Finanzamt zu genehmigen.

9. Das Finanzamt erläßt die Prüfungsanordnung. Um dem Steuerpflichtigen Gelegenheit zu geben, sich rechtzeitig auf die Prüfung einzustellen, soll die Prüfungsanordnung bei Betrieben aller Größenklassen in der Regel 14 Tage vor Beginn der Betriebsprüfung bekanntgegeben werden. Ein längerer Zeitraum kann insbesondere dann angemessen sein, wenn der Steuerpflichtige nicht vorab formlos über die bevorste-

hende Prüfung unterrichtet worden ist und voraussichtlich umfangreiche Vorbereitungsmaßnahmen erforderlich sein werden.

10. Änderungen der Prüfungsanordnung sind dem Steuerpflichtigen vom Finanzamt so zeitig wie möglich mitzuteilen. Soweit es sich um die Person des Prüfers oder den Prüfungsbeginn handelt, kann auch die mit der Prüfung beauftragte KonzernBp-Stelle, GroßBp-Stelle oder Landwirtschaftliche Bp-Stelle den Steuerpflichtigen unterrichten.

11. In den Prüfungsanordnungen für Mittel-, Klein- und Kleinstbetriebe ist der Prüfungszeitraum gemäß § 4 Abs. 2 Satz 1 BpO zu beschränken. Bei Ausdehnung des Prüfungszeitraums gemäß § 4 Abs. 2 Satz 2 BpO ist die Prüfungsanordnung unverzüglich zu ergänzen und dem Steuerpflichtigen bekanntzugeben. Die Gründe für die Ausdehnung des Prüfungszeitraums sind dem Steuerpflichtigen in der Prüfungsanordnung mitzuteilen.

12. Bei Gesellschaften soll die Anordnung in der Regel auf die Prüfung der Gesellschaft beschränkt werden. Die steuerlichen Verhältnisse von Gesellschaftern und Mitgliedern der Überwachungsorgane sollen nur mitgeprüft und entsprechend nach § 197 Abs. 1 Satz 3 AO besondere Prüfungsanordnungen erteilt werden, wenn dies aus besonderem Anlaß erforderlich erscheint; oft genügen zweckdienliche Kontrollmitteilungen (§ 8 BpO).

13. War oder ist der Steuerpflichtige verpflichtet, für Rechnung anderer Personen Steuern zu entrichten oder Steuern einzubehalten und abzuführen, so können insoweit die Verhältnisse dieser Personen in die Prüfung einbezogen werden, ohne daß es ihnen gegenüber einer besonderen Prüfungsanordnung bedarf (§§ 194 Abs. 1 Satz 4, 197 Abs. 1 Satz 3 AO).

14. Die Vorlage von Büchern, Aufzeichnungen, Geschäftspapieren und anderen Unterlagen, die nicht unmittelbar den Prüfungszeitraum betreffen, kann ohne besondere Anordnung verlangt werden, wenn dies zur Feststellung des Sachverhalts im Prüfungszeitraum erforderlich erscheint.

Zu § 6 BpO (Schwergewicht der Betriebsprüfung)

15. Bei Mittel-, Klein- und Kleinstbetrieben sind in allen geeigneten Fällen abgekürzte Außenprüfungen (§ 203 AO) durchzuführen. In der Prüfungsanordnung ist darauf hinzuweisen, daß es sich um eine abgekürzte Außenprüfung handelt (§ 5 Abs. 2 Satz 3 BpO).

Zu § 7 BpO (Befragung von Betriebsangehörigen)

16. Der Steuerpflichtige ist zu Beginn der Prüfung zu bitten, Auskunftspersonen zu benennen. Ihre Namen sind aktenkundig zu machen.

Zu § 8 BpO (Kontrollmitteilungen)

17. Anders als das Auskunftsverweigerungsrecht zum Schutze bestimmter Berufsgeheimnisse (§ 102 AO) hindert das Auskunftsverweigerungsrecht der Angehörigen (§ 101 AO) die Fertigung von Kontrollmitteilungen nicht; die Notwendigkeit solcher Kontrollmitteilungen ist jedoch besonders sorgfältig zu prüfen.

Zu § 12 BpO (Abweichungen von den Prüfungsfeststellungen)

18. Der Betriebsprüfungsbericht ist in der Fassung, wie er dem Steuerpflichtigen zugeht, eine Äußerung des zuständigen Finanzamts. Meinungsverschiedenheiten zwischen dem Finanzamt und der Betriebsprüfungsstelle (KonzernBp-, GroßBp-, Landwirtschaftliche Bp-Stelle, Bundesamt für Finanzen) sind vor der Berichtsübersendung auszuräumen.

19. Von den Feststellungen im Betriebsprüfungsbericht darf nicht abgewichen werden, ohne daß dem Steuerpflichtigen rechtliches Gehör gewährt worden ist.

Beabsichtigt das Finanzamt bei der Auswertung des Berichts auf Grund der Stellungnahme des Steuerpflichtigen (§ 202 Abs. 2 AO) von den Prüfungsfeststellungen wesentlich abzuweichen, so hat es die beabsichtigten Abweichungen der Betriebsprüfungsstelle zur vorherigen Gegenäußerung mitzuteilen. Entsprechendes gilt für Abweichung auf Grund von Einsprüchen gegen die geänderten Steuerbescheide.

20. Für die Mitteilung nach § 202 Abs. 1 Satz 3 AO ist nicht die Betriebsprüfungsstelle, sondern das Finanzamt zuständig. Die Mitteilung ist dem Steuerpflichtigen sobald wie möglich nach der Prüfung zu übersenden.

Zu § 13 BpO (Konzernprüfung)

21. Die Entscheidung, welche Unternehmen als Konzerne anzusehen sind und deshalb in das Konzernverzeichnis (§ 16 BpErl.) aufzunehmen sind, obliegt der Oberfinanzdirektion.

Einführungserlaß BpO

Erlaß zur Betriebsprüfungsordnung (Steuer)

22. Soweit nicht gesetzliche Regelungen oder besondere Weisungen entgegenstehen, ist der bundeseinheitlich ergangene Erlaß zur Betriebsprüfungsordnung (Steuer) v. 23. 12. 65, StEK AO § 162 Nr. 21, weiter anzuwenden.

Aufhebung überholter Erlasse

23. Der Einführungserlaß Nordrhein-Westfalen S 1400 – 8 – V A 2 v. 30. 12. 65 wird aufgehoben. Soweit andere Erlasse der Betriebsprüfungsordnung (Steuer) oder dem vorstehenden Erlaß entgegenstehen, sind sie ab sofort nicht mehr anzuwenden.

Anlage 4

Merkblatt
über die wesentlichen Rechte und Mitwirkungspflichten des Steuerpflichtigen bei der Außenprüfung

(BStBl. 1982 I, 657)

Zum besseren Verständnis der Prüfungsanordnung sollen Ihnen die nachfolgenden Hinweise Sinn, Zweck und Ablauf der Außenprüfung erläutern und Sie gleichzeitig auf Ihre Rechte und Mitwirkungspflichten aufmerksam machen.

Die Außenprüfung ist ein unverzichtbarer Bestandteil einer gut funktionierenden Finanzverwaltung. Sie trägt entscheidend dazu bei, daß die Steuergesetze gerecht und gleichmäßig angewendet werden.

Bei einer Außenprüfung ist zugunsten wie zuungunsten des Steuerpflichtigen zu prüfen (§ 199 Abgabenordnung 1977 – AO –).

Wenn Sie wichtige Gründe gegen den vorgesehenen Zeitpunkt der Prüfung haben, können Sie beantragen, daß ihr Beginn hinausgeschoben wird (§ 197 Abs. 2 AO). Wollen Sie wegen der Prüfungsanordnung Rückfragen stellen, wenden Sie sich bitte an die prüfende Stelle und geben Sie hierbei den Namen des Prüfers an.

Der Prüfer wird sich zu Beginn der Außenprüfung unter Vorlage seines Dienstausweises bei Ihnen vorstellen (§ 198 AO).

Haben Sie bitte Verständnis dafür, daß für einen reibungslosen Ablauf der Prüfung – der auch in Ihrem Interesse liegt – Ihre Mitwirkung gesetzlich vorgeschrieben ist. Sie können darüber hinaus auch sachkundige Auskunftspersonen benennen.

Legen Sie bitte dem Prüfer Ihre Aufzeichnungen, Bücher, Geschäftspapiere und die sonstigen Unterlagen vor, die er benötigt, erteilen Sie ihm die erbetenen Auskünfte und erläutern Sie ggf. die Aufzeichnungen (§ 200 Abs. 1 AO).

Stellen Sie ihm zur Durchführung der Außenprüfung bitte einen geeigneten Raum oder Arbeitsplatz sowie die erforderlichen Hilfsmittel unentgeltlich zur Verfügung (§ 200 Abs. 2 AO).

Werden die Unterlagen nur in Form der Wiedergabe auf einem Datenträger (zB Mikrofilm) aufbewahrt, kann der Prüfer verlangen, daß Sie auf Ihre Kosten diejenigen Hilfsmittel (zB Lesegeräte) zur Verfügung stellen, die zur Lesbarmachung erforderlich sind, bzw. daß Sie auf Ihre Kosten die Unterlagen unverzüglich ganz oder teilweise ausdrucken oder ohne Hilfsmittel lesbare Reproduktionen beibringen (§ 147 Abs. 5 AO).

Über alle Feststellungen von Bedeutung wird Sie der Prüfer rechtzeitig – dh. noch während der Außenprüfung – unterrichten, wenn dadurch Zweck und Ablauf der Prüfung nicht beeinträchtigt werden (§ 199 Abs. 2 AO).

Ergibt sich während der Außenprüfung der Verdacht einer Steuerstraftat oder einer Steuerordnungswidrigkeit gegen Sie, so dürfen, soweit der Verdacht reicht, die Ermittlungen bei Ihnen erst fortgesetzt werden, wenn Ihnen die Einleitung eines Steuerstraf- oder Bußgeldverfahrens mitgeteilt worden ist (vgl. § 397 AO). Soweit die Prüfungsfeststellungen auch für Zwecke eines Steuerstraf- oder Bußgeldverfahrens verwendet werden können, darf Ihre Mitwirkung bei der Aufklärung der Sachverhalte nicht erzwungen werden (§ 393 Abs. 1 Satz 2 AO). Wirken Sie bei der Aufklärung der Sachverhalte nicht mit (vgl. §§ 90, 93 Abs. 1, 200 Abs. 1 AO), können daraus allerdings im Besteuerungsverfahren für Sie nachteilige Folgerungen gezogen werden; ggf. sind die Besteuerungsgrundlagen zu schätzen, wenn eine zutreffende Ermittlung des Sachverhalts deswegen nicht möglich ist (§ 162 AO).

Wenn sich die Besteuerungsgrundlagen durch die Prüfung ändern, haben Sie das Recht auf eine Schlußbesprechung. Sie oder Ihr steuerlicher Berater erhalten dabei Gelegenheit, einzelne Prüfungsfeststellungen nochmals zusammenfassend zu erörtern (§ 201 AO).

Über das Ergebnis der Außenprüfung ergeht bei Änderung der Besteuerungsgrundlagen ein schriftlicher Prüfungsbericht, der Ihnen auf Antrag vor seiner Auswertung übersandt wird. Auch wenn über die rechtliche Beurteilung von Prüfungsfeststellungen Einvernehmen erzielt wurde, können Sie zu diesem Bericht erneut Stellung nehmen (§ 202 AO).

Wird bei Ihnen eine abgekürzte Außenprüfung durchgeführt, findet eine Schlußbesprechung nicht statt (§ 203 AO). Anstelle des schriftlichen Prüfungsberichts erhalten Sie spätestens mit den Steuer-/Feststellungsbescheiden eine schriftliche Mitteilung über die steuerlich erheblichen Prüfungsfeststellungen.

Das Recht, gegen die aufgrund der Außenprüfung ergehenden Steuerbescheide Rechtsbehelfe einzulegen, bleibt selbstverständlich unberührt.

Anlage 5

Einordnung der Betriebe in Größenklassen

(BMF-Schreiben vom 18. 7. 1984, BStBl. 1984 I, 502)

Einheitliche Abgrenzungsmerkmale für den XII. Prüfungsturnus (ab 1. Januar 1985)

Betriebsart	Nummer nach der Systematik der Wirtschaftszweige (Gewerbekennziffern)	Betriebsmerkmale	Großbetriebe (G)	Mittelbetriebe (M)	Kleinbetriebe (K)
Handelsbetriebe (H)	401 114–419 834 431 114–439 954 281 104–299 704	Gesamtumsatz oder steuerlicher Gewinn	über 9 Mio über 300 000	über 1 Mio über 60 000	über 190 000 über 36 000
Fertigungsbetriebe (F)	031 004–038 004 071 104–071 504 100 004–118 504 200 104–239 174 240 104–247 454 248 104 248 504 250 104–250 804 252 204–257 504 258 114–258 994 260 104–268 154 270 004–276 954 281 104–299 704 300 104–300 794 302 014 302 034–316 654 760 114–760 994	Gesamtumsatz oder steuerlicher Gewinn	über 5 Mio über 250 000	über 500 000 über 60 000	über 190 000 über 36 000
Freie Berufe (FB)	513 904* 514 914* 514 954* 751 404 751 914–751 994 755 444–755 484 755 874 755 984 771 114–771 194 774 114–774 194 781 114–784 504 789 454 * = Lotsen	Gesamtumsatz oder steuerlicher Gewinn bzw. Betriebseinnahmen aus freiberuflicher Tätigkeit oder steuerlicher Gewinn	über 5 Mio über 700 000	über 900 000 über 150 000	über 190 000 über 36 000
Andere Leistungsbetriebe (AL)	239 504 247 704 249 114–249 504 252 114–252 154 257 714 257 754 259 104–259 704 268 404–269 004 279 104 279 504 300 814 300 854 302 024 421 114–429 894 511 504–555 904** 651 004–751 304 751 514–751 754 755 104–755 434 755 504–755 844 755 914–755 964 771 514 771 594 774 504 784 704–789 414 789 514–980 014 ** = ohne Lotsen	Gesamtumsatz oder steuerlicher Gewinn	über 6 Mio über 300 000	über 800 000 über 60 000	über 190 000 über 36 000
Kreditinstitute (K)	600 004–609 094	Aktivvermögen oder steuerlicher Gewinn	über 100 Mio über 600 000	über 30 Mio über 200 000	über 10 Mio über 50 000
Versicherungsunternehmen (V)	611 104–616 004	Jahresprämieneinnahmen	über 30 Mio	über 5 Mio	über 2 Mio
Land- u. forstwirtschaftl. Betriebe (LuF)	018 004 050 004 019 004 078 004	Wirtschaftswert der selbstbewirtschafteten Fläche oder steuerlicher Gewinn	über 225 000 über 120 000	über 100 000 über 60 000	über 40 000 über 36 000

a) Pensionskassen sind entsprechend den Merkmalen von Versicherungsunternehmen einzuordnen.
b) Unterstützungskassen sind wie Kleinbetriebe einzustufen.
c) Verlustzuweisungsgesellschaften sind Großbetrieben gleichzustellen.
d) Bei Organgesellschaften mit Gewinnabführungsvertrag ist für die Ermittlung der Gewinngrenze die Gewinnabführung vom Einkommen des Organträgers abzuziehen und dem Einkommen des Organs zuzurechnen.
e) Sofern die Einordnung der Betriebe nach den vorstehenden Abgrenzungsmerkmalen infolge besonderer Verhältnisse (Sonderabschreibungen nach dem Zonenrandförderungsgesetz oder erhöhte Absetzungen nach dem Berlinförderungsgesetz) nicht der Bedeutung dieser Betriebe gerecht wird, bleibt es der Oberfinanzdirektion überlassen, ausnahmsweise eine von diesen Abgrenzungsmerkmalen abweichende Einordnung in die einzelnen Größenklassen vorzunehmen.
f) Steuerpflichtige, bei denen die Summe der Einkünfte gem. § 2 (1) Nr. 4–7 EStG 1 Mio DM übersteigt, und Bauherrengemeinschaften werden gesondert erfaßt.

Merkblatt für Mitarbeiter

Anlage 6

Steuerliche Betriebsprüfung
Merkblatt für Mitarbeiter

Am _____ kommen

_____

_____

zu einer turnusmäßigen Betriebsprüfung. Ihnen wird das Besprechungszimmer _____ zur Verfügung gestellt (mit Schlüssel). Ein zweiter Schlüssel befindet sich bei _____.

Im Umgang mit den Betriebsprüfern bitte ich, folgende Regeln zu beachten:

1. Die Prüfer des Finanzamtes erfüllen mit der Prüfung ihre Pflicht. Die Prüfung soll im besten Klima erfolgen. Die Prüfer sind wie Gäste der Firma zu behandeln.

2. Alle von den Prüfern gewünschten Unterlagen sind diesen nur von

_____

_____

_____

vorzulegen. Dies gilt insbesondere für die Buchführung und die Belege, die den Prüfungszeitraum betreffen, darüber hinaus auch für Mikrofilme.

3. Die Prüfer erhalten ein Lesegerät für verfilmtes Schriftgut. Auf Verlangen ist hier den Prüfern die erforderliche Anzahl von Reproduktionen unentgeltlich und zeitgerecht zur Verfügung zu stellen. Über die zur Verfügung gestellten Reproduktionen (Rückcopien) sind Aufzeichnungen durch _____ zu führen. Wegen sonstiger Copien wenden sich die Prüfer an _____, der/die ebenfalls über die für die Prüfer gefertigten Copien Aufzeichnungen führt/führen.

4. Unterlagen, die nicht unmittelbar zur Buchführung gehören (zB Vertragsakten), sind den Prüfern von _____ (Vertretung _____) zu übergeben; diese Unterlagen werden in einer Liste festgehalten.

5. Bei Zweifeln an der Berechtigung von Vorlagebitten mögen sich die genannten Mitarbeiter an _____ wenden.

6. Soweit Unterlagen den Prüfern herausgegeben werden, haben die genannten Mitarbeiter dafür Sorge zu tragen, daß die Unterlagen am gleichen Tag zurückgegeben werden. Unterlagen, die die Prüfer länger als einen Tag benötigen, sind am darauffolgenden Tag wieder zur Verfügung zu stellen. Die Prüfer sind nicht befugt, Unterlagen aus dem Haus zu entfernen oder firmeneigene Unterlagen gegenüber der Firma zu verschließen.

7. Mündliche Auskünfte erteilen ausschließlich _____
_____ .

8. Es ist nicht richtig, wenn sich die Prüfer an die Arbeitsplätze der Mitarbeiter begeben und dort Auskünfte einholen oder Unterlagen einsehen. Die Mitarbeiter sind gebeten – sofern sie nicht durch dieses Merkblatt dazu berechtigt sind –, den Prüfern weder Auskünfte zu erteilen noch Unterlagen zu übergeben. Es ist nicht unhöflich, die Prüfer an die vorstehend bestimmten Mitarbeiter zu verweisen.

9. Die Vereinbarung von Vor- und Schlußbesprechungsterminen sowie von eventuell gewünschten Betriebsbesichtigungen ist Sache von _____ .

10. Der Abschluß von Vereinbarungen oder Teilvereinbarungen über Prüfungsfeststellungen fällt ausschließlich in den Zuständigkeitsbereich von _____, die/der ihre/seine Entscheidung jeweils mit der Geschäftsleitung abstimmt.

Anmerkungen
zu dem Merkblatt für Mitarbeiter

1. Es handelt sich um ein Merkblatt für die Betriebsprüfung in einem größeren Unternehmen.

2. Für kleinere Betriebe kann das Merkblatt gekürzt werden.

3. Wichtig („unantastbar") sind die Regelungen der Bestimmung der Auskunftsperson (vgl. auch Tz. 277 ff.) und der Hinweis an die übrigen Mitarbeiter, den Prüfern keine Auskünfte und Unterlagen zu geben.

Stichwortverzeichnis

Die Zahlen beziehen sich auf die Textziffern; Fußnoten sind mit FN gekennzeichnet.

Stichwortverzeichnis

Stichwortverzeichnis

Stichwortverzeichnis

Stichwortverzeichnis

Bitte
beachten Sie
die nachstehenden
Verlagsanzeigen

RECHTSSCHUTZ IM STEUERRECHT UND STEUERSTRAFRECHT

BERATUNGSBÜCHER FÜR BERATER

1

MICHAEL STRECK

DIE STEUERFAHNDUNG

Von RA Dr. Michael Streck. Band 1 der Reihe „Rechtsschutz im Steuerrecht und Steuerstrafrecht – Beratungsbücher für Berater", 270 Seiten
DIN A 5, 1986, flex. gbd. 95,– DM. ISBN 3 504 62301 2

Es ist eine Tatsache, daß selbst sog. „hartgesottene" Unternehmer von
einer Steuerfahndung bis ins Mark getroffen werden. Strafverfolgung
gehört nicht zu ihrem Bewußtsein, nicht zu ihrem Erfahrungsfeld. Vor
Fahndungseingriffen ist allerdings keine Bevölkerungsgruppe sicher.
Insbesondere konzentriert sich jedoch die Fahndung auf mittelständi-
sche Unternehmen. Hier liegt das Schwergewicht ihrer Arbeit. Mittel-
ständische Unternehmen sind in der Regel leicht und gut überprüfbar;
sie bieten sich für einen Eingriff fast optimal an.

Der Rechtsstaat gebietet, daß die betroffenen Unternehmer, natürlich
auch andere Fahndungsbetroffene, den notwendigen Rechtsschutz erhalten. Zum Zweck dieses Schutzes ist das Buch geschrieben. Sein Gegenstand sind die Rechte und Verteidigungsmöglichkeiten – auch Ver-
haltensempfehlungen – im Fahndungsverfahren. Der Bogen der Themen spannt sich von Grundsatzfragen der Steuerfahndung und Verteidigung über die Vorbereitung auf den Eingriff, die Hausdurchsuchung
und sonstige Ermittlungen bis hin zum Abschluß des Verfahrens und einer möglichen Einigung, damit über alle Fragen und Probleme, die sich
dem Berater und Bürger bei einer Steuerfahndungsprüfung stellen.

VERLAG DR. OTTO SCHMIDT KG · KÖLN

RECHTSSCHUTZ IM STEUERRECHT UND STEUERSTRAFRECHT

BERATUNGSBÜCHER FÜR BERATER

3

MICHAEL STRECK

DER STEUERSTREIT

Von RA Dr. Michael Streck. Band 3 der Reihe „Rechtsschutz im Steuerrecht und Steuerstrafrecht – Beratungsbücher für Berater", ca. 260 Seiten DIN A 5, flex. gbd. 95,– DM. Erscheint im Herbst 1986.   ISBN 3 504 62303 9

„Der Steuerstreit" behandelt den gesamten Bereich der streitigen Auseinandersetzung um die Besteuerung, dh. idR mit dem Finanzamt: Einspruch, Beschwerde, Klage, Revision, Nichtzulassungsbeschwerde, Aussetzung der Vollziehung und sonstige Nebenverfahren. Besondere Streitfelder werden in ihren Eigenarten behandelt (Haftungsverfahren, Vollstreckungssachen usw.).

Rechte, Rechtsbehelfe, Antragsmöglichkeiten usw., die der Berater bei seiner Streitführung beherrschen muß, werden sorgfältig aus seiner Sicht herausgearbeitet. Hinzu treten Überlegungen zur Rechtsanwendung: Welcher Rechtsbehelf, Antrag wird wann eingelegt, gestellt? Beratungserfahrungen werden reflektiert und in Regeln und Empfehlungen gefaßt. „Abgabenordnung und Finanzgerichtsordnung werden zugunsten der Steuerbürger zum Klingen gebracht."

VERLAG DR. OTTO SCHMIDT KG · KÖLN